Manual de
PSICOLOGIA JURÍDICA

www.saraivaeducacao.com.br
Visite nossa página

Carla Pinheiro

Manual de
PSICOLOGIA JURÍDICA

7ª edição
2024

Av. Paulista, 901, Edifício CYK, 4º andar
Bela Vista – São Paulo – SP – CEP 01310-100

SAC | sac.sets@saraivaeducacao.com.br

Diretoria executiva	Flávia Alves Bravin
Diretoria editorial	Ana Paula Santos Matos
Gerência de produção e projetos	Fernando Penteado
Gerência de conteúdo e aquisições	Thais Cassoli Reato Cézar
Gerência editorial	Livia Céspedes
Novos projetos	Aline Darcy Flôr de Souza
	Dalila Costa de Oliveira
Edição	Daniel Pavani Naveira
Design e produção	Jeferson Costa da Silva (coord.)
	Rosana Peroni Fazolari
	Camilla Felix Cianelli Chaves
	Lais Soriano
	Tiago Dela Rosa
Planejamento e projetos	Cintia Aparecida dos Santos
	Daniela Maria Chaves Carvalho
	Emily Larissa Ferreira da Silva
	Kelli Priscila Pinto
Diagramação	Fernanda Matajs
Revisão	Paula Brito
Capa	Lais Soriano
Produção gráfica	Marli Rampim
	Sergio Luiz Pereira Lopes
Impressão e acabamento	Edições Loyola

DADOS INTERNACIONAIS DE CATALOGAÇÃO NA PUBLICAÇÃO (CIP)
VAGNER RODOLFO DA SILVA – CRB-8/9410

P654m   Pinheiro, Carla
         Manual de psicologia jurídica / Carla Pinheiro. – 7. ed. – São Paulo : Saraiva Jur, 2024.
         264 p.

         ISBN: 978-85-5362-292-4 (impresso)

         1. Direito. 2. Psicologia jurídica. I. Título.

2023-3062   CDD 340.73
         CDU 340.6

Índices para catálogo sistemático:
1. Direito : Psicologia jurídica   340.73
2. Direito : Psicologia jurídica   340.6

Data de fechamento da edição: 20-9-2023

Dúvidas? Acesse www.saraivaeducacao.com.br

Nenhuma parte desta publicação poderá ser reproduzida por qualquer meio ou forma sem a prévia autorização da Saraiva Educação. A violação dos direitos autorais é crime estabelecido na Lei n. 9.610/98 e punido pelo art. 184 do Código Penal.

CÓD. OBRA	15961	CL	608663	CAE	843931

À Chu Cavalcante, sempre!
Ao Maurício Porto, pelas muitas interpretações,
à Bel Kahn, pelas lições em navegação,
e ao Willis S. Guerra Filho, pelos diálogos jurídicos!

Sumário

Nota ao leitor xi
Introdução 1

1. **DA PSICOLOGIA À PSICOLOGIA JURÍDICA. UMA CONSTRUÇÃO HISTÓRICA** 3
   1.1. O conceito e as definições de psicologia jurídica 7
   1.2. Origem e evolução da psicologia: o viés da psicologia jurídica ... 9
      1.2.1. Origem e evolução da psicologia 9
      1.2.2. O debate sobre a origem das capacidades humanas: um elo entre Idade Antiga e Iluminismo 10
      1.2.3. O surgimento da psicologia como ciência 12
      1.2.4. Wundt e o introspeccionismo 13
      1.2.5. Titchner e o estruturalismo 13
      1.2.6. James e o funcionalismo 13
      1.2.7. Freud e a psicanálise 14
      1.2.8. Watson, Skinner e o behaviorismo ou comportamentalismo 15
      1.2.9. O cognitivismo 16
      1.2.10. Psicologia cognitivo-comportamental 17
      1.2.11. Psicologia da Gestalt 18
      1.2.12. A informatização e a psicologia 19
      1.2.13. A psicolinguística 19
      1.2.14. Psicologia transcultural 21
   1.3. O conceito de psicologia jurídica 22
      1.3.1. Psicologia jurídica. Origem e evolução 27
      1.3.2. Uma breve história da psicologia jurídica no Brasil .. 31

2. INDIVÍDUO, SOCIEDADE E DIREITO 35
2.1. Subjetividade e responsabilidade social 36
2.2. A construção histórica da doença mental 37
2.3. O normal e o patológico 39

3. PERCEPÇÃO E LINGUAGEM: DA PSICOLOGIA DO COTIDIANO À PSICOLOGIA JURÍDICA 43
3.1. A percepção 44
3.2. A linguagem 48

4. TRANSDISCIPLINARIDADE: DIREITO, SOCIOLOGIA, FILOSOFIA E PSICOLOGIA 53
4.1. Multi, pluri, inter e transdisciplinaridade 53
4.2. Direito, sociologia, filosofia e psicologia 59
    4.2.1. Sociologia, direito e psicologia 60
    4.2.2. Filosofia, direito e psicologia 63
    4.2.3. O fenômeno jurídico, o fenômeno social e o comportamento humano 69

5. OS TRANSTORNOS PSÍQUICOS, OS TRANSTORNOS DE PERSONALIDADE E O DIREITO 77
5.1. Os transtornos psíquicos 78
5.2. A personalidade e os transtornos de personalidade 81
    5.2.1. Definição de personalidade 82
    5.2.2. Os transtornos de personalidade 82

6. A PSICOLOGIA E OS MÉTODOS DE SOLUÇÃO DE CONFLITOS ... 85
6.1. Julgamento 87
6.2. Arbitragem 88
6.3. Negociação 88
6.4. Conciliação 88
6.5. Mediação 89

7. PSICOLOGIA, DIREITO CIVIL, ESTATUTO DA PESSOA COM DEFICIÊNCIA, E DIREITO DA INFÂNCIA E ADOLESCÊNCIA 91
7.1. Incapacidade relativa e plena e Estatuto da Pessoa com Deficiência 91

7.2.	Direito de família e direito da criança e do adolescente.......	94
7.3.	Adoção por pares homoafetivos	99
7.4.	Abandono afetivo	108

8. PSICOLOGIA E DIREITO PENAL 121

8.1.	Predisposição genética...	121
8.2.	Geografia do crime	122
8.3.	Família	122
8.4.	Escola	122
8.5.	Adolescência	122
8.6.	Modalidades de delitos..	123
8.7.	Delinquência ocasional..	123
8.8.	Delinquência psicótica...	124
8.9.	Delinquência neurótica e personalidade delinquente..........	125
8.10.	Delinquência profilática	125
8.11.	Imputabilidade, semi-imputabilidade e inimputabilidade.....	126
8.12.	A psicologia do testemunho	128
8.13.	Abuso sexual e pedofilia..	131

9. PSICOLOGIA E DIREITO DO TRABALHO 137

9.1.	A síndrome de *burnout*...	138
9.2.	Assédio moral..	141

10. RELAÇÃO ENTRE JUSTIÇA, SOCIEDADE E MÍDIA 147

11. PSICOLOGIA COMUNITÁRIA E DIREITO............................... 149

12. PSICOLOGIA PREDITIVA: APLICAÇÃO DE TESTES PSICOLÓ-GICOS E SUA VALIDADE NO ÂMBITO DO DIREITO 155

13. A LUTA ANTIMANICOMIAL E A LEI N. 10.216/2001 177

14. PSICANÁLISE E DIREITO AMBIENTAL: DA "MÃE AMBIENTE" À "MÃE NATUREZA" 185

15. ASPECTOS PSICOLÓGICOS DA PROTEÇÃO JURÍDICA AO IDOSO 191

15.1.	A proteção do idoso na Constituição de 1988 e no Estatuto do Idoso, de 2003..	191

15.2. Aspectos psicológicos diretamente envolvidos na proteção jurídica ao idoso 194

16. **O ESTATUTO DA PESSOA COM DEFICIÊNCIA: O IMPACTO DAS NOVAS DIRETRIZES ACERCA DA EFETIVA INCLUSÃO E TRATAMENTO IGUALITÁRIO PARA AS PESSOAS COM DEFICIÊNCIA** 197

16.1. A Convenção de Nova York: um grande passo no caminho da inclusão 198

16.2. Da Lei da Reforma Psiquiátrica à Lei de Inclusão da Pessoa com Deficiência 199

16.3. O novo paradigma inclusivo: as principais alterações na legislação infraconstitucional provocadas pelo advento do Estatuto da Pessoa com Deficiência 201

    16.3.1. A tomada de decisão apoiada 202

    16.3.2. Os institutos pertencentes ao novo sistema de capacidades: compreendendo a repercussão das modificações no CC e no CPC 203

    16.3.3. A dissonância entre as normas inseridas no Código Civil e as normas do atual CPC: os reflexos da falta de concatenamento legislativo 206

16.4. O novo paradigma inclusivo na jurisprudência do Supremo Tribunal Federal: a Ação Direta de Inconstitucionalidade (ADI) 5.357 209

17. **O DIREITO HUMANO À MIGRAÇÃO E AO REFÚGIO: HUMANIDADE E ALTERIDADE** 211

18. **DIREITOS HUMANOS E PSICOLOGIA** 219

19. **PAPÉIS DO PSICÓLOGO EM INTERFACE COM O DIREITO** 227

19.1. Perito e assistente técnico 227

20. **SOBRE O PAPEL DO PSICÓLOGO NO CONTEXTO DA ALIENAÇÃO PARENTAL** 239

Referências 245

Nota ao leitor

O *Manual de Psicologia Jurídica* é fruto do desenvolvimento e da ampliação do volume de Psicologia Jurídica da Coleção Direito Vivo. Esta obra entra em sua 7ª edição.

A obra ganhou conteúdos e teve sensível expansão dos temas já abordados nas edições anteriores. Assim, foram incorporados novos itens, por exemplo, "Psicologia cognitivo-comportamental" e "Psicologia transcultural", além de um novo capítulo, "Percepção e linguagem: da psicologia do cotidiano à psicologia jurídica". Também a atualização e o aprofundamento de temas anteriormente abordados ganham espaço nesta obra, tais como os relativos ao Direito Penal, mais especificamente ao abuso contra crianças e adolescentes, e ao Direito Civil, mais especificamente ao divórcio e à guarda dos filhos. O tema do procedimento acerca da oitiva de crianças e adolescentes diante da justiça foi atualizado e aprofundado.

O livro tem total aderência às ementas das faculdades de Direito que possuem a matéria de Psicologia Jurídica. A principal preocupação da autora foi reunir e sistematizar os assuntos comumente abordados nessa disciplina, assim como suas necessárias e constantes atualizações.

Espera-se que este *Manual* ajude o leitor a compreender e a estudar adequadamente a Psicologia Jurídica, que integra o grupo de matérias de "Formação Humanística" e, por essa razão, é cobrada nos Exames da OAB, além de provas de concursos públicos.

Após uma expressiva acolhida no meio jurídico, sendo adotado em diversas faculdades de Direito no Brasil inteiro, este *Manual* ganha uma nova edição, inteiramente revista e atualizada em diversos capítulos.

Introdução

O escritor argentino Jorge Luis Borges (2007) fala de um mundo em que a psicologia seria a disciplina principal da qual todas as demais derivariam: o direito, a medicina, a engenharia etc. Na verdade, nem seria necessário mencionar a ficção de Borges para falar da importância da psicologia como disciplina autônoma, já que ela norteia a vida dos homens, sendo impossível pensar em qualquer espécie de coletividade humana em que "o psicológico" não se imponha: seja pelo fato de ele nos constituir como sujeitos – únicos e sociais – ou mesmo pela falta de alternativas ao ser humano de proceder de forma diferente, tendo em vista a sobrevivência dele e de sua espécie. Se tudo o que se cria no mundo depende das escolhas humanas para se materializar, essas escolhas passam, necessariamente, por uma construção psicológico-intelectiva.

Seguindo esse raciocínio, temos que o direito, como obra humana é, por sua vez, fruto de uma construção psicológica, seja qual for a sua origem, se parte das concepções ditas idealista ou materialistas. Podemos adotar as teorias idealistas de Rousseau ou de Hobbes sobre a origem do direito: o primeiro partindo de uma visão idealizada do homem; o outro de uma visão pessimista do mesmo, mas chegando os dois à mesma conclusão: a sobrevivência da espécie humana depende da organização dos indivíduos e da submissão dos mesmos a um querer coletivo, tendo em vista a construção de uma estrutura normativa que regerá a vida humana em sociedade. Ou podemos adotar o pensamento materialista ou marxista, no sentido de que o direito não surgiu de uma "escolha" e que ele nada mais é do que um instrumento de dominação dos mais fortes sobre os mais fracos, de uma maioria economicamente abastada, que dita as regras da vida em sociedade, sobre uma minoria, que segue as regras a ela impostas.

A psicologia jurídica constitui-se pela inter-relação entre direito e psicologia. Ela é formada pelas várias interseções possíveis entre essas duas disciplinas. Os institutos jurídicos e a expressão da subjetividade humana – objeto da psicologia – se constituem, se complementam e se auxiliam, em um movimento no sentido de possibilitar a solução dos complexos problemas que se apresentam no cotidiano social. Ela é, concomitantemente, uma disciplina da psicologia e do direito, configura uma parte da psicologia como um todo, ou seja, diz respeito a uma parte do agir humano em um âmbito específico, como aquele relacionado à normatividade formal. Configura, também, uma parte do direito que não pode se concretizar sem se ater às especificidades inerentes do ser humano. Assim sendo, a psicologia jurídica, como disciplina autônoma, abrange desde o processo de feitura da norma até sua concretização, que se dá pela observância ou pela violação.

Esta obra pretende desenvolver aspectos importantes da psicologia jurídica, das perspectivas teóricas e práticas. Serão abordados os principais institutos da disciplina, de maneira sucinta, destacando-se os aspectos relevantes de cada um deles.

1

Da Psicologia à Psicologia Jurídica. Uma Construção Histórica

Podemos iniciar afirmando que a Psicologia, assim como a Sociologia, a História, a Economia e a Política, faz parte do mundo do "ser", enquanto o direito está inserido no universo do chamado "dever-ser", como bem afirma Hans Kelsen (1976). Partindo dessa concepção, devemos, então, procurar o momento em que essas duas dimensões se encontram ou se cruzam, ou seja, o intervalo em que se pode localizar a Psicologia jurídica.

Para a psicanálise, o homem não "é" mas "torna-se" capaz de se submeter às normas do "dever-ser", ou às normas jurídicas. Partindo dessa concepção, temos que, quando nasce, o ser humano quer apenas que suas necessidades e, posteriormente, seus desejos sejam satisfeitos, independentemente da necessidade ou da vontade de seus iguais. Freud afirma que o ser humano deve necessariamente passar pelas fases – oral, anal, fálica e genital – para que possa se tornar "sujeito", capaz de limitar a realização dos seus desejos infinitos em prol de uma vida em sociedade. Partindo da concepção psicanalítica, temos que é no momento em que o ser humano "ascende à condição de sujeito" (Lacan *apud* Roudinesco e Plon, 1998) e, posteriormente, se torna apto à submissão às normas jurídicas que as dimensões do "ser" da psicanálise e do "dever-ser" do direito se cruzam, permitindo que se estabeleça um diálogo entre ambas.

A psicologia possui uma longa pré-história, mas uma curta história como disciplina autônoma. Desde que os seres humanos vivem em grupos – e cremos que desde sempre foi fundamental para a espécie humana a vida em grupo, sob pena de perecimento da espécie – surgiu a necessidade de normas que regulamentassem a convivência em comum e, portanto, de sujeitos aptos à submissão a essas normas.

No entanto, a configuração da psicologia como ciência, com objeto e método específicos, teve início somente no século XIX. Mesmo que o seu passado estivesse registrado já nas preocupações dos filósofos da Idade Antiga.

Na Idade Antiga do mundo ocidental pode-se distinguir dois períodos da **Filosofia** que coincidem com o que chamamos de **primórdios da Psicologia ou da Psicologia pré-científica**: o período **cosmológico** e o **antropocêntrico**. No período cosmológico buscou-se entender e explicar o cosmos. Tales de Mileto se destacou, então, por se ocupar com a transformação da natureza. Para ele, a substância ou elemento primordial era a água, que possibilitava a origem e a manutenção da vida.

Com os Sofistas, originou-se o período **antropocêntrico** da filosofia. Iniciou-se então a preocupação com o homem. É de **Protágoras** a afirmação: "O homem é a medida de todas as coisas". Para os Sofistas, importante não é somente **o que** o homem conhece, mas **como** ele **conhece**. Daí a ênfase atribuída por esses pensadores ao discurso: através dele é possível apresentar o mundo ao outro, convencê-lo acerca do que são as coisas, os fatos, os valores corretos. É possível dizer o que é a verdade por meio da persuasão.

Sócrates, o patrono da Filosofia, ao contrário dos Sofistas, acreditava que existia uma verdade única e imutável e que era possível chegar a ela através do autoconhecimento. Daí a célebre frase "Conhece-te a ti mesmo", escrita na entrada do oráculo de Delfos, assumir destacada importância nesse período.

Para **Platão**, existe uma dimensão das ideias, que pode ser contemplada pelos homens antes de estes "encarnarem" e que deve ser buscada durante toda a sua vida. Esse plano é perfeito e imutável. O mundo que se vivencia nada mais seria que uma cópia distorcida da matriz original, que existe no plano das ideias.

Aristóteles, ao contrário de seus antecessores, defendia que o conhecimento decorria de uma apreensão pela via dos órgãos dos sentidos. Esse filósofo abandonou a teoria dualista de Sócrates e Platão, no sentido da divisão entre alma e corpo, defendendo que o corpo é um instrumento da alma. A alma é subdividida em três unidades, quais sejam, a alma vegetativa, que exerce uma função nutritiva, a alma que controla os desejos e sensações e a unidade da alma – esta seria o próprio espírito –, que possui a faculdade da lógica. A unidade da alma seria independente do corpo e, portanto, imortal.

Na **Idade Média** surgiu o **teocentrismo**, como paradigma religioso e político. O conhecimento psicológico encontrava-se também acoplado à religião. A Igreja Católica dominava o conhecimento do mundo ocidental. Nesse período, destacaram-se Santo Agostinho e Santo Tomás de Aquino. No entanto, esses expoentes do pensamento filosófico medieval não se afastaram da filosofia antiga.

Santo Agostinho pregava a cisão entre alma e corpo com base nas ideias de Platão. Para ele, entretanto, a alma não era somente a morada da razão: ela configurava, também, um lugar habitado por Deus. Na visão de Santo Agostinho a alma era imortal, pelo fato de ligar o homem a Deus.

São Tomás de Aquino, por sua vez, buscou a fundamentação de sua teologia em Aristóteles. Defendia a distinção entre essência e existência e considerava que o homem busca a perfeição da essência durante toda a sua existência. Essa busca seria direcionada a um encontro com Deus. Deus seria a junção da essência e da existência, portanto, a plenitude a ser alcançada.

A **Modernidade** se iniciou no século XVI, com vários acontecimentos que ajudaram a construir uma nova "visão de mundo", *Weltanschauung*. Dentre esses acontecimentos se destacaram a passagem do Feudalismo para o Capitalismo e o consequente surgimento da burguesia como classe social; a reforma protestante, que contestou a supremacia da igreja católica; as grandes navegações e a descoberta do "novo mundo" como possibilidade real e simbólica de ampliação dos horizontes; a invenção da imprensa e a possibilidade de difusão e democratização dos saberes.

Com a Modernidade, o homem passou a ser ao mesmo tempo criador e a criatura do mundo que o cerca, daí o nascimento do antropocentrismo que reina até os dias de hoje. Nascia então o saber científico como obra humana. A Razão, e não mais a fé, tornou-se o norte para o agir do homem. Destacaram-se nesse período filósofos como Montaigne, com seus ensaios sobre moral e política; Maquiavel, considerado o pai do pensamento político moderno; Bacon, que criou um método indutivo de investigação científica, fundado na observação dos fenômenos naturais; Descartes, que criou um método que leva o seu nome, método cartesiano, resumido na máxima "penso, logo existo"; Espinosa, racionalista radical, que criticava as superstições e acreditava na racionalidade transcendental e imanente que identificava Deus na natureza; Hobbes, que, na obra *Leviatã*, defendeu a ideia da passagem do "estado de natureza" ao "estado social" como forma de o homem pôr fim à guerra de "todos contra todos"; Locke, com a ideia de que o homem nasce como uma "tábula rasa" que necessita ser preenchida com as ideias adquiridas ao longo da vida e a partir das experiências; Rousseau, que criticou o racionalismo e defendeu a liberdade, especialmente no "contrato social" e no discurso sobre a origem e os fundamentos das desigualdades entre os homens"; e Kant, para quem o conhecimento era resultado da sensibilidade e do entendimento e que criou o "imperativo categórico", segundo o qual o homem deve agir de tal forma que seu agir possa se tornar uma lei universal.

Também na Ásia havia doutrinas sobre a alma, como o budismo e o taoísmo, que eram orientadoras da prática cotidiana dos seres humanos. Essas doutrinas estabeleciam diretrizes, no sentido de como o homem deveria proceder no que diz respeito aos seus atos, pensamentos, ação no mundo etc. Algumas linhas da Psicologia chamada pós-científica resgatam o elo com o mundo oriental, como, por exemplo, a Psicologia Analítica de Jung.

De acordo com o exposto, vemos que a Psicologia teve uma Pré-história, mesmo que atrelada a outra disciplina, a Filosofia, e mesmo que não tivesse essa denominação e que não fossem claramente estabelecidos o seu objeto e o seu método. A forma de organizar o conhecimento fragmentado, ou seja, de diferenciar uma disciplina de outra por meio do estabelecimento de objeto e método específicos, é característica da Ciência. E a Ciência surgiu somente na Modernidade.

Chama-se a atenção para o fato de que aquilo que hoje se entende por manifestação psicológica, nas suas mais variadas vertentes, sempre existiu e era apontada como importante para a identificação ou diferenciação dos indivíduos dentro do grupo ao qual pertenciam, como a atenção, a consciência, a linguagem, a inteligência, o julgamento, o raciocínio e a personalidade.

Assim sendo, foi somente após o advento da concepção da Psicologia como ciência, criação do período final da Idade Moderna e do desdobramento dela, a partir da psiquiatria, da medicina legal, assim como dos questionamentos acerca do destino das pessoas tidas como insanas, que a expressão "psicologia jurídica" se instalou. À referida expressão agregaram-se várias atribuições e há muitas outras a serem constantemente inseridas no correr de seu desenvolvimento histórico, como veremos no presente capítulo.

1.1. O conceito e as definições de psicologia jurídica

A fonte etimológica da palavra "**psicologia**" comporta dois termos de origem grega: *psiqué*, que significa alma, mente, espírito, e *logos*, que significa razão, lógica ou estudo. Assim, etimologicamente, podemos conceber a psicologia como **o estudo da mente**, ou seja, a psicologia pode ser tida como o ramo da ciência que estuda a mente e os fenômenos a ela associados.

No entanto, o conceito de psicologia comporta inúmeras **definições**, de acordo com a postura teórica de quem a define. Essa disciplina é formada por um grande mosaico de linhas teóricas, desde aquelas que valorizam o enfoque das **ciências biológicas** e sua expressão no **comportamento** até aquelas chamadas de **psicodinâmicas**, que privilegiam o enfoque do chamado **mundo interno** do indivíduo (Moris, 2004, e Atkinson, 2002).

Destacam-se dentre as **abordagens ditas biológicas**: a **psicologia do desenvolvimento**, que estuda o crescimento físico e mental dos seres humanos desde o período pré-natal, passando pela infância, adolescência, idade adulta e velhice e a **psicologia fisiológica**, que investiga a natureza biológica do comportamento dos pensamentos e das emoções humanas.

Como vertente da psicologia fisiológica, encontramos a **neuropsicologia**, que se interessa principalmente pelo cérebro e pelo sistema nervoso e sua relação com os comportamentos humanos; a **psicobiologia**, que tem como foco de estudo a bioquímica do corpo e a forma como os hormônios, os medicamentos psicoativos (como os antidepressivos) e as drogas sociais (como o álcool, a maconha e a cocaína) afetam as pessoas; os **geneticistas comportamentais**, que investigam o impacto da hereditariedade nos traços normais e anormais de comportamento; e a **psicologia experimental**, que estuda os processos psicológicos básicos, dentre eles a aprendizagem, a memória, as sensações, a percepção, a cognição, a motivação e as emoções.

Partindo de uma divisão meramente didática, temos que a primeira vertente da psicologia anteriormente referida, ou seja, a que entende a psicologia como ciência baseada em **fenômenos biológicos**, consiste no estudo científico do comportamento e dos chamados fenômenos mentais.

A segunda vertente das linhas teóricas em psicologia, a chamada **psicodinâmica**, leva em consideração o conjunto de fatores de natureza mental e emocional que interagem entre si, como uma espécie de sistema em que o todo não é formado simplesmente pela soma das partes. O todo, ou seja, o conjunto de fatores de natureza mental e intelectual, é formado pelas inter-relações entre esses fatores. Trata-se, portanto, de uma dinâmica complexa que motiva o comportamento humano.

A psicodinâmica tem como expoente máximo a psicanálise. **Psicanálise** é um termo criado por Sigmund Freud para nomear o sistema de pensamento por ele descoberto e o método particular de psicoterapia pautado na exploração do inconsciente. O termo "inconsciente", no presente contexto, pode ser definido pela negação do império da consciência. Assim sendo, significa o conjunto de processos mentais que não são conscientemente pensados, ou seja, que não estão sob o domínio da razão (Roudinesco e Plon, p. 374). Ressalta-se, conforme afirmado acima, que a psicanálise configura, ao mesmo tempo, um **sistema de pensamento e um método psicoterápico**.

Tomando como base a definição da psicologia baseada na ciência biológica, a fim de a ela contrapor uma definição de psicanálise, podemos definir mais precisamente a Psicanálise como *o estudo dos processos mentais, especialmente os inconscientes, que se expressam nas mais diversas formas de comportamento*.

Cumpre ressaltar que a psicanálise é uma teoria científica da psique indispensável a todas as ciências, e não somente ao direito e à psicologia. Ela serve ao entendimento da gênese de toda a construção humana, de todas as suas instituições, tais como a arte, a religião, a moral etc.

Conforme afirmamos, as definições de psicologia não se exaurem nas duas possibilidades propostas. Muitas outras definições são possíveis, a partir da concepção do funcionamento da mente ou do comportamento humano adotada por cada uma delas.

1.2. Origem e evolução da psicologia: o viés da psicologia jurídica

Conforme afirmamos anteriormente, a psicologia tem um longo passado, mas uma curta história. Para a compreensão de seu estado atual, mais precisamente no que diz respeito ao viés da psicologia jurídica, é necessário nos reportarmos desde a sua origem, dita pré-científica, até a sua construção como ciência. Também se torna imprescindível a abordagem do seu percurso e as influências que sofreu da medicina, assim como as influências que ela depositou no direito, nosso foco de estudo.

1.2.1. Origem e evolução da psicologia

Conforme se apontou acima, as raízes da psicologia no ocidente podem ser encontradas nos grandes filósofos da Grécia antiga. Os mais famosos entre eles, Sócrates, Platão e Aristóteles, fizeram perguntas fundamentais sobre a vida mental, procurando explicações, questionando-se acerca do que viria a ser a consciência, se as pessoas seriam intrinsecamente racionais ou irracionais, a real existência do chamado livre-arbítrio, dentre outras. Essas perguntas tratam da natureza da mente e dos processos mentais e configuram, até hoje, elementos fundamentais para várias perspectivas teóricas em psicologia. Sócrates (469-399 a.C.), por exemplo, postulava que a principal característica humana era a razão. Ao definir a razão como peculiaridade do homem, ele abriu um caminho que viria a ser bastante explorado pela psicologia: as teorias acerca da consciência. Platão (427-347 a.C.), discípulo de Sócrates, concebeu a ideia da separação entre alma e corpo, sendo que a razão se localizaria na cabeça. Já Aristóteles (384-322 a.C.), discípulo de Platão, defendia ideia oposta à de seu preceptor: para ele alma e corpo não podem ser dissociados. Aristóteles estudou e sistematizou as diferenças entre razão, percepção e sensação em sua obra *Da anima*, considerado o primeiro tratado em Psicologia (Bock *et al.*, 2018).

Hipócrates (460-370 a.C.), considerado o "pai da medicina", tinha profundo interesse pela fisiologia. A fisiologia é parte da medicina que estuda, em linhas gerais, as funções e o funcionamento normal do organismo vivo. Hipócrates fez muitas observações importantes sobre a forma como o cérebro controla diversos órgãos do corpo. Essas observações abriram caminho para o que se tornou, posteriormente, a perspectiva biológica na psicologia.

1.2.2. O debate sobre a origem das capacidades humanas: um elo entre Idade Antiga e Iluminismo

Importante debate que se iniciou na Antiguidade e que se estende até os dias de hoje diz respeito à questão da origem das capacidades humanas e ao fato de elas serem inatas ou adquiridas com a experiência.

A **concepção nativista** afirma que os seres humanos vêm ao mundo com um suprimento inato de conhecimento e entendimento da realidade. Os primeiros filósofos acreditavam que este conhecimento e entendimento poderiam ser acessados por meio de cuidadoso raciocínio e de introspecção.

No século XVII, **Descartes** apoiou a visão nativista, argumentando que alguns conceitos, tais como a ideia de "Deus", do "eu" e os axiomas como a "perfeição" e a "eternidade", seriam inatos (Weischedel, 1999). Descartes também concebia o corpo como uma máquina igual às demais, criadas pelo homem. Ressalta-se que ele foi um dos filósofos que mais contribuíram para o avanço da ciência tradicional. Postulou a separação entre mente e corpo, afirmando que o corpo, desprovido do espírito, seria apenas uma máquina. Essa concepção permitiu o avanço da anatomia, com a possibilidade de estudar o corpo morto, impensável na Idade Média, quando este era concebido como receptáculo da alma e, portanto, como algo sagrado e inviolável (Law, 2008).

Já a **concepção empirista** afirma que o conhecimento é adquirido pela experiência e pelas interações com o mundo. Essa visão é fortemente associada ao filósofo inglês do século XVII, John Locke (Japiassú e Marcondes, 2001, e Nicola, 2005). Segundo Locke, ao nascer, a mente humana é uma tábua rasa, ou lousa vazia, na qual a experiência escreve o conhecimento e o entendimento à medida que o indivíduo amadurece. Essa perspectiva deu origem à **psicologia associacionista**. Os associacionistas acreditavam que não existiam ideias ou capacidades inatas. A mente seria repleta de ideias que chegam pelos sentidos e depois se associam umas às outras por meio de princípios como o da similaridade e o do contraste. Pesquisas atuais sobre memória e aprendizagem relacionam-se com essa teoria inicial da associação (Bock *et al.*, 2018).

Na contemporaneidade, têm-se teorias que mesclam o inatismo e o associacionismo e outras que se firmam no associacionismo de forma mais complexa do que aquela pensada pelos filósofos antigos e por John Locke.

Nessa seara, destaca-se a Epistemologia do Conhecimento, criada por Jean **Piaget**. Para Piaget, "conhecer é estabelecer relações". No entanto, para que a criança consiga estabelecer relações até se tornar um adulto apto ao pleno conhecimento, é necessário que passe por estágios de desenvolvimento e que viva em um ambiente adequado e apto ao seu desenvolvimento.

A ideia de **associacionismo** se destaca nas **artes**, que por sua vez são um importante resultado ou produto decorrente da composição de várias ideias. Como exemplo, podemos citar a **literatura de Machado de Assis**: "Palavra puxa palavra, uma ideia traz a outra, e assim se faz um livro, um governo, ou uma revolução, alguns dizem que assim é que a natureza compôs as suas espécies".

Outra vertente que pensa a aprendizagem e o desenvolvimento da perspectiva das relações estabelecidas pela criança com o mundo é a **Psicologia Sócio-Histórica** de **Lev Vygotsky**. Para ele, o desenvolvimento da criança, especialmente o desenvolvimento da linguagem, se dá em função das interações sociais e das condições de vida às quais ela é submetida.

Assim sendo, temos que das vertentes do inatismo e do associacionismo evoluíram os pensamentos modernos de Piaget, que desenvolveu uma epistemologia do conhecimento chamada "**construtivismo**", enquanto Vygotsky criou o que se pode chamar de "**socioconstrutivismo**".

Para essa vertente de pensamento, a subjetividade não é igual a individualidade, como defende a psicanálise. O sujeito, assim como o sujeito de Direito, constitui-se a partir do outro. Os outros, portanto, são mediadores culturais. Esse pensamento importa na inserção de um critério específico para a definição de sujeito: a subjetividade é, portanto, intersubjetiva.

Seguindo o movimento no sentido da junção das duas vertentes, tem-se que, atualmente, grande parte dos psicólogos adota uma perspectiva que pode ser chamada de **integracionista**, pelo fato de reconhecer nos processos biológicos e na experiência familiar e social, ou seja, intersubjetiva, a fonte do desenvolvimento das aptidões humanas.

Reconhece-se, igualmente, que as falhas decorrentes dos referidos processos biológicos e da experiência do ser humano no mundo pode impedir o desenvolvimento de aptidões ou levar a comportamentos autodestrutivos e antissociais, tema que muito interessa ao Direito.

Na contemporaneidade, opera-se uma mudança de paradigma no sentido de se atribuir ênfase ao ambiente como instrumento de inclusão social e jurídica, em contraposição à ênfase antes sempre atribuída ao sujeito plenamente desenvolvido. Mais adiante voltaremos ao tema, ao discutir acerca do Estatuto da Pessoa com Deficiência e sua inserção no ordenamento jurídico brasileiro.

1.2.3. O surgimento da psicologia como ciência

O surgimento da psicologia como ciência se deu em laboratório, em meio a experimentações envolvendo o funcionamento mental dito "normal". No entanto, a preocupação com o funcionamento mental "anormal" assumiu importância para a psicologia já no seu início como ciência, ou seja, no final do século XIX e início do século XX.

Até meados do século XIX, fase chamada pré-científica da psicologia, não havia qualquer forma de assistência específica aos doentes mentais. Os chamados "loucos" moravam nas ruas ou eram encarcerados em prisões como os presos comuns ou em celas especiais das Santas Casas de Misericórdia.

Existem obras de arte que prestam testemunho a esses fatos. Na arte flamenca do século XVI temos, nas telas de Bosh, a "nau dos loucos" e a "extração da pedra da loucura", exemplos de como os chamados "loucos" eram tratados: eles eram colocados em uma nau ou barco para navegar a esmo. Ou se acreditava que seria possível extrair a loucura e devolver a sanidade às pessoas com deficiência mental através de uma operação na cabeça, que permitiria extirpar o mal ali instalado. Também na literatura encontramos várias referências à loucura, como a obra *Elogio da loucura*, de Erasmo de Rotterdam, assim como na obra *O alienista*, de Machado de Assis.

1.2.4. Wundt e o introspeccionismo

Foi somente no final do século XIX que começou a ser aplicado o método científico às questões que intrigaram os filósofos durante séculos. Só então a psicologia se tornou uma disciplina formal e científica, separada da filosofia. A psicologia nasceu, assim, no século XIX, mais especificamente em 1879, ano em que Wilhelm Wundt fundou o primeiro laboratório de psicologia na Universidade de Leipzig, na Alemanha. Wundt desenvolveu a concepção do *paralelismo psicofísico*. De acordo com essa concepção, os fenômenos mentais correspondem aos fenômenos orgânicos: uma estimulação física, como a picada de uma agulha na pele de um indivíduo, teria uma correspondência na mente dele. Criou-se, então, o método chamado *introspeccionismo*, de acordo com o qual o experimentador perguntava ao sujeito especialmente treinado para a auto-observação os caminhos que o estímulo sensorial perfazia em seu interior.

1.2.5. Titchner e o estruturalismo

Titchner, aluno de Wundt, dividiu a consciência em três elementos básicos: sensações físicas, sentimentos e imagens. Afirmava que até mesmo os mais complexos pensamentos e sentimentos poderiam ser reduzidos a esses elementos simples. Para Titchner, o papel da psicologia consistia em investigar esses elementos e mostrar o modo como eles podem ser integrados e combinados. Sua abordagem ficou conhecida como *estruturalismo*. Embora o estudo da percepção e da sensação tenha tido vida relativamente curta e poucos efeitos a longo prazo, continua a ser parte importante da psicologia contemporânea.

1.2.6. James e o funcionalismo

William James, um dos primeiros acadêmicos a desafiar o estruturalismo, defendeu que as associações mentais permitem que nos beneficiemos de nossas experiências anteriores. Agimos guiados pelo hábito. Sugeriu, então, que, quando repetimos uma ação, nosso sistema nervoso é modificado, de maneira que cada repetição se torna mais fácil que a anterior. James desenvolveu uma *teoria funcionalista dos processos mentais e do comportamento*, que suscitava questões ainda bastante atuais a respeito da aprendizagem, da complexidade da vida mental, do impacto que as experiências têm sobre o cérebro e do lugar que a humanidade ocupa no mundo natural.

O interesse dos psicólogos do século XIX pela adaptação provinha da publicação da teoria evolucionista de Charles Darwin. Argumentava-se, nesse sentido, que a consciência havia evoluído somente porque havia cumprido alguma função de orientação nas atividades do indivíduo. Para descobrir como um organismo se adapta a seu ambiente, os funcionalistas alegavam que era preciso observar o comportamento real. Assim, o funcionalismo alargou o escopo da psicologia para incluir o comportamento como objeto de estudo. Mas tanto os estruturalistas quanto os funcionalistas ainda consideravam a psicologia como a ciência da experiência consciente.

1.2.7. Freud e a psicanálise

No final do século XIX e início do século XX, mais precisamente em 1900 – ano da publicação da "Interpretação dos Sonhos" –, o neurologista austríaco, Sigmund Freud, revolucionou o *status quo* da psicologia até então. Criou a psicanálise, com base em suas experiências clínicas com pacientes histéricas. Derivada da palavra grega *histera* (matriz, útero), a histeria é uma neurose caracterizada por quadros clínicos variados. Sua originalidade reside no fato de que os conflitos psíquicos inconscientes se exprimem de maneira teatral e sob a forma de simbolizações, através de sintomas corporais paroxísticos (ataques ou convulsões de aparência epilética) ou duradouros (paralisias, contraturas, cegueiras) (Roudinesco e Plon, 1998).

Freud sustentava, em oposição aos seus antecessores, que os seres humanos não são tão racionais quanto imaginam e que o chamado livre-arbítrio, tão importante para Wundt, é uma grande ilusão. Na verdade, segundo Freud, somos todos motivados por pulsões inconscientes, que não estão disponíveis na dimensão racional e consciente de nossa mente. Para a maioria dos psicanalistas, a grande contribuição de Freud foi a de estabelecer um conceito de inconsciente, que englobava a maior parte da vida mental dos seres humanos. Outros psicólogos e filósofos, como Nietzsche, em sua obra *Além do bem e do mal*, haviam se referido ao inconsciente, mas apenas como uma espécie de "depósito empoeirado de velhas experiências e informações que poderíamos recordar sempre que necessário". Em oposição a essa visão, Freud afirmava que o inconsciente era "uma dinâmica viva de impulsos sexuais, desejos reprimidos, medos e vontades inomináveis e memórias traumáticas, primordialmente oriundos da infância". Embora reprimidos ou alheios à percepção, os impulsos inconscientes exercem pressão sobre a mente consciente e se expressam de maneiras disfarçadas ou alteradas, o que inclui sonhos, manias, lapsos de linguagem e sintomas de doenças, bem como por meio de atividades socialmente aceitáveis como a arte e a literatura. Para desvendar o inconsciente, Freud desenvolveu a técnica da livre associação, na qual o paciente deita-se em um divã, relembra sonhos e diz o que lhe vier à mente.

A teoria psicodinâmica de Freud foi tão controversa no começo do século XX quanto a teoria da evolução de Charles Darwin, 25 anos antes. Seus contemporâneos vitorianos ficaram perplexos, não apenas devido à ênfase que ele atribuía à sexualidade, mas também por sua sugestão de que frequentemente não somos conscientes da verdadeira motivação dos nossos atos e, por consequência, não controlamos totalmente nossos pensamentos e comportamentos.

1.2.8. Watson, Skinner e o behaviorismo ou comportamentalismo

De acordo com o que expomos até agora, temos que, no início do século XX, a psicologia via-se como o estudo dos processos mentais, inconscientes (psicanálise) ou conscientes, tidos como pequenas unidades e componentes (estruturalismo) ou como um fluxo em constante mudança (funcionalismo). O principal método de coleta de dados era a introspecção ou a auto-observação, em laboratório ou através da chamada "livre associação", nas clínicas de psicanálise.

Entretanto, no início da década de 1920, uma nova geração de psicólogos se rebelou contra essa abordagem. Quem liderou essa nova postura foi o psicólogo norte-americano John B. Watson. Para Watson, *a psicologia era o estudo de comportamentos observáveis*, mensuráveis, nada mais. Para ele, uma criança nada mais era do que um ser humano cuja experiência de vida poderia ser moldada. É dele a afirmação: "Dê-me uma dúzia de crianças saudáveis, bem formadas e meu próprio mundo especializado para que eu as eduque, e eu garanto que escolherei qualquer uma delas aleatoriamente, treinando-a para que se torne qualquer tipo de especialista que eu escolha – médico, advogado, artista, e, claro, até mesmo mendigo e ladrão, independentemente de seus talentos, preferências, tendências, capacidades, vocações e raça" (Watson, 1924, p. 104).

B. F. Skinner, assim como Watson, acreditava que os psicólogos deveriam estudar apenas o comportamento observável e mensurável. As reações humanas devem ser entendidas como comportamento aprendido. Assim sendo, o comportamento poderia ser alterado por meio do condicionamento. Skinner interessava-se em descobrir as leis do comportamento durante esse processo. Sua principal contribuição ao behaviorismo foi adicionar um novo elemento ao repertório da análise do comportamento: o reforço, que pode ser positivo ou negativo. Os reforços positivo e negativo acarretam uma consequência, uma mudança no comportamento em decorrência da oferta ou remoção de um estímulo.

O reforço positivo ocorre quando é dada uma recompensa em consequência da realização de um comportamento desejado e legítimo. Por exemplo: uma pessoa que costuma furtar em lojas e que consegue permanecer em uma delas por um tempo específico sem subtrair objetos furtivamente. Obter algum objeto de desejo da loja sem precisar furtar pode funcionar como um reforço positivo.

O reforço negativo ocorre quando algo insuportável para o agente é removido devido ao exercício de um comportamento social e juridicamente aceitável. Por exemplo: uma mãe que tem dificuldade para exercer sozinha os cuidados essenciais necessários ao desenvolvimento de um bebê nos primeiros meses de vida pode se inserir em um grupo de mães que compartilham o mesmo problema e passar a cuidar de seu filho no âmbito do grupo.

Dessa forma, Skinner pretendia transformar o comportamento inadequado para o próprio indivíduo ou social e juridicamente inaceitável em um comportamento aceitável como normal para a pessoa e para sua comunidade. O sujeito torna-se, por meio do reforço, um agente ativo em seu próprio condicionamento (Morris, 2004).

1.2.9. O cognitivismo

O behaviorismo dominou a psicologia acadêmica dos Estados Unidos até os anos 1960, quando ocorreu o que se chamou "revolução cognitiva".

Na década de 1960, o behaviorismo começou a perder sua influência. As pesquisas sobre percepção, personalidade, desenvolvimento infantil, relações interpessoais e outros tópicos passaram a ser relevantes. Ocorre que esses temas, assim como suas formas de abordagem, fugiam ao campo de atuação dos behavioristas, que trabalhavam com o comportamento observável e as formas de modificá-lo.

As novas pesquisas passaram a ser relevantes e deram margem ao surgimento de outras formas de abordagem em psicologia. Pesquisas em outras áreas, como em antropologia, em linguística, em neurobiologia e em ciência da computação começavam a lançar novas luzes nos trabalhos realizados sobre a mente.

Os psicólogos passaram a ver o behaviorismo não como uma teoria abrangente ou um paradigma, mas apenas como uma das peças de um complexo quebra-cabeça. Passou-se a olhar dentro da "caixa-preta" e a colocar mais ênfase nos seres humanos como seres conscientes, perceptivos e alertas. Como aprendizes ativos, e não receptores passivos das experiências humanas.

A expressão "revolução cognitiva" refere-se a uma mudança geral de um enfoque limitado ao comportamento a um amplo interesse em relação aos processos mentais. A *psicologia cognitiva* é o estudo de nossos processos mentais no sentido mais amplo: pensar, sentir, aprender, recordar, tomar decisões, fazer julgamentos e assim por diante.

Os psicólogos cognitivistas se interessam pela maneira como as pessoas processam informações, isto é, o modo como adquirimos informações, elaboramos ou transformamos partes de informações em programas e utilizamos esses programas para solucionar problemas (Morris, 2004).

1.2.10. Psicologia cognitivo-comportamental

A psicologia cognitivo-comportamental configura uma abordagem em psicologia que combina os conceitos do comportamentalismo (radical) com teorias cognitivas. A partir dessa combinação, apreende-se a forma como o ser humano interpreta os acontecimentos como aquilo que o afeta, e não apenas os acontecimentos em si. Importante é, portanto, a forma como cada pessoa vê, sente e pensa acerca de situações que lhe causam alguma sensação negativa.

Essa abordagem foi fundada no início dos anos 1960 por Aaron Beck (Beck, 2016), neurologista e psiquiatra norte-americano. Trata-se de uma abordagem muito utilizada na clínica, bastante difundida nos Estados Unidos e posteriormente também no Brasil. É utilizada para tratar diversos transtornos mentais a partir de sua manifestação específica. Identifica padrões de comportamento específicos, assim como pensamentos e crenças que estão na origem do problema apontado pelo paciente. A partir dessa constatação, utiliza técnicas direcionadas, tendo em vista alterar a percepção do paciente acerca de sua situação no sentido de afastar o problema inicialmente apontado. O que a chamada Psicologia Cognitivo-Comportamental modifica em relação ao puro comportamentalismo e ao puro cognitivismo é o fato de levar em consideração em sua análise e atuação, além do comportamento, a situação, os pensamentos e as emoções do sujeito. O objetivo é a reestruturação cognitivo-comportamental tendo em vista devolver a saúde mental ao indivíduo.

1.2.11. Psicologia da Gestalt

A psicologia da *Gestalt* começou a aparecer na Alemanha em torno da primeira década do século XX. *Gestalt* é uma palavra alemã que significa forma ou configuração e foi usada para referir-se à abordagem em psicologia criada por Max Wertheimer e seus colegas Kurt Kafka e Wolfgang Koeler.

Os psicólogos da *Gestalt* tinham como foco de estudo a percepção, e acreditavam que as experiências perceptivas dependiam dos padrões formados pelos estímulos e da organização da experiência. Para eles, o que apreendemos pelos órgãos dos sentidos, mais especificamente a visão, está relacionado com o pano de fundo contra o qual aparece um objeto, bem como com outros aspectos do padrão geral de estimulação. Para os psicólogos adeptos dessa linha teórica, dita sistêmica, o todo é diferente da soma das partes, uma vez que depende do relacionamento entre as partes.

A *Gestalt como linha em psicologia* se ocupa da percepção do movimento, da forma como as pessoas avaliam o tamanho e a aparência das cores de acordo com cada iluminação. Essas observações levaram os estudiosos da *Gestalt* a diversas interpretações centradas na percepção da aprendizagem, da memória e da resolução de problemas.

1.2.12. A informatização e a psicologia

Depois das duas grandes Guerras Mundiais, o interesse pela psicologia tornou-se cada vez mais significativo. Instrumentos e equipamentos eletrônicos sofisticados estavam também à disposição dessa disciplina, permitindo uma abordagem diferenciada dos problemas psicológicos.

O desenvolvimento de computadores na década de 1950 ajudou a incrementar ainda mais uma nova forma de abordagem em psicologia. Numa série de artigos publicados no final da década de 1950, Herbert Simon – que, posteriormente, recebeu o prêmio Nobel – e seus colegas descreveram como *os fenômenos psicológicos podiam ser simulados utilizando-se o computador*: para eles, assim como o computador pode transferir informações temporariamente armazenadas em seus *chips* internos de memória (RAM) para uma armazenagem mais permanente no disco rígido, também nossa memória de curto prazo pode atuar como uma estação temporária para a memória de longo prazo.

Em texto intitulado "Psicologia e Informática: Interfaces", Elisa Sayeg (2021) aponta uma linha de pesquisa bastante interessante que diz respeito ao estudo dos impactos da informática sobre a subjetividade e a identidade. Uma pioneira da área, Sherry Turkle, inicialmente uma pesquisadora de origem lacaniana, desde seu livro de 1984, "The Second Self?", procura identificar os efeitos do contato com a informática na vivência subjetiva das pessoas. Assim, ao entrevistar estudantes de computação, verificou que o discurso com o qual descreviam a si mesmos era derivado de noções às vezes bastante sofisticadas de programas de inteligência artificial.

1.2.13. A psicolinguística

Outra influência importante no que diz respeito à psicologia da década de 1950 foi o desenvolvimento da linguística moderna. Por essa época, os linguistas começaram a teorizar sobre as estruturas mentais necessárias para compreender e falar uma língua. Um pioneiro nesta área foi Noam Chomsky, cuja obra "Estruturas Sintáticas", publicada em 1957, estimulou as primeiras análises psicológicas significativas da linguagem e o surgimento do campo da psicolinguística. *Psicolinguística* é o estudo das conexões entre o *hyperlink* e a mente, que começou a se destacar como uma disciplina autônoma nos anos 1950. A psicolinguística analisa qualquer processo que diz respeito à comunicação humana, mediante o uso da linguagem – seja ela de forma oral, escrita ou gestual. Essa ciência também estuda os fatores que afetam a decodificação, ou seja, as estruturas psicológicas que nos capacitam a entender expressões, palavras, orações e textos.

A comunicação humana pode ser considerada uma contínua percepção-compreensão-produção. A riqueza da linguagem faz com que esse contínuo se processe de várias maneiras. Assim, dependendo da modalidade, visual ou auditiva do estímulo externo, a transformação das etapas sensoriais em percepção será diferente.

Outras áreas da psicolinguística são centradas em temas como a origem da linguagem no ser humano. Algumas analisam o processo de aquisição da língua materna e também a aquisição de uma língua estrangeira. Segundo teórico de destaque na escola inatista, os humanos têm uma gramática universal inata – conceito abstrato que abrange todas as línguas humanas. Já os funcionalistas, que se opõem a essa corrente de estudos, afirmam que a aquisição da linguagem somente ocorre através do contato social.

O filósofo austríaco Ludwig Wittgenstein é consagrado como um dos principais autores da virada linguística na filosofia do século XX. Suas contribuições repercutiram na psicologia por meio da "filosofia da mente", que, por sua vez, está relacionada a vários estudos envolvendo cognição, neurociência e linguística, dentre outros.

A partir de sua obra póstuma, *Investigações filosóficas*, da década de 1930, ele criou os chamados "jogos de linguagem", baseados em sua "filosofia da linguagem cotidiana". Para Wittgenstein, a palavra assume sentido no seu uso, no contexto em que está inserida, e depende do jogo de linguagem que se estabelece em um contexto específico. Dessa forma, ele nega que a função primordial da linguagem é descrever ou representar coisas e fatos. Se assim fosse, estar-se-ia tomando um jogo de linguagem específico como paradigma para todos os demais jogos. De acordo com esse pensamento, a linguagem não é um simples veículo de informação, mas representa uma atividade criada em cada contexto social. Por exemplo: quando se diz "isso é legal", a palavra "legal" assume diferentes significados a depender do jogo de linguagem em que está inserida: se for em um bar, na conversa entre amigos, significa que algo ou alguma ação é boa, agradável etc. Mas, se a mesma expressão for utilizada no contexto de uma audiência em um tribunal, significará que o ato praticado está de acordo com a lei.

1.2.14. Psicologia transcultural

Especialmente em um mundo dito globalizado, os aspectos transculturais dos seres humanos devem ser identificados e levados em consideração para se apreender o comportamento humano. E esse é o objetivo da Psicologia transcultural.

Na atualidade, muitos psicólogos investigam como o comportamento difere entre as várias culturas em todo o mundo. Ideias tidas como paradigma em uma cultura podem ser irrelevantes ou repelidas em outra.

A definição do conceito de cultura pode ser tida, em linhas gerais, como o conjunto de características que identificam uma coletividade específica. Os comportamentos, costumes, valores, crenças etc. são transmitidos de geração a geração, sendo a cultura constitutiva do indivíduo.

O objetivo da Psicologia Intercultural é observar comportamentos paradigmáticos em coletividades diferentes tendo em vista identificar o que é comum e o que não é comum entre as culturas, assim como estudar os impactos da cultura no comportamento, na vida familiar, nas experiências sociais, religiosas etc. (Smith, 2006).

A Psicologia Transcultural, como Smith apresenta, tenta entender a psicologia social por meio das formas de viver, trabalhar, estar no mundo, enfim, em meio a um mundo em constante transição.

Esse ramo da Psicologia é importante para o Direito porque envolve a melhor apreensão da alteridade – *alter* (outro) –, o respeito ao outro em sua condição de ser humano. Está intrinsecamente ligado ao conceito de Dignidade Humana, fundamento da nossa Constituição. É também importante para a compreensão e implementação da nova Lei de Migração (Lei n. 13.445/2017), assim como para a compreensão e inclusão do multiculturalismo dentro do nosso país.

1.3. O conceito de psicologia jurídica

A psicologia jurídica pode ser definida como *o estudo do comportamento juridicamente relevante de pessoas e grupos em um ambiente regulado pelo direito*. Também pode ser definida como *o estudo do nascimento, da evolução e da modificação da regulação jurídica, de acordo com os interesses dessas pessoas e grupos sociais*.

No entanto, acreditamos que essas definições, mesmo que aparentemente abrangentes de todas as possibilidades no âmbito da intercessão entre direito e psicologia, são incompletas se pensarmos na psicologia jurídica em três dimensões: a **psicologia do direito, a psicologia no direito** e **a psicologia para o direito**.

A **psicologia do direito** tem por objetivo explicar a essência do fenômeno jurídico, ou seja, a fundamentação psicológica do direito, uma vez que este está repleto de conteúdos psicológicos. O direito nasce, conforme estudado em outras disciplinas afins, por conta da necessidade de sobrevivência e de organização dos homens em sociedade. Essa necessidade pode ser verificada nas teorias acerca do Contrato Social de Hobbes e de Rousseau. Levando-se a teoria do contrato social para o viés da psicologia, mais especificamente para a psicanálise, tem-se o texto de Freud acerca do *Mal-estar na civilização*. Nesse trabalho, Freud aponta o fato de que os homens, para viver em sociedade, necessitam limitar os seus desejos infinitos, daí a necessidade de surgimento do Estado e do Direito.

A **psicologia no direito** estuda a estrutura das normas jurídicas como estímulos vetores das condutas humanas. Nesse sentido, a psicologia está presente antes do surgimento da norma, durante a vigência da norma e por ocasião de sua modificação ou exclusão do ordenamento jurídico. Importante exemplo pode ser destacado no que diz respeito ao tema da lei, de 2015, que estabeleceu o Estatuto da Pessoa com Deficiência. O Estatuto nasceu em decorrência de uma Convenção internacional que modificou a própria concepção de deficiência. Esta era antes concebida pelo viés médico: o problema estava na pessoa. Com o Estatuto, a deficiência passou a ser tida pelo viés social, no sentido de que é o Estado que deve adequar o ambiente para que a pessoa com deficiência possa ser incluída e ter uma vida digna como todos os cidadãos.

A **psicologia para o direito** configura o papel da psicologia como ciência auxiliar ao direito, ao lado da medicina legal, da antropologia, da sociologia, da economia (Trindade, 2007), dentre outras que são criadas e que a estas se acrescentam no contexto da complexa sociedade contemporânea. Chama-se a atenção para a informática ou inteligência artificial, que se destaca como ciência auxiliar, ao mesmo tempo que repercute no objeto e no método de todas as demais ciências.

Uma importante possibilidade de implementação da inteligência artificial pode se dar atualmente Pelo *ChatGPT*. Isso porque ele é capaz de realizar, cada vez mais, diferentes atividades, tais como criar respostas, produzir textos e até entender a linguagem humana, assim como os códigos de programação.

É importante ressaltar, no presente contexto, que a ideia de inteligência artificial é anterior à tecnologia que a tornou possível. Isso porque já durante a Segunda Guerra Mundial foram iniciados estudos nesse sentido.

Da perspectiva histórica, temos um artigo científico de Warren McCulloch e Walter Pitts, de 1943, que trata pela primeira vez de redes neurais e de estruturas de raciocínio artificiais que imitam nosso sistema nervoso. Em 1950, Claude Shannon escreve um artigo sobre como programar uma máquina para jogar xadrez. Nessa mesma época, também Alan Turing criou um modo de avaliar se uma máquina poderia se passar por um ser humano em uma conversa escrita, o que ficou conhecido como o "jogo de imitação". Em 1951, foi concebida uma calculadora de operações matemáticas que simulava as ligações neurais, as sinapses.

O marco inicial da inteligência artificial (AI), mais próximo do que conhecemos atualmente, ocorre em 1956, por ocasião da Conferência de Dartmouth, um encontro de várias personalidades envolvidas com a temática, tais como as que foram mencionadas acima. O campo de pesquisa dessa conferência foi chamado de "Inteligência Artificial".

Em 1964, foi lançado o primeiro *chatbot* do mundo. Ele foi nomeado *Eliza* e conseguia conversar automaticamente, utilizando-se de respostas baseadas em palavras-chave e em uma estrutura sintática. Em 1969, surgiu o *Sharkey*, o primeiro robô que conseguia unir três competências ao mesmo tempo: a mobilidade, a fala e a autonomia de ação.

Entre os anos 1970 e 1980, a chamada inteligência artificial não apresentou modificações consideráveis. Nesse período, por outro lado, foram criados vários sistemas chamados "especialistas": *softwares* responsáveis por tarefas tão complexas quanto as humanas, mas realizadas em uma velocidade sobre-humana, especialmente na área financeira.

Em linhas gerais, a inteligência artificial nada mais é do que "a capacidade de pensar como os seres humanos". Diz respeito à capacidade de aprender e decidir quais caminhos seguir racionalmente, diante de problemas ou situações propostas. Assim, a inteligência artificial faz com que os sistemas tomem decisões de forma independente e precisa, apoiadas apenas em dados digitais. Na medida em que o banco de dados da máquina cresce, a máquina como que "aprende", o que a torna capaz de tomar decisões com respostas cada vez mais complexas.

No entanto, existem usos questionáveis da inteligência artificial, por exemplo, no que tange à área dos recursos humanos, como a avaliação de perfis mais compatíveis para assumir uma vaga em uma empresa.

O *ChatGPT* foi programado para realizar atividades que vão desde criar respostas e produzir conteúdos até responder a questões advindas da linguagem humana. Sua popularização aponta para o fato de que ele estará cada vez mais presente no cotidiano das pessoas e de suas instituições.

No que diz respeito ao impacto da inteligência artificial no Direito, podemos afirmar que ela pode ajudar os operadores do Direito no sentido de desenvolverem tarefas mais complexas e de maior relevância enquanto a inteligência artificial se ocupa em identificar padrões e tendências em casos concretos do passado, o que pode ser importante no tocante às atribuições de juízes, advogados, promotores e, principalmente, nas respostas jurídicas esperadas pelas partes em conflito.

No entanto, é necessário que haja uma adaptação aos novos processos tecnológicos e sua aplicação no universo do Direito. A produção jurídica da inteligência artificial deverá sempre ser revista ou ter a participação ativa de um operador do Direito.

Fruto da chamada Terceira Revolução Industrial, a computação e a automação eliminam cada vez mais a figura do "operador da máquina". Podemos dizer que estamos vivenciando a Quarta Revolução Industrial, com a era tecnológica da inteligência artificial. A sofisticação crescente dos algoritmos fez com que os computadores, para além de tornarem desnecessárias atividades braçais, também realizem trabalhos não braçais importantes, como pesquisas e construção de textos jurídicos complexos. Isso porque a tecnologia da inteligência artificial permite que os computadores suplementem o pensamento humano para além da reprodução de tarefas repetitivas. Os computadores da era da inteligência artificial conseguem "pensar" de forma autônoma.

Ainda no que diz respeito à inteligência artificial, temos que as máquinas conseguem até produzir poesia, desenhos, músicas, antes somente pensados como produto do saber e do fazer humanos. No entanto, não se pode esquecer da necessidade de empatia e de estabelecer conexões que vão para além da inteligência artificial no ponto de alcance tecnológico em que ela se encontra atualmente.

A aplicação das tecnologias de inteligência artificial no âmbito jurídico implica a simulação da aplicação do raciocínio jurídico diante de um caso concreto. A nova tecnologia vai além da substituição do trabalho dos operadores do Direito. Na verdade, ela reduz as possíveis falhas humanas e melhora a qualidade do desempenho no âmbito do Direito. Assim, pode-se mesmo afirmar que a inteligência artificial pode ajudar a construir uma sociedade mais justa do que a até agora existente.

Para a população como um todo, pode-se afirmar que esta será beneficiada no sentido de alcançar uma justiça mais rápida, eficiente e simplificada. Cumpre lembrar, no entanto, que o Direito não diz respeito somente à análise fria e objetiva da lei. É sempre necessário observar aspectos éticos, assim como interpretar a subjetividade presente em cada caso concreto. E esse tipo de raciocínio não pode ser simplesmente delegado às máquinas.

É imprescindível, portanto, aceitar e incentivar a mudança de mentalidade no tocante à inteligência artificial. Isso não significa, no entanto, aceitar o fato de que ela acarretara como consequência o desemprego ou malefícios à sociedade como um todo. É preciso pensar nas vantagens que a inteligência artificial traz em termos de ganho de tempo e de maior eficiência no âmbito jurídico.

A inteligência artificial nada mais é do que o resultado decorrente de uma sucessão de avanços tecnológicos vivenciados desde a Primeira Revolução Industrial e mesmo antes dela. Os avanços tecnológicos são cumulativos e percorremos um longo caminho até chegar onde chegamos. É imprescindível, portanto, que saibamos conduzir da melhor forma possível o instrumento que nós mesmos concebemos e construímos.

Nesse contexto, o psicólogo jurídico tem um importante papel a desempenhar, no sentido de ser figura-chave no que diz respeito à elucidação de aspectos éticos e subjetivos no contexto do cotidiano jurídico. Cabe a ele estabelecer uma espécie de elo entre a proposta da inteligência artificial e a efetiva concretização da justiça necessária relativamente a cada caso concreto em apreço.

Exemplo da psicologia para o direito é o do psicólogo perito, que fornece parecer psicológico sobre o estado mental de uma pessoa que tenha cometido algum ilícito penal. Também elabora parecer acerca do estado mental do sujeito passivo na ação penal, como no caso de abuso sexual de crianças ou adolescentes e nas questões que envolvem guarda destes. Assim sendo, melhor definição seria aquela que comportasse todas essas interseções entre psicologia e direito.

Nesse sentido, a psicologia jurídica poderia ser definida de forma mais completa como *o ramo da psicologia portador de conteúdos tendentes a contribuir na elaboração de normas jurídicas socialmente adequadas, assim como promover a efetivação dessas normas ao colaborar com a organização do sistema de aplicação das normas jurídicas.*

Na literatura internacional a expressão "psicologia forense", *forensic psychology*, é mais usual que a expressão "psicologia jurídica". Isso porque, especialmente nos países onde o direito tem origem anglo-saxônica, a função da Psicologia é limitada ao papel do psicólogo como auxiliar da justiça em temas que envolvem a saúde mental das pessoas nos processos judiciais. Ou seja, a psicologia se restringe apenas ao viés da "psicologia para o direito", acima apontada. Os conteúdos relativos a *psicologia e direito* e a *psicologia no direito* não são relevantes.

A literatura nacional utiliza diferentes expressões para nomear a nossa disciplina, tais como as já referidas psicologia forense, psicologia do direito e psicologia jurídica. A explicação acerca da imprecisão da terminologia "psicologia forense" foi esclarecida ao tratarmos da nomenclatura internacional: a psicologia em sua conexão com o direito diz respeito ao ramo da psicologia que "vai além das portas do fórum", conforme aponta a definição supracitada.

No que diz respeito à "psicologia do direito", temos que esta aborda apenas uma das bases do tripé acima apontado: psicologia e direito, psicologia no direito e psicologia para o direito. Dessa forma, a nomenclatura *psicologia jurídica* consegue abarcar mais adequadamente a complexa abrangência do tema em estudo.

1.3.1. Psicologia jurídica. Origem e evolução

Assim como a origem da psicologia está atrelada à filosofia, a origem histórica da psicologia jurídica está vinculada à medicina, mais precisamente à psiquiatria.

Dessa forma, temos que os primórdios da psicologia jurídica também se alicerçam na Idade Antiga, tal como ocorre com a psicologia, como gênero. Foi Hipócrates, considerado o Pai da Medicina – 460 a 370 a.C. –, que estabeleceu a primeira classificação nosológica (classificação de doenças na medicina) das chamadas doenças mentais. Ele detalhou o quadro clínico que definiu como melancolia – do grego, *melan*, negro, e *cholis*, bílis –, a bílis negra, hoje entendida como depressão. Descreveu, ainda, quadros como o de delírio, as psicoses puerperais, as fobias e a histeria, dentre outras. Essas doenças são até hoje reconhecidas pela psiquiatria e pela psicologia jurídica, sendo utilizadas como parâmetro para medir a imputabilidade do sujeito.

Na Idade Média, com o apogeu do cristianismo, as chamadas doenças mentais voltaram a ser atreladas a fatores sobrenaturais: decorriam de uma espécie de ordem divina – quando se tratava dos chamados "loucos mansos" – ou eram fruto das artimanhas do demônio – no caso das chamadas bruxas e dos "loucos incontroláveis". A "contenção" dessa segunda espécie de "loucos" era feita ora pela igreja – com justificativa na "santa inquisição" –, ora pela ordem aristocrática – sob o fundamento da manutenção da ordem pública e da justiça real. Tal fundamento legitimava o encarceramento em prisões, juntamente com os chamados "presos comuns".

Weltanschauung é o termo alemão que significa visão de mundo ou cosmovisão, assim como *Zeitgeist*, outro termo alemão, que significa o espírito de uma época. Ambos são usados correntemente na linguagem das ciências humanas para designar a concepção global, de caráter intuitivo e pré-teórico, que um indivíduo ou uma comunidade têm de sua época, de seu mundo e da vida em geral. É uma forma de considerar o mundo em seu sentido mais amplo, pressuposto por uma teoria ou por uma escola de pensamento, artística ou política (Japiassú e Marcondes, 2001).

A passagem da Idade Média para a Idade Moderna foi marcada pela importante ruptura do nascimento de um novo paradigma. Trouxe consigo a mudança da visão de mundo, *Weltanschauung*, assim como a modificação do *Zeitgeist*, do espírito da época, de forma definitiva.

O filósofo do Renascimento Giovanni Pico della Mirandola – *em sua Oratio de Hominis Dignitate* – conseguiu expressar de forma ímpar essa passagem, já no século XV. Ele apontou de maneira decisiva que o homem se revelava, subitamente, como uma criatura miraculosa, pois a sua natureza continha todos os elementos capazes de torná-lo seu próprio arquiteto (Sibilia, 2002).

Se na Idade Média Deus e o sobrenatural determinavam as doenças, na Idade Moderna a verdade da *ciência* se instalou, e com ela as influências biológicas na determinação dos modelos de comportamento humano. Daí o surgimento da relação entre psicologia jurídica e psiquiatria, sendo esta a fonte da fundamentação biológica da psicologia para o direito.

A psiquiatria nasceu em 1793, com o médico francês Philippe Pinel, e inspirou, principalmente, a psicologia clínica e a psicopatologia, pelo fato de lidarem com o mesmo objeto: as *doenças mentais*. Muito das teorias psicológicas ligadas às doenças mentais baseou-se em conceitos próprios da psiquiatria, e isso se deve ao fato de que a psiquiatria, como disciplina da medicina, surgiu muito antes da psicologia.

Cumpre ressaltar, no presente contexto, que entre a origem da psiquiatria de Pinel, na França, e o estabelecimento do laboratório de psicologia de Wundt, na Alemanha, que representa o nascimento da psicologia como ciência, temos um século de diferença.

Na abordagem psiquiátrica dos fenômenos mentais, aparece em destaque a figura de Francis Galton, que, ao defender a *conceituação frenológica*, afirmava que o caráter e as funções intelectuais estavam relacionados ao tamanho do crânio. Assim sendo, crânios grandes, pequenos ou deformados explicariam comportamentos considerados socialmente inadequados.

Frenologia é a doutrina segundo a qual cada faculdade mental se localiza em uma parte do córtex cerebral, sendo que o tamanho de cada parte é diretamente proporcional ao desenvolvimento da faculdade correspondente. Esse tamanho é indicado pela configuração externa do crânio (Houaiss, 2001).

Também a **antropologia criminal**, do médico italiano Cesare Lombroso (Carrara, 1998), defendia que a criminalidade era um fenômeno hereditário: seria possível identificar um indivíduo criminoso pelas suas características físicas. Lombroso refinou, classificou e sistematizou a teoria que havia sido inaugurada por Galton.

O médico psiquiatra francês Esquirol, na tentativa de compreender a causa determinante dos comportamentos chamados anormais, tais como a loucura, a perversidade, a maldade, entre outros, criou a chamada **concepção médico-moral**. De acordo com essa concepção, a loucura individual estaria ligada a uma degeneração racial. Assim sendo, a causa de determinados comportamentos se originava em uma degenerescência que gerava distúrbios morais. Os portadores de referidas degenerescências eram chamados de "loucos morais".

O que essas concepções queriam demonstrar era, em síntese, que *o comportamento criminoso nada mais seria do que uma expressão do comportamento do doente mental*. Dessa forma, tem-se que a interface psiquiatria e direito surgiu da necessidade de compreender o indivíduo quanto a sua autonomia, sua capacidade de entendimento e de se autodeterminar, ou seja, de se responsabilizar por seus próprios atos. A autodeterminação, no sentido atribuído no presente texto, refere-se à capacidade de controle dos impulsos e desejos.

A psicologia e a psiquiatria são áreas que tratam, sob enfoques e fundamentos diversos, de fenômenos de uma mesma natureza. É inquestionável o fato de que, apesar das fronteiras, existem interseções entre as duas disciplinas, do ponto de vista do objeto de estudo: as doenças mentais são o principal foco de estudo da psiquiatria e um dos núcleos de estudo da psicologia, ao lado do estudo do funcionamento mental dito saudável.

No século XIX, a psiquiatria tinha, dentre outras funções, a de abordar as questões sociais e sobre elas exercer controle, tendo em vista o estabelecimento da ordem no espaço urbano. Este era palco de conflitos, sendo necessária a eliminação da chamada desordem, por meio da identificação e do controle dos "elementos desordeiros". Nessa seara surge a necessidade do controle e combate ao alcoolismo, ao jogo, à prostituição e ao crime, utilizando-se como recurso os conhecimentos em psiquiatria.

Essa disciplina, por sua vez, procurou articular doença mental e criminalidade com base, principalmente, na "teoria da degenerescência", de acordo com a qual o direito positivo procurava enfocar o crime sob o prisma da determinação individual e não social.

Nessa seara insere-se a psicologia jurídica, como instrumento da individualização ou aferição da influência da subjetividade na prática do ato criminoso e de sua interpretação. **Subjetividade**, aqui, refere-se ao "(...) mundo de ideias, significados e emoções construído internamente pelo sujeito a partir de suas relações sociais, de suas vivências e de sua constituição biológica e, também, fonte de suas manifestações afetivas e comportamentais" (Bock *et al.*, 2018).

Mas a psicologia, como ciência, foi além do seu objeto comum com a psiquiatria, já que não só investigou os fenômenos que influenciam o surgimento das doenças mentais como também passou a se ocupar dos processos mentais ditos normais, constitutivos de todos os seres humanos. Alicerçou seus conhecimentos, dessa forma, para além dos limites da psiquiatria.

Podemos afirmar, portanto, que a psicologia estabeleceu uma espécie de elo entre os antigos questionamentos dos filósofos gregos acerca do comportamento humano e as hipóteses da biologia sobre os mesmos fenômenos. Podemos, também, situar a psicologia e a psicologia jurídica em uma espécie de divisa entre a filosofia e a biologia.

Conforme dito acima, a psicologia jurídica, que surgiu atrelada à psiquiatria, estendeu sua teoria e sua prática para além do seu foco de origem, ou seja, para além do estudo da loucura. Partindo da avaliação das chamadas *condutas ditas anormais*, ela alcançou o estudo das *condutas ditas normais*.

É especialmente a partir dessa segunda vertente que podemos situar os demais ramos do direito na seara da psicologia jurídica: a psicologia ligada ao direito civil, ao direito do trabalho, ao direito administrativo, ao direito da criança e do adolescente etc.

Na atualidade, vislumbramos abordagens em psicologia no que diz respeito a esse objeto – as condutas ditas normais –, que vem sendo muito valorizado.

Como exemplo desse enfoque, podemos situar a **psicologia do testemunho**, pela qual se investiga a fidedignidade do relato do sujeito no processo em audiência forense; os **mecanismos autocompositivos**, como a conciliação, a arbitragem e a mediação e **a relação do magistrado com os meios de comunicação**. Como exemplo cotidiano podemos citar a postura e as atitudes cabíveis ao magistrado diante do assédio da mídia em processos judiciais de grande repercussão social.

De acordo com a Resolução n. 75, de 2009, do Conselho Nacional de Justiça (CNJ), os concursos públicos para o preenchimento de cargo de Juiz Federal devem inserir em seu conteúdo programático a disciplina psicologia jurídica. Posteriormente, essa disciplina tornou-se exigência em outros concursos públicos, além de Juiz Estadual e do Exame para ingresso na Ordem dos Advogados do Brasil (OAB).

Destacam-se no rol do conteúdo exigido pelos concursos públicos temas relativos à psicologia criminal, às relações entre família e Estado, às formas alternativas de solução de conflitos, com ênfase na mediação. Também se destacam as temáticas relativas ao tratamento da misoginia, ao Código de Ética do psicólogo, ao Estatuto da Criança e do Adolescente (ECA), à perícia e à relação entre o processo psicológico e a obtenção da verdade, assim como ao comportamento de partes e testemunhas em juízo.

1.3.2. Uma breve história da psicologia jurídica no Brasil

De acordo com Antônio de Pádua Serafim (2007), o Brasil seguiu o destino da história mundial, no sentido de que a psicologia jurídica surge pela mão da prática forense.

Em 1814, foi publicada a primeira matéria sobre medicina legal, e, em 1835, durante o império, foi promulgada a Lei de 4 de julho, segundo a qual os menores de 14 anos e os alienados – nomenclatura utilizada para se referir aos doentes mentais graves, na época – tornavam-se inimputáveis, ou seja, não responsáveis por seus atos.

Da perspectiva histórica, duas obras inauguraram a prática forense no Brasil: em 1884, *As raças humanas e a responsabilidade penal no Brasil*, de autoria de Nina Rodrigues e *Menores e loucos*, de Tobias Barreto.

Os manicômios judiciários, criados para o tratamento de "doentes mentais criminosos", surgiram no início do século XX. No entanto, o tratamento dado aos pacientes dos manicômios judiciários era médico-psiquiátrico e não psicológico.

Somente em 1945 surgiu a primeira obra relacionando psicologia e justiça. Foi o texto de Altavilla, intitulado *O processo psicológico e a verdade jurídica. O perfil psicológico dos personagens envolvidos no embate judicial*.

Nove anos depois, em 1954, Napoleão Teixeira inseriu a psicanálise na prática forense ao apontar os possíveis fatores inconscientes que levam o indivíduo a praticar um "ato infracional". Com base em fundamentação psicanalítica, o referido autor analisou temas jurídicos importantes, geradores de polêmicas como o testemunho e a confissão falsos, as simulações, dentre outros.

O primeiro *Manual de psicologia jurídica*, de Myra e Lopes, foi lançado em meados do século XX, servindo de fonte de estudo da psicologia até os dias de hoje.

Ainda de acordo com A. de P. Serafim (2007), até a década de 1960, quando a profissão de psicólogo foi formalmente reconhecida no Brasil, a prática forense envolvia, principalmente, a realização de perícia, que era uma prática médica. A contribuição do psicólogo se restringia à coleta de dados objetivos sobre o periciado, com os testes de QI – psicometria do coeficiente de inteligência –, acerca da averiguação da idade mental e o exame de personalidade.

Entre os anos de 1960 e 1980, a atuação do psicólogo na área jurídica envolvia os processos vinculados ao então chamado Juizado de Menores, como a adoção, o abandono e as ilegalidades cometidas contra crianças e adolescentes. Até então, os psicólogos exerciam mais o papel de orientadores do que o de peritos, propriamente ditos.

Mesmo com a profissão consolidada na década de 1980 e o ingresso de psicólogos em instituições por todo o Brasil, como o Instituto de Medicina Legal, eles não atuavam com independência, mas como meros coadjuvantes ou subsidiários da ação médica.

Com o diagnóstico dos problemas mentais, baseado em diversas linhas teóricas em psicologia, tais como a psicanálise, o behaviorismo, o cognitivismo e as neurociências, a psicologia alcançou uma posição mais definida dentro do contexto jurídico. Também os chamados "testes psicológicos", principal instrumento de diagnóstico objetivo em psicologia, começaram a ser utilizados no final do século XIX e se consolidaram como instrumento formal no âmbito jurídico no século XX.

Na atualidade, o papel do psicólogo vem crescendo, alcançando maior importância e reconhecimento, no contexto jurídico brasileiro. Além da responsabilidade pela avaliação psicológica – o psicodiagnóstico forense –, compete ao psicólogo a terapêutica das vítimas e agressores, dentre outras funções.

2

Indivíduo, Sociedade e Direito

Conceber o indivíduo como sujeito de direitos e obrigações exige uma necessária referência à sociedade na qual ele vive, o seu contexto histórico, econômico, cultural e temporal. O homem, ao mesmo tempo que se constitui na sociedade que habita, modifica-a nesse processo, assim como a prepara para as novas gerações que virão.

A sociedade é uma espécie de mediadora entre o homem e a lei: as decisões humanas acerca da convivência social são consubstanciadas no instrumental normativo. Assim sendo, para a abordagem do indivíduo, da sociedade e do direito e seu entrelaçamento com a psicologia, é necessário compreender alguns conceitos básicos, que serão tratados neste capítulo.

O primeiro conceito a ser abordado é o de *subjetividade e suas formas de expressão*. Em seguida abordaremos o conceito de *responsabilidade social* e, por fim, o conceito de *doença mental* – como ele foi se construindo e modificando seu conteúdo dentro de um contexto histórico-social.

Também os conceitos de *normal* e de *patológico* são importantes, tendo servido de subsídio principalmente ao direito penal por muito tempo, relacionado à determinação da punibilidade. Na contemporaneidade, especialmente após o advento do Estatuto da Pessoa com Deficiência (Lei n. 13.146/2015), a clássica noção de normal e patológico alicerçada no modelo médico passou a se fixar a partir do modelo de inclusão social. Essa mudança de paradigma modificou o Código Civil (CC), o Código de Processo Civil (CPC) e deve modificar toda a legislação que diz respeito ao tema.

Tendo em vista uma abordagem adequada e atualizada da psicologia jurídica, necessária se faz uma visão interdisciplinar dessa matéria, que, por sua vez, é composta por duas outras: o direito e a psicologia. Dessa forma, apontar as leituras do fenômeno humano e jurídico pelo viés da sociologia e da filosofia é essencial.

2.1. Subjetividade e responsabilidade social

Conforme afirmamos no capítulo anterior, a psicologia aborda seu objeto de diferentes enfoques: a partir do comportamento – psicologia comportamental ou behaviorismo –, do funcionamento do inconsciente – psicanálise – e da forma como os seres humanos apreendem o mundo – psicologia cognitiva etc. Todas essas abordagens, no entanto, nada mais são do que formas diferentes de se deter sobre o mesmo objeto: a subjetividade.

Assim sendo, conforme afirmam Ana Bock, Maria de Lourdes T. Teixeira e Odair Furtado (2018), a matéria-prima da psicologia é o homem em todas as suas expressões, as visíveis – como o comportamento – e as invisíveis – como os sentimentos –, as singulares – próprias de cada indivíduo – e as genéricas – comuns aos seres humanos em geral.

Todas essas expressões do humano estão sintetizadas na subjetividade. A *subjetividade não é inata* e pode ser definida como uma "(…) síntese singular e individual que cada um de nós vai construindo conforme vamos nos desenvolvendo e vivenciando as experiências da vida social e cultural; é uma síntese que nos identifica, de um lado por ser única, e que nos iguala, de outro lado, na medida em que os elementos que a constituem são experienciados no campo comum da objetividade social".

A *responsabilidade social* depende, é claro, da *adaptação social*. Esta ocorre quando os indivíduos, no contexto da expressão de sua subjetividade, passam a fazer parte e a contribuir no sentido do pleno desenvolvimento da vida digna dos membros da coletividade que habitam. A adaptação de um agrupamento de indivíduos ao meio ao qual pertencem é imprescindível para que ela exista e se desenvolva.

A relação entre a psicologia e a organização social está, entre outros aspectos, em detectar a subjetividade adaptada e aquela que não se adapta ao contexto social. Muitas vezes, caminhando pelas ruas, encontramos pessoas que falam e gesticulam sozinhas, que travam uma conversa alta consigo mesmas e até nos abordam com temas absurdos. Logo reconhecemos aí pessoas com algum sofrimento psíquico, não adaptadas socialmente, pelo fato de serem diferentes das outras com quem cruzamos pelas ruas e que guardam suas conversas consigo mesmas no silêncio da mente.

Nesse sentido, é importante lembrar que, embora o sofrimento psíquico possa levar à desadaptação social e esta possa determinar uma ordem de distúrbio psíquico, não se pode sempre estabelecer uma relação de causa e efeito entre ambas. Assim sendo, tornou-se ultrapassada *a utilização exclusiva de critérios de adequação social para a avaliação psicológica do indivíduo como normal ou anormal na contemporaneidade*. A ideia de que a sociedade é que pode falhar quando não proporciona meios para incluir a pessoa com deficiência, de acordo com o Estatuto da Pessoa com Deficiência, tornou ainda mais frágil a tênue linha que separa o normal do patológico.

No que diz respeito ao entendimento segundo o qual a chamada "adequação social" não pode servir de critério definitivo para a avaliação da "sanidade mental" é importante a contribuição de Michel Foucault (2004). O referido autor nos fornece um importante direcionamento para a compreensão da construção histórica do conceito de doença mental.

2.2. A construção histórica da doença mental

Michel Foucault baseou-se em documentos encontrados em arquivos de prisões, hospitais e hospícios para escrever sua "história da loucura". Na periodização histórica que utiliza, o autor inicia seu trabalho pelo Renascimento (século XVI), período no qual o louco vivia solto, errante, expulso das cidades, entregue aos peregrinos e navegantes.

O louco era visto como possuidor de saber esotérico sobre os homens e o mundo, um saber cósmico, que revelava verdades secretas. Nessa época, a loucura significava ignorância, ilusão, desregramento de conduta, desvio moral, pois o louco toma o erro como verdade e a mentira como realidade.

Neste último sentido, a loucura passaria a ser vista como oposição à razão, esta entendida como instância da verdade e da moralidade.

Na Idade Média e no Renascimento eram raros os casos de internação de loucos em hospitais e, quando ocorriam, recebiam o mesmo tratamento dispensado aos demais doentes, com sangrias, purgações, ventosas e banhos.

Na época clássica (séculos XVII e XVIII), os critérios para definir a loucura ainda não eram médicos – a designação de louco não dependia de uma ciência médica. Essa designação era atribuída à percepção que instituições como a igreja, a justiça e a família tinham do indivíduo e os critérios referiam-se à transgressão da lei e da moralidade.

No final do século XVII, foi criado, em Paris, o Hospital Geral. Nesse hospital, iniciou-se "a grande internação"; a população internada era heterogênea, embora pudesse ser agrupada em quatro grandes categorias: os devassos (doentes venéreos), os feiticeiros (profanadores), os libertinos e os loucos.

O Hospital Geral não era uma instituição médica, mas sim assistencial. Não havia tratamento. Os loucos não eram vistos como doentes e, por isso, integravam um conjunto composto por todos os segregados da sociedade. O critério da exclusão baseava-se na inadequação do louco à vida social.

Nesse período, buscava-se construir um conhecimento médico sobre a loucura, contudo a medicina da época não conseguia abarcar a complexidade de manifestações da loucura.

Somente na segunda metade do século XVIII iniciaram-se as reflexões médicas e filosóficas que situavam a loucura como algo que ocorria no interior do próprio homem, como a perda de sua natureza própria, como uma espécie de alienação. Criou-se, então, a primeira instituição destinada exclusivamente à reclusão dos loucos: o asilo.

A mentalidade da época considerava injusta para com os demais presos a convivência com os loucos. Os métodos terapêuticos utilizados nos asilos, segundo Foucault, eram: a religião, o medo, a culpa, o trabalho, a vigilância e o julgamento.

O médico passou a assumir o papel de autoridade máxima. A ação da psiquiatria era moral e social; isto é, sua função estava voltada para a normatização do louco, agora concebido como capaz de se recuperar. Inicia-se a medicalização. A cura da doença mental – o novo estatuto da loucura – ocorreria a partir de uma liberdade vigiada e no isolamento. Estava preparado o caminho para o surgimento da psiquiatria.

A *psiquiatria clássica considera os sintomas da loucura sinais de um distúrbio orgânico*. Assim sendo, a doença mental é uma espécie de doença cerebral. Sua origem seria endógena, de dentro do organismo, e se referiria a alguma lesão de natureza anatômica ou distúrbio fisiológico-cerebral. Falava-se, mesmo, na química da loucura, e inúmeras pesquisas nesse sentido estão em andamento até a contemporaneidade.

De acordo com a química da loucura, o distúrbio ou anomalia da estrutura ou funcionamento cerebral leva a distúrbios do comportamento, da afetividade, do pensamento etc. O sintoma apoia-se e tem sua origem orgânica. Essa forma de concepção da loucura se baseia, sobretudo, nos chamados "mapas cerebrais" que localizam em cada área cerebral funções sensoriais, motoras, afetivas, de intelecção etc.

A psiquiatria clássica construiu os quadros patológicos exaustivamente descritos no sentido de apontar os distúrbios que tais doenças podem apresentar. De acordo com a concepção de doença mental da psiquiatria clássica, esta é simplesmente uma doença orgânica, que *deve ser tratada com medicamentos e produtos químicos*.

Ao lado da medicação, devemos lembrar que até hoje são usados os *eletrochoques, os choques insulínicos e, em casos mais graves, o internamento psiquiátrico para uma administração controlada e intensiva de medicamentos*.

2.3. O normal e o patológico

As contribuições de Freud são importantes no desvelamento entre o normal e o patológico. *Para a psicanálise, o que distingue o normal do anormal é uma questão de grau e não de natureza*, isto é, nos indivíduos normais e nos anormais existem as mesmas estruturas de personalidade e de conteúdos que, se mais ou menos ativadas, são responsáveis pelos distúrbios no indivíduo. Essas são as estruturas neuróticas e psicóticas. Freud tomou a terminologia da psiquiatria clássica do século XIX e definiu os quadros clínicos, apontados abaixo, de forma sucinta:

1. Na *neurose*, os sintomas são expressão simbólica de um conflito psíquico que tem suas raízes na história infantil do indivíduo. É a expressão de um conflito entre os desejos do inconsciente e a realidade. Para ele, certos impulsos inconscientes são incompatíveis com a realidade exterior ou são impossíveis de serem concretizados, desenvolvendo-se no sujeito um intenso estado de ansiedade e mal-estar geral, dentre outros.

2. A *psicose* caracteriza-se por um delírio mais ou menos sistematizado, articulado sobre um ou vários temas. Não existe deterioração da capacidade intelectual. Aqui se incluem os delírios de perseguição e de grandeza.

3. A *esquizofrenia* caracteriza-se pelo afastamento da realidade. O indivíduo entra em um processo de "centramento" em si mesmo, no seu mundo interior, ficando progressivamente entregue às próprias fantasias. Manifesta incoerência ou desagregação do pensamento, das ações e da efetividade. Os delírios são acentuados e mal sistematizados. A característica fundamental da esquizofrenia é ser um quadro progressivo, que leva a uma deterioração intelectual e afetiva.

4. A *mania e a melancolia ou psicose maníaco-depressiva* caracteriza-se pela oscilação entre o estado de extrema euforia (mania) e o estado depressivo (melancolia). Na depressão, o indivíduo pode se negar ao contato com o outro, não se preocupa com o outro, não se ocupa dos cuidados pessoais (higiene, apresentação pessoal) e pode mesmo, em casos mais graves, buscar o suicídio.

Assim sendo, Freud, partindo de uma abordagem médica, construiu um liame – através da psicanálise – entre a abordagem médica e a psicológica da chamada doença mental. Esta, a abordagem psicológica, encara a doença mental como uma "desorganização da personalidade".

A doença instala-se e leva a uma alteração da estrutura da personalidade ou a um desvio progressivo em seu desenvolvimento. Dessa forma, as doenças mentais definem-se a partir do grau de perturbação da personalidade, isto é, do grau de desvio do que é considerado comportamento padrão ou personalidade normal.

Nesse caso, as psicoses são consideradas como distúrbios da personalidade total, envolvendo o aspecto afetivo, de pensamento, de percepção de si e do mundo. As neuroses referem-se a distúrbios de aspectos da personalidade, permanecendo íntegras a capacidade de pensamento e a capacidade de estabelecer relações afetivas, mas a relação com o mundo é alterada.

Chamamos a atenção para o fato de que tanto a psicologia como a psiquiatria supõem um critério de normalidade, embora se diferenciem quanto à concepção da doença mental e de suas causas.

O entendimento do que venha a ser o psiquismo normal e o psiquismo patológico e onde mora o limite entre esses dois conceitos constitui discussão permanente no âmbito da psicologia e da psiquiatria. Determinadas áreas do conhecimento científico, onde desponta especialmente a psiquiatria, estabelecem padrões de comportamento ou de funcionamento do organismo sadio ou da personalidade adaptada para identificar o psiquismo patológico. Esses padrões ou normas referem-se a médias estatísticas do que se deve esperar do organismo ou da personalidade, enquanto funcionamento e expressão.

No entanto, temos que o conceito de psiquismo normal e de psiquismo patológico deve ser relativizado: da perspectiva cultural, temos que o que em uma sociedade, por exemplo, do mundo ocidental é considerado normal, adequado, aceito ou mesmo valorizado, em outra sociedade, em outro momento histórico, pode ser considerado anormal, desviante ou patológico: se uma mulher brasileira caminhar pelas ruas de Cabul (Afeganistão) com suas roupas e gingado típicos poderá ser apedrejada.

Os antropólogos e sociólogos têm contribuído enormemente para esclarecer a questão da relatividade cultural do conceito e do fenômeno normal e patológico. Também a psicologia transcultural, acima abordada, ao realizar estudos de índole intra e transcultural, aponta as falhas na determinação dos critérios de normal e anormal.

Nesse sentido, concordamos com Michel Foucault (2004) quando afirma que a doença somente é tida e valorizada como tal no interior de uma cultura que assim a reconhece. *A doença mental é uma construção que até hoje busca seus alicerces no discurso médico.*

Importante, também, salientar a noção de loucura, apontada por Franco Basaglia (*apud* Bock *et al.*, 2018). Segundo ele, a loucura, assim como todas as doenças, seria expressão das contradições do nosso corpo orgânico e social. A doença, sendo uma contradição que se verifica no ambiente social, não é um produto apenas da sociedade, mas uma interação dos níveis que nos compõem: o biológico, o sociológico e o psicológico.

3

Percepção e Linguagem: da Psicologia do Cotidiano à Psicologia Jurídica

A percepção e a linguagem fazem parte do nosso cotidiano, mesmo que não nos demos conta de sua existência. Qualquer comunicação entre humanos, da mais simples à mais complexa, exige percepção e linguagem.

A percepção do mundo e a linguagem funcionam como um dos principais elos entre os seres humanos. A forma de apreender o mundo, assim como exprimi-lo através da linguagem, sofreu evoluções no correr da história. Exigiu também uma ampliação da capacidade humana para acompanhar as mudanças no correr da evolução das formas de comunicação. *Na atualidade vivencia-se mais um desafio no âmbito da percepção-comunicação, marcada pela invasão do universo virtual na vida da sociedade globalizada* (Santaella, 2001).

Além de lidar com a relação entre percepção e linguagem que orbitam em torno do modo de ser e de se expressar do novo senso comum, incrementado pela dinâmica digital, a psicologia jurídica tem de se haver com as inovações acerca da apreensão da forma de se comunicar das pessoas em um mundo em constante e acelerada transformação. Essas transformações exigiram, por sua vez, a criação ou inclusão de novos institutos jurídicos, decorrentes de novo mundo globalizado e informatizado.

Daí a importância de introduzir as noções básicas acerca do que se entende por "percepção" e por "linguagem" de uma forma geral para, posteriormente, apontar algumas especificidades da relação entre percepção, linguagem e Direito que envolvem, mais especificamente, a psicologia jurídica.

3.1. A percepção

O termo "percepção" tem origem no latim "sensus" ou "perceptio" e se relaciona à faculdade, ao efeito ou à capacidade de apreender algo ou alguma situação por meio dos sentidos ou da mente.

A psicologia cognitiva (Eysenck e Keane, 2017) é um dos principais ramos da psicologia, e lida prioritariamente com a percepção dos indivíduos, partindo de uma abordagem biológica. Para ela, o fenômeno da percepção se dá por meio da função cerebral, que atribui significado a estímulos sensoriais a partir de um repertório de vivências do cotidiano do indivíduo. De acordo com a percepção de cada um acerca do mundo que o rodeia, organizam-se e interpretam-se as impressões tendo em vista a atribuição de significado.

A percepção poderia, assim, ser dividida em etapas, desde a aquisição, passando pela interpretação, pela seleção até chegar à organização das informações obtidas pelos sentidos. Conforme dito acima, ela pode ser abordada da perspectiva meramente biológica ou fisiológica, envolvendo estímulos elétricos, evocados por sua vez pelos estímulos dos órgãos dos sentidos. Na perspectiva psicológica mais alargada, temos que a percepção envolve também outros processos mentais, como a memória e demais aspectos que podem influenciar na interpretação de dados percebidos.

A filosofia da Gestalt (Dzacri, 2012), forma em alemão, e a fenomenologia (Husserl, 2003), que se tornaram, posteriormente, forma de psicoterapia, baseiam toda a sua teoria e práxis na percepção do mundo. Para ambas, guardadas as especificidades metodológicas de cada uma, tem-se em vista o ajuste criativo do indivíduo inserido em seu ambiente social, no seu contexto de vida em geral.

Para a psicologia, a percepção é o processo ou resultado de se tornar consciente de objetos, relacionamentos e eventos por meio dos sentidos, o que inclui atividades como reconhecer, observar e discriminar. Essas atividades permitem que os seres organizem e interpretem os estímulos que lhes são apresentados pelo mundo.

A percepção de figura-fundo é a capacidade de distinguir adequadamente objeto e fundo em uma apresentação do campo visual. Um enfraquecimento nessa capacidade pode prejudicar seriamente a capacidade de aprender de uma criança.

Na psicologia o estudo da percepção é muito importante, porque o comportamento das pessoas é baseado na interpretação que fazem da realidade e não na realidade em si. Por esse motivo, a percepção do mundo é diferente para cada um de nós. Cada pessoa percebe um objeto ou uma situação de acordo com os aspectos que têm especial importância para si própria, assim como age de acordo com essa apreensão da realidade.

Também uma certa apreensão da realidade pode ser compartilhada por uma coletividade específica e se tornar um traço cultural, tido por essa pessoa como correto e praticado no seu cotidiano. No entanto, essa mesma prática pode ser tida por ilícita pelo ordenamento jurídico brasileiro, por exemplo. Surge daí uma questão jurídica que envolve intensa discussão doutrinária e jurisprudencial na contemporaneidade, como é o caso de muitos conflitos concretos envolvendo conceitos de relativismo e universalismo cultural.

Daí também a importância do conceito de percepção para a psicologia jurídica. No direito, parte-se do princípio de que ninguém pode alegar o desconhecimento da lei para eximir-se de obedecê-la. Assim sendo, vigora a ficção de que todos conhecem o ordenamento jurídico brasileiro (art. 3º da Lei de Introdução às Normas do Direito Brasileiro – LINDB). No entanto, na realidade cotidiana do nosso país de tamanho continental, tem-se que usos ou costumes de algumas comunidades são tidos, são apreendidos ou percebidos por elas como lícitos quando muitas vezes não são. O caso de infanticídio de crianças indígenas, como violação aos direitos humanos, por exemplo, gera polêmicas jurisprudenciais e doutrinárias até os dias de hoje.

Pode-se, ainda, afirmar que a percepção sofre influência cultural de outra ordem. Como exemplo, cite-se a forma como um oriental pinta ou o que ele valoriza em uma imagem: normalmente o objeto e seu entorno ou fundo são valorizados. Para nós, ocidentais, como temos por modelo não a visão do todo, mas a necessidade de dividir o todo em partes para melhor apreendê-lo, o entorno ou o fundo não são importantes para a nossa percepção. Valorizamos o objeto que se destaca na pintura ou fotografia. Valorizamos, portanto, a parte em detrimento do todo.

Psicólogos e filósofos de diversas escolas defendem a tese no sentido de que as vivências do sujeito no mundo criam paulatinamente modelos mentais e de acordo como elas organizam seu mundo. Dessa forma, à medida que adquirimos novas informações, nossa percepção se altera, amadurece, cria novos paradigmas.

A apreensão do mundo real cria, então, um mapa sensorial sempre provisório. Quando adquirimos novas informações, nossa percepção se altera. Algumas imagens ambíguas são exemplares ao permitir ver objetos diferentes de acordo com a interpretação que se faz, conforme mostrado nas imagens vistas neste capítulo. *Em uma imagem mutável, não é o estímulo visual que muda, mas apenas a interpretação que se faz desse estímulo.*

Assim como um objeto pode dar margem a múltiplas percepções, também pode ocorrer de ele não gerar percepção nenhuma. Se o objeto percebido não tem embasamento na realidade de uma pessoa, ela pode não percebê-lo. Dessa forma, passa-se a considerar cada vez mais a importância da pessoa que percebe durante o ato de percepção. **A percepção e a condição do observador modificam o fenômeno.**

Esse fato é muito importante para a psicologia jurídica, especialmente no que tange ao direito penal. Pessoas que cometem crimes sob o efeito de drogas, que podem ter, portanto, sua percepção alterada, têm uma percepção distorcida do objeto ou da situação que vivenciam. Essa constatação influencia o processo, a decisão do juiz e, portanto, o destino do sujeito que praticou o crime pelo fato de tê-lo feito com a percepção alterada.

O processo de percepção se inicia com a atenção, que é um processo de observação seletiva. A atenção seletiva, como o próprio nome está a dizer, faz uma seleção do que é mais importante para nossa percepção. Ela faz com que percebamos alguns elementos em desfavor de outros. Vários fatores podem influenciar a atenção. Podemos agrupá-los didaticamente em duas categorias: os fatores externos ou ambientais e os fatores internos ou orgânicos.

Também a atenção seletiva importa à psicologia jurídica, tanto no que diz respeito aos fatores externos como no que tange aos internos. Os fatores externos que podemos destacar são a intensidade, percebida por meio da audição, como as sirenes, e os contrastes, percebidos pela visão, como os sinais de trânsito (verde, amarelo, vermelho). A capacidade de percepção ou a falha na percepção desses fatores podem levar à morte de uma pessoa que esteja em uma ambulância presa no trânsito ou pode causar acidentes decorrentes da falta de percepção da mudança das cores do sinal, por exemplo.

Os fatores internos que mais influenciam a atenção são a motivação e a experiência interior. Prestamos atenção ao que já conhecemos e entendemos. Por vezes ocorre o oposto: prestamos atenção a algo esdrúxulo que se nos apresenta diante do campo visual como algo incompatível com o contexto das imagens e da harmonia de objetos em um determinado lugar e momento do dia a que estamos acostumados: um aluno que entra vestido de palhaço na sala de aula chama a atenção sobre si, pelo fato de se diferenciar do padrão de roupas usadas pelos demais colegas.

Por outro lado, pessoas em um mesmo ambiente podem prestar atenção a objetos diferentes e atuar de forma diversa diante da mesma situação. Isso se deve ao fato de que *as informações visuais, auditivas, olfativas ou táteis podem ter preponderância diferenciada para cada pessoa*. Essa diferenciação se funda na experiência de vida de cada um. Na forma como cada pessoa apreende o mundo que a rodeia, priorizando esta ou aquela imagem, esta ou aquela sensação etc.

A percepção de certos aspectos relacionados a características humanas ou mesmo a construção da percepção de certas características humanas também pode ser moldada socialmente. Questões de gênero, raça nacionalidade, sexualidade e outras também podem sofrer a interferência de uma forma de percepção que é construída socialmente.

No livro *A construção social da cor*, José D'Assunção Barros (2009) defende que a percepção social, que chamamos de senso comum, é uma classificação discutível, visto que o que ele chama de "competências sociais" é tão variado que confunde os conceitos de percepção com outros conceitos cognitivos, como a lógica e a emoção, por exemplo. Esse posicionamento é importante para o direito e para a psicologia jurídica em vários sentidos e nos instiga a pensar inclusive acerca do surgimento e aprofundamento de problemas sociais e jurídicos de diversas ordens.

Citaremos como exemplo a violência contra a mulher. Sabe-se que a mulher vem galgando seu espaço na sociedade, da perspectiva internacional e nacional, desde a década de 1960, com as manifestações internacionais e a Lei do Divórcio no Brasil (Lei n. 6.515/77). Também vem assumindo importante papel no mundo do trabalho extracasa e na política. No entanto, *a violência contra a mulher não diminui na chamada pós-modernidade*. Ela cresce, e esse crescimento se espelha na normativa em torno da proteção contra danos físicos e morais destinada à mulher. A Lei Maria da Penha (Lei n. 11.340/2006) foi um marco importantíssimo, tida como divisor de águas no âmbito da proteção contra a violência doméstica. O que chama a atenção é a necessidade de alteração do Código Penal (CP) (art. 121) vigente para inserir o crime de feminicídio (Lei n. 13.104/2015), como modalidade de homicídio qualificado e que entra no rol dos crimes hediondos.

O feminicídio configura o homicídio de mulher pela condição de ser mulher. Suas motivações mais usuais são o ódio, o desprezo ou o sentimento de perda do controle sobre a mulher. O que liga o tema do feminicídio ao tema da percepção social é a marcante associação de papéis discriminatórios ao feminino na sociedade brasileira no momento em que o papel da mulher nesta é percebido e comprovado como importante e ativo.

3.2. A linguagem

A linguagem, de acordo com a linguística clássica, configura qualquer meio sistemático de comunicar ideias ou sentimentos através de signos convencionais, sonoros, gráficos, gestuais, dentre outros.

Existem diversos entendimentos acerca do que venha a ser linguagem. Uma delas entende a linguagem como a faculdade mental que permite aos seres humanos realizarem qualquer tipo de comportamento linguístico. A linguagem é tida como uma propensão inata ao ser humano. De acordo com essa linha de pensamento, são estabelecidos três pilares para a linguagem: o mentalismo, de acordo com o qual existem estruturas mentais formais e abstratas subjacentes ao conhecimento linguístico; a combinatoriedade, segundo a qual a gramática é um sistema combinatório de palavras. Um número finito de palavras é selecionado, combinado e permutado para gerar estruturas maiores, as sentenças, com propriedades distintas de seus elementos; e a aquisição, segundo a qual as regras funcionais de uma língua são abstrações formais e não conscientes. Defensor que se destaca nessa concepção é Noam Chomsky (2014).

A linguagem pode ser entendida também como um sistema formal de signos, regidos por regras gramaticais que, quando combinadas, geram significados. A língua humana seria um sistema estrutural fechado, formado por regras que relacionam sinais específicos a significados também específicos. Essa é a visão estruturalista defendida por Ferdinand de Saussure (2004).

A linguagem também pode ser entendida como um sistema de comunicação que permite aos seres humanos o compartilhamento de sentidos. Nessa concepção, a função social da linguagem é destacada: a função comunicativa da linguagem é entendida como um processo adaptativo para atender às necessidades comunicativas de seus usuários. Nesse sentido, é importante entender a gramática como um fenômeno dinâmico, com estruturas que estão sempre em processo de mudança. **Assim que "a palavra assume seu sentido no contexto em que está inserida", ela muda de sentido de acordo com o "jogo de linguagem" estabelecido em um determinado espaço e momento** (Wittgenstein, 2003). Essas são as noções introdutórias do que podemos entender da filosofia da linguagem segundo Ludwig Wittgenstein, em sua obra *Investigações filosóficas* (2014).

Ao afirmar que a palavra assume seu sentido de acordo com o contexto em que está inserida, assim como ao falar que os jogos de linguagem, ou seja, que a dinâmica estabelecida pelas pessoas no contexto do discurso, determina o sentido da palavra, Wittgenstein estabelece um elo entre percepção e linguagem.

Assim sendo, a percepção é a base que está no fundo de todo discurso. Se se retirar a percepção, o discurso não faz mais sentido. Em cada frase, em cada expressão verbal, existe um universo de percepções subentendidas, como afirma Olavo de Carvalho (2018).

Se entro com meu carro em um *shopping center*, vejo uma sinalização indicando que algumas vagas são destinadas a idosos e pergunto ao vigilante se posso estacionar nessas vagas, sua resposta será "não", caso o motorista e os passageiros do carro sejam jovens. No entanto, se fizer a mesma pergunta em um espaço sem indicação de restrição para estacionar, a resposta do vigilante será oposta: "sim". A frase fica sem significado em um contexto em que não há restrições para estacionar.

Daí se deduzir que toda comunicação verbal é efêmera, é regida por percepções que atribuem um sentido ao que está sendo falado, ao acontecimento. A própria norma penal, em seu art. 121, quando trata do homicídio, ou seja, do delito com uma das maiores penas previstas, estabelece excludentes de imputabilidade: no caso da legítima defesa e da força maior, por exemplo. Assim sendo, no jogo de linguagem que se estabelece em um contexto em que uma pessoa percebe que será morta se não matar primeiro, o homicídio se torna lícito. Já no contexto em que a pessoa apenas segura a arma e fala em morte sem apontar ou sem ter a intenção de matar o outro, seria incabível a excludente de legítima defesa.

A ideia de estudar a língua como um sistema, como faz Saussure, é legítima, porque sob certos aspectos a língua é um sistema mesmo. Mas no seu funcionamento real ela nunca é de fato um sistema. Está sempre em aberto. A língua só é um sistema do ponto de vista do linguista. Em si mesma ela não é um sistema, pois este pressupõe algo fechado e completo em si mesmo. Também a linguística gerativa de Chomsky tem suas restrições quando nos deparamos com o uso concreto da linguagem.

Uma língua que fosse completa em si mesma dispensaria a presença dos objetos e do mundo; ela poderia ser estudada em si mesma. O dicionário, por exemplo, tem outras palavras que explicam a palavra procurada, mas isso só faz sentido dentro do dicionário. No uso real da linguagem não é assim.

A terra já existia antes e independentemente dos signos que tatuamos nela. Prestamos atenção a essa rede de discursos e pensamos que ela contém o objeto quando, na verdade, qualquer objeto é mais rico do que qualquer discurso. Esse é um ponto que nunca será exageradamente enfatizado.

Toda comunicação se dá dentro de um ambiente físico que a sustenta, sem a qual ela simplesmente não existe. *Nunca podemos tomar o discurso como objeto de análise em si mesmo, fazendo abstração do universo que está em torno.*

A linguagem é uma tentativa de sistematização que auxilia, mas é incompleta. Sempre dependeremos da referência a objetos de percepção. Se um homem vê uma arma de brinquedo apontada para si e reage atirando no portador da suposta ameaça, é porque percebe a arma como se fosse verdadeira e o sujeito que a segura como ameaçador.

Conseguimos nos comunicar porque cotidianamente nos reportamos a um universo de experiências compartilhadas. O mundo da linguagem comum imita longinquamente essas experiências compartilhadas ou o senso comum. Mas basta faltar uma referência externa, uma referência de percepção, para que a comunicação se torne inviável, ou para que nela se introduzam erros graves.

Hoje, com o mundo digital, criou-se uma rede de signos verbais e visuais que a tornam uma realidade física, por assim dizer. Mas ela tende a encobrir o mundo sobre o qual fala. A experiência está sendo cada vez mais substituída por signos, e as pessoas acreditam cada vez mais que esses signos são coisas reais: *o original está sendo substituído por sua representação, já que é com a representação no mundo virtual que lidamos em nosso cotidiano de lazer, de aprendizagem ou de trabalho.*

A revolução do mundo virtual pode ser elencada como a terceira revolução no mundo dos humanos. A primeira foi a criação da escrita, que possibilitou uma comunicação mais complexa que a falada e abriu horizontes para que as experiências humanas chegassem à posteridade.

A segunda foi a criação da imprensa, que possibilitou o que Walter Benjamin chamou, na modernidade, de "era da reprodutividade". Muito embora Benjamin se referisse à reprodução de quadros e imagens, a criação da imprensa também pode ser denominada "era da reprodução de textos".

A terceira revolução é a que estamos vivenciando na contemporaneidade, com a virtualização. Como bem enfatiza Marilena Chaui (2010), *a era virtual não cria somente uma nova linguagem e outra percepção do mundo. Ela cria o próprio mundo. Ela cria verdades com as quais temos de nos haver no cotidiano.*

4

Transdisciplinaridade: Direito, Sociologia, Filosofia e Psicologia

Na atualidade, a abordagem de qualquer tema, especialmente quando este se localiza no rol das chamadas ciências humanas, exige que se vá além da disciplina em foco para estabelecer uma espécie de diálogo com as demais disciplinas que lhe são afins, sob os mais diferentes aspectos. É um pequeno diálogo entre o direito, a psicologia, a sociologia e a filosofia, assim como um diálogo englobando os chamados fenômenos social, jurídico e do comportamento humano, o que se pretende realizar no presente capítulo.

No entanto, antes de iniciar o referido diálogo reputamos ser importante apresentar uma discussão que o antecede e que diz respeito ao alcance da relação entre disciplinas ditas autônomas. Trata-se da discussão sobre os conceitos de multi, pluri, inter e transdisciplinaridade que se segue.

4.1. Multi, pluri, inter e transdisciplinaridade

Desde o século XV a ciência passou por uma grande mudança em toda a sua estrutura, o que resultou numa multiplicação de novos conhecimentos. A referida multiplicação teve início no período histórico do "Renascimento", em decorrência, principalmente, da perda por parte da igreja do poder repressor que exercia sobre o homem. Dessa forma, pesquisas que foram até então condenadas e censuradas como blasfêmia, pela igreja, puderam ser desenvolvidas. Como exemplo, podemos citar as pesquisas sobre anatomia humana através da dissecação de cadáveres.

No início do desenvolvimento da ciência, a partir do século XV, temos que ela surge como "disciplina única". O gênero ciência se confundia com as espécies, ou com os diferentes focos de sua abordagem.

Depois de um longo percurso, chega-se ao século XX com uma infinidade de disciplinas especializadas nas mais diversas frações da ciência. Essa fragmentação se acentua no século XXI, com a crescente complexificação do mundo e das demandas dela decorrentes: a globalização e a acelerada influência do mundo digital nas vidas humanas foram um dos principais vetores para esse desiderato.

Houve uma primeira divisão, comportando as ciências ditas sociais, como a sociologia, a antropologia, a economia, a psicologia, o direito, dentre muitas outras. Por outro lado, surgiram as ditas ciências naturais, como a biologia, a química, a física e a medicina, que, por sua vez, se subdividiam em anatomia, neurologia, cardiologia e outras mais, cada uma sendo responsável por uma pequena fração, ou especialidade da ciência, e cada uma com um especialista diferente, que deveria dominar somente a sua especialidade, uma fração do conhecimento.

Ocorre que a ciência dos séculos XX e XXI tornou-se excessivamente especializada, a ponto de não ser mais possível realizar o movimento pretendido quando do início da divisão das ciências em áreas específicas: chegar ao micro para conseguir ver o todo de forma plena e completa.

Diante dessa situação temos que, ainda no século XX, quando a fragmentação em áreas específicas da ciência cresce a pleno vapor, ocorre um movimento em sentido contrário, no sentido de superar a visão segundo a qual a divisão do conhecimento em áreas específicas e estagnadas serve melhor para a solução dos problemas do mundo concreto.

É a partir dessa nova visão da ciência, ou do movimento contrário ao da especialidade, que uma visão do direito acoplada à da psicologia tornou-se possível. Daí se falar em uma abordagem pluri, multi, inter e transdisciplinar, necessária à solução dos problemas jurídicos complexos que se impõem ao homem contemporâneo (Morin, 2002).

Os prefixos *pluri* e *multi* referem-se a uma pluralidade ou a uma multiplicidade. No entanto, justapostos ao radical *disciplinaridade* assumem conceitos diversos, conforme veremos em seguida. Já os prefixos *inter* e *trans* também podem ser utilizados indistintamente em alguns contextos, mas assumem no presente contexto significados específicos e diferentes quando combinados com o termo *disciplinaridade*. Existem quatro termos particularmente relacionados entre si, sendo, muitas vezes, utilizados de forma indiferenciada, como se fossem palavras sinônimas quando, na verdade, cada uma delas configura um passo em um percurso de aproximação entre disciplinas diferentes e de formas diversas que culmina com a transdisciplinaridade, como aproximação máxima. Esses termos são:

1. multidisciplinaridade;
2. pluridisciplinaridade;
3. interdisciplinaridade;
4. transdisciplinaridade.

O termo "multidisciplinaridade" significa a possibilidade de integração de diferentes conteúdos de uma mesma disciplina. No caso do direito, temos que institutos de um ramo do direito poderão gerar efeitos sobre institutos de outras disciplinas jurídicas, como entre o direito penal, o direito civil e o direito administrativo. Como exemplo, podemos citar a lesão ao meio ambiente, que pode acarretar a responsabilização nos âmbitos civil, penal e administrativo, de acordo com a magnitude do dano (art. 225, § 3º, da CF/88). Caso concreto emblemático foi o acidente ambiental ocorrido em Mariana, Minas Gerais, em 2015.

Também a multidisciplinaridade ocorre no âmbito de uma mesma disciplina jurídica. Como exemplo podemos citar o caso da adoção, ou seja, um instituto ou objeto específico do direito civil, direito de família, que influenciará outro instituto do mesmo ramo jurídico, a "herança", objeto do direito de sucessões.

A pluridisciplinaridade dá um passo além da multidisciplinaridade ao ultrapassar os limites de uma única disciplina e apontar para a necessidade de cooperação entre os diferentes ramos do conhecimento. No entanto, permanece a concepção no sentido de que cada um desses ramos mantém objetos e objetivos próprios e distintos.

Assim sendo, no que diz respeito à relação pluridisciplinar entre direito e psicologia, temos que a "imputabilidade", objeto do direito penal, necessita da colaboração da psicologia para distinguir as pessoas imputáveis daquelas inimputáveis. Mais precisamente, diante de um caso concreto, cabe ao psicólogo perito fornecer argumentos ao convencimento do juiz acerca da sanidade mental do sujeito processual.

De acordo com a ideia de pluridisciplinaridade, o estudo de um objeto pode se dar por várias disciplinas. Nesse caso, percebe-se que uma apreensão do objeto por várias áreas do saber proporcionará maior clareza sobre este (Nogueira, 2001).

A pluridisciplinaridade corresponde ao que apontamos no capítulo anterior, quando tratamos das diversas possibilidades da nomenclatura da nossa disciplina, a expressão "direito e psicologia". Cada uma das disciplinas aborda o objeto de acordo com a sua nomenclatura e o seu método específicos, tendo em vista colaborar com a justiça em matérias que estão além de sua *expertise*.

Importante exemplo diz respeito ao instituto jurídico da imputabilidade: a psicologia aborda o fenômeno jurídico da imputabilidade, termo estranho à psicologia como disciplina geral, sob o viés de uma investigação psicológica acerca da sanidade mental do indivíduo. Este sim, termo e tema específico da psicologia.

O direito, por sua vez, se socorre da averiguação realizada pela psicologia para dizer da condição de imputável ou não imputável do sujeito. A partir dessa constatação, normalmente revelada por meio de um parecer técnico, o juiz poderá decidir de forma adequada à norma o destino do indivíduo avaliado. A interdisciplinaridade vai além da proposta da pluridisciplinaridade ao defender uma integração teórica e prática das disciplinas, numa perspectiva da abordagem do objeto comum a todas elas, como uma totalidade. A interdisciplinaridade diz respeito ao elemento que é comum a duas disciplinas dos vários ramos do conhecimento. É um processo de ligação entre disciplinas tendo como objeto um elemento concreto, configurando um movimento que visa à superação do conhecimento fragmentado em disciplinas diversas.

Frigotto (1995) defende que a interdisciplinaridade constitui-se mesmo em uma necessidade relacionada à realidade concreta, histórica e cultural. A psicologia jurídica, como disciplina autônoma, surge sob a perspectiva interdisciplinar, ou seja, surge da união de duas ou mais disciplinas para discutir um problema específico.

Existem exemplos práticos, do cotidiano social, que nos fornecem meios de visualizar a interdisciplinaridade entre, por exemplo, o direito e outras ciências. A partir de uma informação, vários questionamentos, afirmações, novos conhecimentos, enfim, podem ser construídos.

Exemplo: João tem um terreno no meio rural. Em termos de direitos e deveres de João relativamente à sua propriedade, temos que ele tem o direito de usar, gozar, dispor e reaver o bem de quem injustamente o detenha (Direito Civil) e o dever de que a propriedade exerça sua função social (Direitos Sociais) e sua função ambiental (Direito Ambiental). O terreno de João serve à produção de alimentos específicos (agricultura, agronomia), fonte de renda havida por meio da agricultura familiar (Economia). A renda de João e de sua família é insuficiente para atender a todas as suas necessidades básicas, por isso necessita de ajuda do Poder Público no que diz respeito ao preenchimento dessas necessidades básicas (Políticas Públicas).

De acordo com o exemplo acima, tem-se que, a partir de um exemplo concreto e corriqueiro da realidade brasileira, pode-se relacionar diferentes vetores teóricos que convergem no sentido de um entendimento holístico do tema.

O método interdisciplinar pode ser utilizado com alunos desde o ensino fundamental até o ensino superior, como no ensino jurídico, de acordo com o que vimos no exemplo acima. Tem em vista apontar que um mesmo objeto pode e deve ser estudado por diversos âmbitos do saber. A interdisciplinaridade proporciona a apreensão da complexidade do contexto em que está inserido um objeto ou um tema, suas implicações, reflexos e consequências no âmbito de uma realidade espaço-temporal específica.

Por último, a transdisciplinaridade – termo cunhado por Piaget na década de 1970 – é uma abordagem científica que visa à unidade do conhecimento. Ela procura apontar uma nova compreensão da realidade articulando elementos que passam "entre", "além" e "através" das disciplinas, numa busca de compreensão da complexidade. A transdisciplinaridade é, ao mesmo tempo, um "movimento", um "conceito" e uma "prática", que está em constante processo de desenvolvimento no que diz respeito à abordagem dos diversos ramos das ciências.

A transdisciplinaridade abrange, além de uma colaboração das disciplinas entre si, a existência de um pensamento organizador que ultrapassa as próprias disciplinas. Ela é mais integradora e mais abrangente que a interdisciplinaridade. Para que se possa falar em transdisciplinaridade, é preciso haver um pensamento organizador, o chamado pensamento complexo (Morin, 2002).

A transdisciplinaridade tem por finalidade construir uma postura empática de acolhimento a outros conhecimentos, na busca da compreensão da complexidade do mundo real: ao mesmo tempo que procura ativar a interação entre as disciplinas, não tenciona negar a individualidade de cada uma delas. Apenas as direciona para um saber comum, sem transformá-las em uma única disciplina.

A transdisciplinaridade não procura a dominação de várias disciplinas, mas a abertura de todas as disciplinas ao que as atravessa e as ultrapassa. Ela não é sutil; representa uma espécie de linha tênue que une e serve de limite entre o comprometimento e a especificidade de cada disciplina.

A transdisciplinaridade é mais integradora que a interdisciplinaridade, por fazer emergir da confrontação das disciplinas novos dados que as articulam entre si e que dão uma nova visão da natureza da realidade, uma visão sistêmica (Luhmann, 2012).

Um exemplo que pode bem esclarecer a transdisciplinaridade é o advento do Estatuto da Pessoa com Deficiência, Lei n. 13.146/2015, já mencionado em capítulo anterior. Referido Estatuto é fruto de uma longa discussão no âmbito internacional que culminou com a Convenção de Nova York de 2007. A convenção trata da inclusão das pessoas com deficiência pelos países signatários.

Essa convenção, que teve início no direito internacional, modificou, ou seja, ampliou o direito constitucional, na medida em que aumentou o rol dos direitos fundamentais. Tornou necessárias alterações no direito civil e no direito processual civil, conforme veremos mais detidamente em capítulo específico.

A transdisciplinaridade e a complexidade do tema surgem quando se tem que, a partir da adoção da convenção pelo direito brasileiro, houve a necessidade de uma mudança de mentalidade, de paradigma, de concepção do que até então era entendido como inclusão.

Antes da convenção, a inclusão das pessoas com deficiência mental, intelectual e física seguia um paradigma assistencialista que era refletido na lei. A mudança da norma está instigando os indivíduos a pensar que eles têm um papel no movimento de inclusão da pessoa com deficiência: as escolas devem incluir por meio de práticas pedagógicas, as ruas, calçadas e *shoppings* devem ter uma arquitetura inclusiva e as pessoas devem respeitar e apoiar as diretrizes de inclusão estabelecidas pelo Estado.

A transdisciplinaridade vislumbrada no exemplo acima mostra que um elemento externo, no caso uma norma internacional, pode modificar normas internas, espaços físicos e concepções sociais. As interações estabelecidas entre os elementos externos e internos modificam o status quo e os elementos que o compunham. As disciplinas, os espaços físicos e as concepções sociais que surgem não perdem sua identidade como tais. Elas apenas se modificam para construir uma nova totalidade.

4.2. Direito, sociologia, filosofia e psicologia

Abordar a psicologia jurídica, tema específico do presente trabalho, sem ao menos mencionar as influências que a sociologia e a filosofia exercem sobre ela tornaria o nosso estudo insuficiente, tendo em vista o objetivo que ele se propõe alcançar: traçar um roteiro básico para a apreensão dos temas fundamentais na psicologia jurídica.

Assim sendo, apontaremos abaixo alguns dos principais conceitos, em sociologia e em filosofia, que dizem respeito às diferentes leituras que essas disciplinas fazem do comportamento humano em conexão com a normatização do mesmo.

4.2.1. Sociologia, direito e psicologia

O direito para a sociologia pode se apresentar como o estudo de normas, expressas com preocupação de precisão, que regulam o comportamento social, estabelecendo direitos e obrigações entre as partes, através dos sistemas legislativos característicos das sociedades. A lei se apresenta como um poder e é válida para todos os casos semelhantes. No dizer de Markatos e Marcondes (1999, p. 23): "o direito é um controle social, que, através da aplicação sistemática da força da sociedade politicamente organizada, exerce coerção efetiva sobre os indivíduos. Concentra-se, portanto, na análise dos fatores normativos do comportamento social".

Em sociologia, destaca-se a corrente psicológica, segundo a qual "a sociedade é essencialmente um fenômeno psíquico". No contexto da psicologia social concebida por Gabriel Tarde (*apud* Themudo, 2002), o referido autor distingue três processos: a repetição, a oposição e a adaptação. Para ele, a repetição seria uma lei universal, encontrando-se no mundo físico (ondulação), no mundo biológico (hereditariedade) e no mundo psicossocial (imitação). Assim sendo, *quando pela primeira vez o homem ordenou o próprio comportamento pelo de outro, nasceu a sociedade*.

O modelo básico do processo social dar-se-ia segundo o binômio invenção-imitação. A invenção seria um elemento de transformação, sendo esta sempre baseada na combinação criadora a partir de elementos já existentes ou a partir de imitação de invenções anteriores. A imitação seria um processo por meio do qual uma invenção se torna socialmente adotada. Em suma, para a psicologia social, de Gabriel Tarde, a sociedade seria um grupo de homens que se imitam uns aos outros ou são, pelo menos, portadores de traços comuns "copiados" a partir de um mesmo modelo.

Marcuse (1999) pondera que se deve rejeitar o *status quo* por ser conformista e repressivo. Nas sociedades industrializadas, o aparato tecnológico e os meios de comunicação de massa normatizam atitudes na tentativa de manipular as reações mentais e emocionais das pessoas.

Herbert Marcuse, que compunha um dos "três emes" indispensáveis nas discussões em torno das ideologias dominantes dos anos 1970 (Marx, Mao e Marcuse), foi um dos pensadores da "Escola de Frankfurt". Sua principal contribuição diz respeito ao desenvolvimento do pensamento acerca do domínio racional da sociedade. Uma das suas inovações teóricas de maior envergadura foi ter trazido para o campo do entendimento da sociedade a psicanálise de Freud, que passa a ser um dos pensadores mais importantes para a reflexão de Marcuse, ao lado de Marx. Uma de suas obras mais importantes, *Eros e a civilização*, aponta para a junção entre sociologia e psicanálise, ou seja, entre Freud e Marx.

Marcuse explica que, para a psicanálise, há impulsos naturais em todo indivíduo que busca o prazer, mas tais impulsos são reprimidos por barreiras que o próprio indivíduo adota a partir da sociedade.

De uma forma simplificada, temos que ao impulso do prazer a metapsicologia freudiana denomina *"id"*; às barreiras psíquicas que são alimentadas pela sociedade dá o nome de *"superego"*; e ao compromisso entre essas duas instâncias chama de *"ego"*.

É importante ressaltar que essa estrutura formada por id, ego e superego é proposta por Freud para os impulsos individuais, sendo que a grande contribuição de Marcuse foi tê-las transportado para o plano social. O referido autor afirma que o capitalismo acentua as necessidades, mas não distribui as riquezas nem possibilidades, daí necessitando refrear os impulsos de prazer dos indivíduos, que se tornam reprimidos, frustrando desejos e aspirações.

O ego ou consciente é a instância psíquica que busca somar o máximo de prazer com o mínimo de repressão. Mas, em uma sociedade que incentiva o consumismo, a maioria das pessoas – grande parte da classe trabalhadora – não tem acesso ao consumo. Elas são, portanto, privadas de seus desejos em prol da manutenção de uma estrutura capitalista perversa.

Entre o amor, a fraternidade, a alegria, o sexo – tudo isso que Marcuse chama por *eros* e que é chamado por Freud de "pulsão de vida" – e o ódio, a divisão, a exploração, a injustiça, o poder só para alguns, a morte – por ele chamados de *thanatos* – a sociedade capitalista caminha a passos largos para essa direção, ou seja, no sentido da "pulsão de morte" freudiana.

Individualmente, o consciente reveste-se sempre de um equilíbrio muito frágil entre os polos da castração e da busca do prazer. Na proposta freudiana, o "id" é um impulso de prazer inato dentro de nós, uma busca de prazer que se revela desde muito cedo. As proibições do superego, no entanto, não nos são inatas, são-nos ensinadas, correspondem à castração dos prazeres. Essa repressão vem da sociedade: o pai e a mãe ensinam as boas regras; a escola, a doutrina. O adulto bem-educado é a criança bem castrada: faz tudo direito, conforme lhe mandam, não tem impulso contestador. Mas alguns dos grandes princípios de castração também hão de se revelar, fundamentalmente, no Estado e no direito.

O policiamento, as boas condutas, o respeito à propriedade alheia, o sofrimento, a miséria, tudo isso está institucionalizado. O direito e o Estado, de tal modo, representam imediatamente os imperativos de ordem. O resultado disso, a civilização, é o *superego* dominando o *id*, ou seja, a repressão dominando o prazer.

Para Marcuse, a sociedade capitalista é profundamente neurótica, doente em sua psique coletiva. O Brasil tem terras nas quais haveria facilmente comida para todos, pois não falta solo agriculturável, sol, água, gente para plantar e máquinas para colher. No entanto, a maioria da população não tem as mínimas condições de alimentação, moradia, saúde etc. Resplandece a exuberante felicidade de alguns ao lado da mais profunda miséria da maioria. A sociedade brasileira só pode ser analisada a partir desse profundo desarranjo.

A sociedade capitalista é, pois, profundamente esquizofrênica. Ela vive do consumo, incentiva o consumo, mas impede a maioria de consumir. Se a pessoa que é incentivada a consumir não tiver dinheiro e roubar, será presa. O capitalismo incita o prazer, mas castra as possibilidades da maioria. Dirão os pensadores da Escola de Frankfurt, então, que a sociedade capitalista é estruturalmente doente. A elite talvez não perceba sua doença porque o que ela quer ela tem. Mas a maior parte do povo aprende a nem querer porque não pode ter. O direito é um dos grandes instrumentos de manutenção dessa doença social. O direito dá e chancela a possibilidade de alguns terem o que o resto não tem.

A Escola de Frankfurt – principalmente por Marcuse, que foi muito lido pelos jovens e desprezado pelos poderosos – diz que, quando acontecer a libertação do homem em relação ao trabalho e à exploração, todas as coisas serão reerotizadas. O corpo humano, os objetos, a natureza, tudo será objeto de prazer, e a natureza e o homem serão respeitados. A partir disso surge uma preocupação socialista com a ecologia. Os primeiros movimentos ecologistas em geral foram formados por discípulos de Marcuse.

Um sociólogo emblemático da contemporaneidade é Zygmunt Bauman. Marx, no seu *Manifesto comunista*, afirma que "tudo o que é sólido se desmancha no ar" ao se referir aos dilemas de sua época. Bauman chama a contemporaneidade de "modernidade líquida" e as relações afetivas atuais de "amor líquido". Fala do mal-estar na pós-modernidade, parafraseando um texto de Freud que se refere ao mal-estar na civilização. Só que o mal-estar da contemporaneidade é gerado pela incapacidade de consumo incessante, uma espécie de leitura atualizada do mal-estar descrito por Freud, que era decorrência da necessidade de renunciar aos desejos infinitos para viver em sociedade.

Para Bauman, as relações entre os indivíduos tendem a ser cada vez mais fluidas, no sentido de serem menos duradouras e também no sentido da baixa tolerância aos conflitos: uma relação amorosa conflitiva é trocada por outra de forma efêmera.

Para Bauman, o sujeito da modernidade líquida é estruturalmente inseguro. "O medo tem muitos olhos; ele tem olhos subterrâneos", escreve ele na epígrafe de seu livro *Medo líquido*.

4.2.2. Filosofia, direito e psicologia

Ainda na perspectiva da interdisciplinaridade, temos que a filosofia muito tem a contribuir com o direito e a psicologia, no que diz respeito à atual concepção do comportamento humano, assim como às possibilidades de solucionar conflitos jurídicos.

A teoria de Habermas (2002), por exemplo, leva em consideração a lógica social da interação como forma de solução dos conflitos humanos. Segundo Habermas, o homem tem como interesses fundamentais o trabalho e a interação. Para o referido autor, a filosofia não constitui um simples depósito de problemas sociais nem um tesouro estéril de grandes princípios. Ela deve se orientar no sentido do universal, do essencial, deve vivificar as investigações particulares. A investigação social visa ao social e às suas condições de possibilidade e torna-se operacional na relação entre condições econômicas da sociedade, desenvolvimento psíquico dos indivíduos e transformações das regiões culturais.

Theodor Adorno aponta a distinção entre cultura e indústria cultural. Para ele, a cultura preserva o passado e antecipa uma harmonia futura, enquanto a indústria cultural anula o passado e bloqueia o emergir do novo. As classes dominantes utilizam o poder para impor-se pela ideologia. Assim, criam também mitos difundindo-os como necessários, coagindo as massas ao consumo. Segundo Horkheimer e Adorno (2002), as figuras mitológicas aparecem como os arquétipos do sujeito burguês, abstrato e objetivamente. Tomado prototipicamente, esse mito demonstra como a própria subjetividade torna-se objeto, possibilitando realizar o mesmo com a natureza e com os outros homens por meio da dominação.

Michel Foucault foi um dos grandes pensadores do nosso tempo. Morreu na década de 1980, mas deixou um rico legado que deverá ainda ser desdobrado, com grande repercussão em várias áreas do conhecimento, como a Filosofia, a Sociologia, a História, o Direito e a Psicologia. No contexto do presente trabalho, chama-nos a atenção a forma como Foucault aborda as relações entre o indivíduo, a sociedade e o direito. Especialmente a análise do poder, que atravessa essas relações. Destacam-se entre suas obras (década de 1970): a *Arqueologia do saber* – uma espécie de investigação horizontal dos vários campos de produção das práticas – e a *Genealogia do poder* – uma espécie de investigação vertical dessas práticas e relações.

Nos livros A *história da loucura*, O *nascimento da clínica* e As *palavras e as coisas*, trata do tema da loucura. Esses livros são da década de 1960 e neles Foucault estuda o modo de segregação, a tipificação do louco, as relações que se estabelecem na abordagem da loucura como uma questão médica etc. A partir da década de 1970 ele se aproxima de importantes temas jurídicos, como em *Vigiar e punir* e A *verdade e as formas jurídicas*. Foucault busca proceder a uma compreensão mais específica dos mecanismos do poder, espraiados no exemplo da loucura, da sexualidade e da criminalidade.

O seu estudo acerca dos mecanismos do poder está longe daqueles tradicionalmente considerados, como o Estado, o poder militar ou as instituições jurídicas. Ele se baseia em manifestações que se esparramam socialmente. A partir de sua linha de pensamento, chega a conceitos fundamentais e muito inovadores, como os relacionados ao poder normatizador, tratando, então, das disciplinas, dos dispositivos e do biopoder. *O poder não é uma manifestação institucional, formal. Ele é difuso, é exercido por todos. Alcança os corpos, os gestos, o controle das atitudes: daí o vocábulo biopoder, relacionado ao próprio domínio da vida.*

No livro *Genealogia do poder*, realiza uma investigação original e importantíssima sobre a sociedade e o direito, não só porque remonta à origem das práticas de controle social mas, principalmente, porque investiga os mecanismos de poder que estão por trás do discurso das ciências.

As reflexões de Foucault irão implicar uma importante mudança na compreensão da relação entre direito e sociedade. Isso porque ele percebe e analisa o poder em um plano não institucional e formal, mas sim no plano material, concreto, nas questões efetivas da dominação. Busca ver como a sociedade, em seu cotidiano, incorpora concretamente a dominação.

Foucault procede a uma análise social daquilo que chamou de "microfísica do poder": as dominações pequenas, específicas e concretas, que, relacionadas entre si, possibilitarão entender, posteriormente, o grande quadro geral da dominação. Propõe observar o sistema carcerário na sua concretude, nas ações específicas do carcereiro, do policial, do delegado, do juiz para com o preso e vice-versa. Para ele, a "verdade" do sistema penal está em suas práticas cotidianas, muito mais do que na "lei penal", que trata de algo abstrato e distante da realidade concreta.

O direito para ele não se verifica *ipsis litteris* na dominação formal do Estado, mas poderá ser bem verificado, por exemplo, nos agentes estatais. Os juristas em geral, quando desenvolvem qualquer trabalho científico sobre qualquer das áreas do direito, começam pela análise das leis – em um sentido amplo. Foucault começa pelo que poderia ser chamado de agente último da lei, ou seja, pelo carcereiro, por exemplo. Isso porque ali está a "microfísica do direito penal", no caso.

De acordo com o que podemos chamar de metodologia foucaultiana, para tratarmos das condições sociais do trabalho, devemos começar pela prática coti-

diana do trabalhador em seu ambiente de trabalho para chegar, por fim, à Constituição Federal e à CLT, e não o contrário.

O poder e o direito não devem ser entendidos a partir de um método dedutivo. A dedução é mais confortável, mas ela cega o entendimento concreto das relações sociais: pelo direito formal, a tortura é proibida e, se fizermos disso uma dedução, concluiremos que o policial não deve torturar. Mas a realidade jurídica e social é outra. É preciso observar as práticas efetivas de tortura e, a partir daí, concluir que a realidade é de fato contra os princípios de direitos humanos, e aponta o descompasso existente entre o mundo formal do jurista e a realidade.

O poder, para Foucault, será visto, essencialmente, como dominação, e essa dominação é um conjunto de técnicas, de táticas, de mecanismos, procedimentos, simbolismos, saberes práticos etc. O poder não é uma produção ideológica que seja resultante de compreensões estáveis e claras das intenções gerais da dominação. O saber do carcereiro para torturar, que é sua fonte de poder concreto, não é ideologicamente capitalista, ditatorial, pró ou contra alguma grande ideologia: é um saber concreto e específico, que se aproveita, somente posteriormente, a essas grandes ideologias.

A tortura, o racismo, a discriminação sexual, o simbolismo do poder, a segregação estabelecem o grande quadro concreto que, em geral, o pensador do direito avalia como um desvio do próprio direito. Sendo que, na verdade, esse quadro concreto constitui a base efetiva do próprio direito em sua manifestação social. A opressão intestina do direito é muito mais concreta que os discursos formais e justos dos juristas.

A contribuição de Foucault na interface entre direito e psicologia se dá, a nosso ver, pelo fato de que, em sua abordagem, ele afasta a ideia do sujeito como um ser independente dotado de vontade autônoma e que não sofre influências sociais determinantes.

É certo que a psicologia social aborda as influências que a sociedade exerce na constituição do sujeito, mas Foucault é original ao abordar, especialmente, os procedimentos, os saberes, as técnicas de dominação, tudo aquilo que estuda, principalmente, em suas obras *Arqueologia do saber* e *Genealogia do poder*. Essas obras permitem instalar o referido autor em uma posição muito particular dentro do quadro dos grandes pensadores contemporâneos, afastada de uma postura teórica que privilegia o voluntarismo subjetivista, assim como da clássica noção da influência da sociedade sobre o indivíduo, propondo uma compreensão inédita das estruturas do domínio social.

Walter Benjamin (*apud* Agamben, 2007) nos fala que uma ordem existente só é substituída por outra mediante violência. O Estado e o direito têm a violência como origem e forma de exercício do poder. Por isso, são repressivos. Civilização e barbárie estão muito próximas.

Entre os chamados "neomarxistas" temos Louis Althusser (*apud* Mascaro, 2010), que considera a ideologia um instrumento de reprodução da relação de produção capitalista. O núcleo de sua teoria é a "sujeição", sendo a sujeição um mecanismo pelo qual a ideologia faz o agente social reconhecer o próprio lugar. Esse mecanismo tem um duplo efeito: o agente social reconhece-se como sujeito e submete-se ao mesmo tempo a um sujeito absoluto. O sujeito absoluto é representado por entidades abstratas que variam de acordo com a ideologia: Deus, a humanidade, a nação, o capital. O mecanismo de sujeição não se circunscreve às ideias, existindo nos rituais e práticas de instituições em ato: os aparelhos ideológicos, como os partidos, as escolas, as religiões, a cultura, a imprensa e agentes repressivos do Estado, como o sistema jurídico, o exército e a polícia.

Bourdieu (2006) estuda a reprodução capitalista. A classe dominante apresenta os estilos de vida e os gostos para as classes dominadas. A escola, a cultura, a linguagem, a religião etc. servem para a reprodução da classe dominante por meio do *habitus*. *Habitus* são disposições subjetivas, inculcadas nos cidadãos pelas condições de classe. É o princípio unificador de classes servindo para diferenciá-las. Por meio de mecanismos de produção aponta-se a classe superior. As condições de classe não se manifestam apenas na produção, mas também no consumo. "Arbitrário cultural" – as instituições elegem um tipo de modelo e o impõem à sociedade. Esse modelo é o *habitus* da classe dominante. Para impor o "arbitrário cultural", as instituições utilizam-se da violência simbólica.

Gramsci (Mascaro, 2010) desenvolve o conceito de "hegemonia". Grande parte da dominação se faz pelo convencimento, não pela força. A ideologia dominante torna-se hegemônica, preponderando na sociedade civil (conjunto de entidades socialmente atuantes). As sociedades civis são complexas. A ideologia hegemônica não consegue erradicar as concepções alternativas do mundo e se torna fragmentária. A hegemonia, para se manter, precisa ser reforçada. As instituições como governo, escola, religião tornam-se grandes aliadas da ideologia hegemônica.

Deleuze, na esteira de Foucault, quando este descreve que o poder se ocupa em construir corpos dóceis – daí a criação por ele do conceito de "poder disciplinar" –, aponta o conceito de "Sociedade de Controle". Para ele, mais do que corpos dóceis, o poder na contemporaneidade constrói mecanismos de controle sutis. Os corpos, dessa forma, não devem somente permanecer em uma postura de inércia perante o biopoder; devem agir de acordo com as diretrizes que o induzem a comportamentos desejados por outrem. São induzidos a desejar o que se lhes propõe desejar, mesmo que de forma indireta.

Enquanto na sociedade disciplinar proposta por Foucault o poder se dissimula através de estratégias de disciplina e pelo confinamento nas instituições totais, na sociedade de controle o poder é invisível, se modifica com grande velocidade através do mundo digital.

Na atualidade, as instalações típicas das sociedades disciplinares, como as fábricas, escolas e prisões, foram substituídas pela ausência de estruturas físicas específicas a caminho do mundo virtual, que Deleuze não chegou a vivenciar, mas intuiu.

A abolição do confinamento, próprio da clássica estrutura disciplinar tornou mais democrática a prática da nova sociedade disciplinar, atualizada na sua nomenclatura por sociedade de controle. O confinamento da contemporaneidade acontece em qualquer lugar, desde que se tenha acesso à *internet*.

O confinamento compulsório, vivenciado desde o ano de 2019 por conta da pandemia do CORONAVÍRUS potencializou o estado de confinamento das pessoas, assim como o uso intensivo da *internet* para fins de trabalho, estudo, terapia, lazer, dentre outros.

O panótico de Bentham, como estrutura central, foi substituído por milhares de câmeras espalhadas pelos lugares mais inusitados, criando a sociedade autovigiada da contemporaneidade.

A cultura de entretenimento do *Big Brother*, que surgiu na Holanda em 1999, baseou-se na obra de George Orwell denominada *1984*. O texto de Orwell alerta para a tirania de um governo que vigia seus cidadãos 24 horas por dia, através de câmaras espalhadas por todos os lugares. Elas simbolizam "os olhos do governo".

O que Orwell descreveu como terrível transforma-se em algo encantador para a sociedade contemporânea. Ocorre uma interiorização da ideologia, exercida pelos meios de comunicação de massa, que produzem e fazem com que se reproduza em cada lar uma forma certa de ser, viver, pensar, agir e até sentir.

A sociedade do espetáculo descrita por Debord e a civilização do espetáculo, posteriormente descrita por Vargas Llosa, trocam o "penso, logo existo" cartesiano pelo "sou visto, logo existo", como bem afirma Quinet (2002).

Todos os estudiosos anteriormente citados, com o perdão dos muitos que não foram, contribuíram, cada um ao seu modo, com uma leitura da dinâmica social, apontando, mesmo que por vezes de forma indireta, a interface entre psicologia, direito e sociologia, assim como a necessidade de uma postura diante do fenômeno social que envolva a dimensão da complexidade do agir humano sobre o mundo.

4.2.3. O fenômeno jurídico, o fenômeno social e o comportamento humano

O fenômeno jurídico se define essencialmente como fenômeno de controle do comportamento social. Para Celso A. Pinheiro de Castro (2009), *o controle atua como uma espécie de instrumento de integração*. E essa integração se dá pela consciência de cada membro do grupo ou da imposição de um ou de vários membros desse mesmo grupo. A consciência do grupo e/ou a imposição justificam-se, para o grupo, pela eficácia do comportamento ou pela crença de que a maneira escolhida é a que melhor se adapta às condições reais do conjunto e ao interesse das partes. O elemento "cultura" torna possível a difusão intragrupal dessa eficácia ou dessa crença, condicionando a persistência das expressões do controle. Para Castro, pela cultura torna-se possível a construção do paradigma segundo o qual o conhecimento do bem apto a satisfazer a necessidade cristaliza-se como consenso, institucionaliza-se.

O controle se impõe ao comportamento humano e é aceito como instrumento capaz de garantir aos indivíduos a sobrevivência biossocial. Há formas de controle aceitas como naturais e certas. Há outras consideradas sagradas. Há outras exigidas como necessárias e sentidas como eficazes.

O controle pode ser formal ou informal. A formalização do controle estampa-se na norma jurídica. O controle informal se expressa em usos, costumes e opinião pública. São padrões que se aplicam ao comportamento social em gradações diferentes.

O filósofo alemão Friedrich Nietzsche escreveu que "as necessidades geram perspectivas". Esse aforismo encerra uma verdade histórica. Isso porque da necessidade nasceu a cultura, a civilização, a ciência, a política, a religião, a economia, a moral, o direito e a diversificação profissional. À medida que se desenvolve o processo civilizatório, o homem encontra condições mais complexas e mais sutis para satisfazer às suas necessidades.

A respeito das instituições, Marcel Prélot escreve: ninguém na vida corrente se lembra de confundir a casa mais singela com a pilha de materiais de que, entretanto, ela saiu. Ora, a instituição é também uma construção, um conjunto arquitetural onde os indivíduos desempenham o seu papel, mas adquirem um valor novo de acordo com sua situação no todo (*apud* Castro, 2009).

É por meio da socialização que o indivíduo pode desenvolver a sua personalidade e ser admitido na sociedade. A socialização é, portanto, um processo fundamental não apenas para a integração do indivíduo na sociedade, mas também para a continuidade dos sistemas sociais.

Usa-se distinguir a **socialização** em dois tipos básicos: a **primária** e a **secundária**. Socialização primária é a que dá aos indivíduos os padrões de comportamento básicos necessários a uma vida normal na sua sociedade. Já a socialização secundária é a que se refere à aprendizagem de padrões de comportamento especiais para determinadas posições e situações sociais.

Toda cultura compreende, além dos meios de satisfação de necessidades, ideias a respeito do modo convencionalmente correto de satisfazê-

-las, ou seja, por meio das normas. É um fato tipicamente humano que a satisfação das necessidades seja culturalmente regulamentada. É próprio da condição social do homem que ele não apenas se preocupe com a satisfação das suas necessidades, mas também com as formas estabelecidas como correlatas na cultura da sua sociedade, a fim de satisfazê-las, pois **toda cultura é inevitavelmente normativa**.

O antropólogo belga Claude Lévi-Strauss, criador da antropologia estruturalista, defendia que o que distinguia as coletividades humanas das não humanas era a lei. Mais especificamente, defendia que todas as coletividades humanas, por mais "primitivas" que fossem consideradas, estabeleciam pelo menos uma "lei do incesto". A forma e o conteúdo com que essa lei se apresentava dependiam das normas culturais desenvolvidas por cada uma delas, mas a proibição do incesto marcava a inserção da comunidade humana e um patamar diferenciado dos demais animais (Lévi-Strauss, 1976). Os homens constroem a cultura, e a base da vida cultural é a norma.

Não são os símbolos que possuem uma função normativa – embora a linguagem, verbal ou não, seja constituída de um conjunto de regras para a comunicação simbólica –, mas, ao contrário, são as normas que possuem uma função simbólica e, assim, estão carregadas de significados, sem os quais não teriam poder de pressão sobre os indivíduos.

Muito embora esse poder de pressão não seja o único fator por meio do qual as normas se impõem aos indivíduos, a principal fonte desse poder está no significado das normas. É o poder de pressão resultante do significado das normas que faz com que os indivíduos as obedeçam sem que seja necessária alguma ameaça externa, aceitando-as como se fizessem parte da própria natureza das coisas (Pinheiro de Castro, 2009).

Isso não significa que não ocorra transgressão das normas, sejam elas morais, religiosas, sociais ou jurídicas. Assim como não significa que a transgressão dessas normas não tenha por consequência uma sanção ou pena.

Essa sanção pode ser de ordem interna, como o sentimento de culpa, a tristeza, o autoflagelo psíquico ou físico etc. como consequência pela transgressão de uma norma religiosa, moral ou até mesmo jurídica.

A sanção pode também ser de ordem externa: religiosa ou social. Pode-se verificar esse tipo de conduta transgressora, que tem como consequência a exclusão de determinado grupo religioso ou social, quando ocorre lesão em face de uma conduta previamente pactuada ou conhecida.

Como exemplo de transgressão de cunho religioso temos o caso dos adeptos da religião chamada "testemunhas de Jeová". Os membros dessa religião não podem realizar transfusão de sangue. Caso o façam, podem ser excluídos do grupo religioso.

A sanção de ordem externa que nos interessa no presente contexto é a sanção de ordem jurídica, que ocorre no caso da violação de uma norma estabelecida pelo Estado. Essas sanções, por sua vez, são mais complexas e rígidas que as penalidades estabelecidas para violações de normas sociais e religiosas. Também são de diversas ordens, a depender do âmbito do direito violado: podem ser de ordem civil, administrativo ou penal.

O CP (Decreto-Lei n. 2.848/40) estabelece em seu art. 121: matar alguém, pena de reclusão, de seis a vinte anos. Tendo em vista a importância do bem tutelado no âmbito do Direito Penal exemplificado acima, ou seja, a liberdade, a colaboração da Psicologia Jurídica é essencial. A constatação da imputabilidade ou da inimputabilidade do sujeito que cometeu o homicídio pode contar com a contribuição do psicólogo, por meio de laudo técnico que examine a sanidade mental do indiciado.

Há estreita relação entre valor e norma, conforme pode ser esclarecido pelo exemplo acima citado. Isso porque o valor justifica a norma. Normas e valores estão, igualmente, ligados às crenças coletivas, pois estas explicam os valores. Em suma, as normas não subsistem na sociedade sem a justificação, ou, como mais frequentemente se denomina em sociologia, sem a legitimação dos valores, enquanto estes se completam com as explicações das crenças.

Controle social é qualquer meio de levar as pessoas a se comportarem de forma socialmente aprovada. Logo, a socialização é o meio básico de controle social, já que é principalmente pela assimilação de valores, crenças e normas que o indivíduo pode comportar-se de modo socialmente aprovado.

O controle social é, portanto, eficiente na medida em que os indivíduos não apenas baseiam suas ações no cálculo das recompensas e punições socialmente previstas respectivamente para o cumprimento e a infração das normas sociais, mas também acreditam na legitimidade das regras socialmente impostas. E isso só é possível com a interiorização dos valores e das crenças que fundamentam as normas.

Não basta, em outras palavras, o desejo de recompensas nem o medo de punições para que os indivíduos se comportem de maneira socialmente esperada. *Punições e recompensas atuam sobre o comportamento do indivíduo na medida em que são dotadas de um significado subjetivo para ele.*

Punições e recompensas somente possuem um sentido para os indivíduos quando partem de grupos com os quais eles se identificam e dos quais dependem para satisfazer a necessidade de aceitação social. Essa necessidade, universalmente verificável entre os homens, é a fonte psíquica do desejo de gratificações e do temor de ser punido (Castro, 2009).

Assim sendo, temos que a força coercitiva de um princípio normativo como o que proíbe o homicídio deriva não do fato de ele estar registrado no CP e de possuir garantias policiais para o seu cumprimento, mas do fato de esse princípio pertencer à forte tradição ética judaico-cristã presente na nossa cultura. Antes de ser ratificado formalmente em um código legal, ele já estava cristalizado na tradição cultural.

Enquanto as normas explícitas são transmitidas por meio da linguagem verbal, as normas implícitas são passadas de uma geração a outra pelo comportamento padronizado. Percebendo que os adultos a sua volta agem sempre de determinado modo em determinadas situações, a criança termina por desenvolver a ideia e o sentimento correspondente de que é daquele modo que as pessoas, em situações análogas, devem agir. É desse modo que são registradas, sem a mediação dos símbolos verbais, as normas implícitas que regem o comportamento dos indivíduos.

Existem situações em que os indivíduos são privados de orientações normativas consistentes para a sua ação, o senso de identidade grupal decresce, a coesão social é enfraquecida e o controle social, em consequência, torna-se deficiente. Essas são as chamadas situações de anomia, ou situações anômicas, em que as normas já não possuem, para os indivíduos, um significado que as justifique, em virtude da ausência dos valores aos quais elas estão geralmente associadas. Isso tende a acontecer quando mudanças nas práticas das relações sociais tornam obsoletos os valores que davam sentido a formas tradicionais de organização social (Castro, 2009).

Diante do exposto, temos que existe um vínculo indissociável entre o comportamento humano, o fenômeno social e o fenômeno jurídico. Um constitui o outro, assim como por ele é modificado e torna a modificá-lo, em um movimento essencialmente dialético.

Em vídeo intitulado *Espaço, tempo, mundo virtual*, a filósofa Marilena Chaui aborda a forma como esse movimento dialético se dá na contemporaneidade, com a passagem da sociedade em que o mundo concreto era referência ou em que as sociedades tinham referências concretas como o tempo e o espaço e as sociedades atuais, em que essas referências desapareceram e em que fenômenos como a comunicação se dão de forma instantânea: pode-se falar com alguém ou realizar uma operação financeira sem levar em consideração a passagem do tempo ou o deslocamento de um lugar a outro. Faz-se tudo isso de qualquer lugar e em qualquer hora do dia.

No tempo do "fordismo", a produção de mercadorias, os carros, era realizada em um mesmo lugar, na fábrica, para onde os trabalhadores iam todos os dias, em horários específicos e predeterminados. A preocupação de sociólogos, antropólogos, psicólogos, dentre outros, nesse momento histórico girava em torno da realização do trabalho em si. O trabalho repetitivo era alienante. O filme *Tempos modernos*, de Charles Chaplin, bem ilustra, de forma tragicômica, essa fase da Revolução Industrial e seus reflexos sobre o ser humano.

Na contemporaneidade, a produção de mercadorias se dá de forma fragmentada, com "escalas" em várias partes do mundo. Um aparelho celular, um *pendrive* ou mesmo um carro pode ter parte de sua construção realizada em diferentes países do mundo, ser montado em outro país e vendido em outros.

Também se prezava, na época, a durabilidade e a boa qualidade do produto. Hoje vivenciamos de forma pacífica o fenômeno da "obsolescência programada": os produtos ou mercadorias têm tempo de duração previsível, e esse tempo é cada vez mais curto, para que sejam vendidas as novas mercadorias que surgem a cada dia com a promessa de uma tecnologia mais avançada e que, por sua vez, marcam positivamente o *status* econômico-social de quem consegue adquiri-las.

O filósofo judeu alemão Walter Benjamin, morto antes do fim da Segunda Guerra Mundial, aponta o nascimento da era da "reprodutividade cultural", quando as grandes obras de arte passaram a ser copiadas. Benjamin destaca o lado positivo do fenômeno de sua época da perspectiva de que ele possibilitaria a democratização do acesso à arte: pessoas que jamais poderiam visitar o Museu do Louvre, em Paris, poderiam apreciar a *Mona Lisa*, obra de arte famosa do pintor italiano Leonardo da Vinci, em qualquer parte do mundo.

Benjamin apontava, porém, a perda da "aura" que representa a apreciação de uma obra de arte em sua versão original. Sua preocupação maior era com quem faria a seleção do que deveria ou não ser reproduzido, mostrado, valorizado. Sua preocupação se centrava na manipulação por meio da reprodutividade. Nas palavras de Marilena Chaui, as escolhas entre o que deveria ou não ser mostrado e valorizado não seriam "anódinas", ou seja, não seriam aleatórias ou inofensivas.

Nos dias de hoje o que se vivencia é uma potencialização da reprodutividade: a possibilidade de acesso a informações, imagens, músicas filmes de qualquer lugar do mundo instantaneamente. Mas todas essas facilidades proporcionadas pelo mundo virtual fizeram surgir também um lado sombrio: as *fake news*, que já assumiram lugar no cotidiano do século XXI, o isolamento das pessoas e a considerável diminuição do contato físico e real entre os corpos. A pandemia do coronavírus, acima citada, potencializou a necessidade de diminuição do contato físico e real entre os corpos pelo perigo de contágio. Esse distanciamento teve repercussões nunca antes vivenciadas por pessoas no mundo inteiro, como a "virtualização da vida cotidiana".

O papel do Direito e da Psicologia Jurídica no contexto da era digital não é insignificante. As mudanças ocorridas transformaram as relações dos sujeitos consigo mesmos e com o seu entorno próximo ou remoto. Com as pessoas que eles de fato conhecem ou com quem têm contato físico e com aquelas muitas com quem têm apenas contato virtual.

Direito e Psicologia tornaram também as relações jurídicas mais complexas, ao mesmo tempo em que a tecnologia virtual fornece importantes instrumentos para facilitar e acelerar o trabalho dos juristas e dos tribunais: digitalização de processos, oitiva de testemunhas via Skype, possibilidade de acesso a informações em grande quantidade e sem necessidade de deslocamento e do uso de tempo significativo, assim como, a criação do *ChatGPT* ou a crescente evolução da inteligência artificial, conforme apontamos acima.

5

Os Transtornos Psíquicos, os Transtornos de Personalidade e o Direito

A psique ou mente é o objeto de estudo da psicologia. Conforme apontamos no primeiro capítulo, as definições de psique se diferenciam de acordo com a linha teórica que a aborda. Para a metapsicologia freudiana, existem três instâncias psíquicas: o id, o ego e o superego. O id seria o lugar das pulsões, o superego aquele que reprime os "excessos" do id, e o ego o "conciliador" entre o excesso e a repressão à plena satisfação de todos os desejos. Já para a Análise do Comportamento, não há que se falar em mundo psíquico, fora da realidade observável. Para os adeptos dessa linha teórica, tudo é comportamento.

A personalidade se deixa mais facilmente definir de forma ampla como "a qualidade ou condição de ser uma pessoa" ou como o "conjunto de qualidades que define a individualidade de uma pessoa".

Em termos jurídicos, a personalidade da pessoa moral se contrapõe à personalidade da pessoa jurídica, no sentido de que esta última diz respeito a uma construção, uma ficção legal (art. 52 do CC). Uma empresa é uma pessoa jurídica, que tem personalidade, de acordo com a norma supracitada, especialmente para fins de proteção à sua "honra objetiva": para que o nome da empresa não seja ofendido por meio de informações enganosas e isso gere perdas econômicas, por exemplo.

No presente contexto, interessa-nos a personalidade da pessoa física. Na concepção moderna, a personalidade surgiu vinculada ao conceito de Dignidade Humana, elaborado por Immanuel Kant em sua obra *Metafísica dos costumes* (2010). Toda pessoa é, assim, sujeito de direitos e deveres desde o seu nascimento com vida. A lei protege também o nascituro (o feto no ventre materno – art. 2º do CC).

Para a psicologia, a personalidade pressupõe a possibilidade de um indivíduo se diferenciar e ao mesmo tempo ser reconhecido pela comunidade onde vive em meio a aspectos culturais, educacionais, religiosos, hábitos, crenças e heranças biológicas etc. A estruturação da personalidade está relacionada a vivências concretas das pessoas no meio em que vivem, sendo influenciada por todas as especificidades deste.

A psiquiatria estabelece uma distinção entre transtornos psíquicos e transtornos de personalidade, apontando as características de cada um deles. Apesar das críticas acerca dessas classificações, não podemos nos furtar a apontá-los no presente contexto, tendo em vista sua relevância para a prática da psicologia jurídica na atualidade.

5.1. Os transtornos psíquicos

Existe um grande número de transtornos psíquicos que podem levar o indivíduo a delinquir. Apontaremos os que mais se destacam como causa do cometimento de ilícitos. Dentre os transtornos psiquiátricos mais comuns, temos:

a. *O transtorno obsessivo-compulsivo.* Obsessão é a persistência patológica de um pensamento ou sentimento irresistível, sempre associado à ansiedade, que não pode ser eliminado da consciência pelo esforço lógico. Compulsão é o comportamento ritualístico de repetir procedimentos estereotipados, com o objetivo de prevenir um evento improvável. Ocorre da seguinte forma: psiquismo desloca a imagem do evento traumático para um ritual por ele criado, na forma de mecanismo de defesa. O indivíduo reconhece que o pensamento é prejudicial, mas não consegue afastá-lo, porque ele é involuntário, mesmo que por vezes seja repugnante ou doloroso.

b. O *transtorno de estresse pós-traumático*, que diz respeito ao sofrimento psíquico que se instala logo após o evento traumático. O trauma ocasiona a perda ou a redução do sentimento de autoeficácia; modificação da autopercepção, sentimentos de mutilação, de ódio do próprio corpo, de contaminação; transformação da percepção do mundo, com redução drástica das perspectivas acerca das necessidades básicas; adoção de comportamento de fuga, de evitação, de agressividade; alteração profunda de características de personalidade, em geral reduzindo a interação social; desenvolvimento de diversos transtornos mentais, como a ansiedade e a depressão, dentre outros sintomas.

c. Os *transtornos dissociativos*, que ocorrem pela perda total ou completa da integração normal entre memórias do passado, consciência de identidade e *sensações* imediatas e controle dos movimentos corporais. Presume-se o comprometimento da capacidade de exercer controle consciente e seletivo, sendo muito difícil avaliar a extensão de quanto a perda de funções pode estar sob controle voluntário.

d. A *psicose puerperal ou pós-parto*, que é desencadeada pelo parto. Nela temos situação semelhante àquela das psicoses (estado mental em que o indivíduo perde o contato com a realidade) de curta duração. Trata-se de uma síndrome clínica caracterizada por delírios e depressão graves: alguns pensamentos sobre a vontade de ferir o bebê recém-nascido não são incomuns e representam um perigo real. De acordo com estatísticas, ocorre de 1 a 2 casos em cada 1.000 partos.

e. A *depressão* apresenta como sintomas a falta de prazer pelas atividades, a visão de mundo distorcida e negativa sem que o motivo desencadeante desse estado seja perceptível. Apresenta contínua tristeza e infelicidade, queixa-se de insônia, deixa o humor comprometido, os movimentos tornam-se lentos e o discurso torna-se limitado. O estresse profundo e prolongado e eventos traumáticos podem desencadear estados depressivos, como uma possível reação defensiva do psiquismo para lidar com o que lhe seria insuportável. É importante distinguir a depressão da *ciclotimia*, que é uma instabilidade persistente do humor (alternância de períodos de depressão e elação) que, em geral, foge à atenção médica. Também é importante distinguir a depressão da *distimia*. Esta configura uma depressão crônica do humor, que não compromete o funcionamento e adaptação social do indivíduo no seu cotidiano.

f. A *drogadição* gera importantes distúrbios psíquicos. De acordo com a Organização Mundial da Saúde, uma pessoa é dependente de uma droga quando o seu uso torna-se mais importante do que qualquer outro comportamento considerado prioritário. Em outras palavras, a droga passa a controlar a pessoa. As drogas mais consumidas são o álcool e o tabaco. Sendo que o álcool é o principal responsável por acidentes de trânsito. O álcool influencia todas as funções, orgânicas e mentais (alterações cognitivas). Importante salientar que o próprio comportamento alcoolista contém uma influência social. O indivíduo se comporta, muitas vezes, de maneira violenta quando o álcool rompe a barreira da censura.

g. A principal doença ligada aos *transtornos de pensamento e de percepção* é a esquizofrenia. Os principais sintomas são os delírios. Os delírios são pensamentos inapropriados, incorretos, impossíveis, juízos falsos que tomam conta do pensamento do indivíduo e o dominam; podem ser uma crença, uma identidade. Não podem ser racionalmente corrigidos. O indivíduo vivencia-os como verdade incontestável, apesar de comprovações lógicas de sua falsidade, trazidas por terceiros. Ocorrem, também, alucinações, que são um distúrbio de percepção. Referem-se a falsas impressões de qualquer um dos sentidos (visão, audição, tato, gosto e olfato). A percepção ocorre sem a presença do estímulo.

h. O *transtorno factício* consiste no comportamento de inventar sintomas, repetida e consistentemente. O indivíduo chega ao autoflagelo, por meio de cortes ou abrasões, assim como chega a injetar substâncias tóxicas na tentativa de produzir sinais correspondentes aos sintomas. Seu objetivo é aparentar e assumir o papel de doente.

i. Os *transtornos de preferência sexual (parafilias)* eram chamados antigamente de perversões sexuais. Consistem em fantasias, anseios sexuais ou comportamentos recorrentes, intensos e sexualmente excitantes envolvendo objetos não humanos ou situações incomuns. Os comportamentos relacionados a esses transtornos que possuem relevância para a psicologia jurídica são os que ocorrem sem o consentimento da pessoa em fazer parte da efetivação do comportamento e aqueles proibidos por lei, como incesto – ocorrência de relações sexuais entre parentes sanguíneos próximos – ou sadomasoquismo – o indivíduo procura atividades sexuais que envolvem servidão ou provocam dor ou humilhação. No masoquismo, ele é objeto da estimulação; no sadismo, ele executa.

j. Os *transtornos mentais orgânicos* são a *demência*, que decorre de doença cerebral, usualmente crônica ou progressiva, destacando-se suas consequências para as funções mentais superiores. Os efeitos da demência são significativos sobre o funcionamento intelectual e a interferência nas atividades do cotidiano. Também a *alucinose e o transtorno delirante orgânico* são importantes transtornos mentais orgânicos. Alucinações são percepções que o cérebro desenvolve sem os estímulos ambientais correspondentes, e os delírios são perturbações no pensamento que podem ou não ser provocados por alucinações. Em ambos os casos, a causalidade orgânica deve ser avaliada.

k. Conforme afirmamos anteriormente, a esquizofrenia é uma distorção fundamental e característica do pensamento e da percepção; acompanhada de afeto inadequado ou embotado. São comuns os delírios de controle, influência ou passividade e de outros tipos, não adequados culturalmente, e as alucinações auditivas e de outras modalidades. Já nos *transtornos delirantes* a questão central é a presença de delírios persistentes, que podem estar relacionados com conflitos, como ciúmes, por exemplo. O afeto, a fala e o comportamento são normais, excetuando-se as ações diretamente relacionadas com o delírio.

5.2. A personalidade e os transtornos de personalidade

No presente tópico, nos aprofundaremos na definição de personalidade e abordaremos as diferentes espécies de transtornos de personalidade, tal como são descritas pelos manuais oficiais de classificação das doenças psiquiátricas. Muito embora essas classificações sejam criticadas, especialmente por psicólogos, conforme apontamos no correr deste livro, são levadas em consideração pelo direito, mais propriamente pelo direito penal, quando da avaliação sobre a imputabilidade ou inimputabilidade do indivíduo que pratica um ato ilícito.

5.2.1. Definição de personalidade

A personalidade pode ser definida como a totalidade relativamente estável e previsível dos traços emocionais e comportamentais que caracterizam a pessoa na vida cotidiana, sob condições normais.

A expressão da personalidade se dá pelo comportamento que se expressa em situações do contexto social. Ela é importante para o direito na medida em que, para que seja mantida a harmonia social, é necessário que o comportamento do indivíduo não extrapole a moldura normativa.

Quando esse comportamento foge do limite estabelecido pela norma, os reflexos jurídicos se impõem, por meio da aplicação de sanções, por exemplo. *No entanto, se a expressão da personalidade se dá de forma contrária ao direito por motivo de transtorno de personalidade, a resposta jurídica deve se adequar a cada caso concreto que se apresenta.*

Apesar de a personalidade ser, normalmente, estável e previsível, ela não é imutável. Em condições anormais, ou seja, sob intenso e prolongado estresse e sob o efeito de eventos traumáticos, as características da personalidade podem ser alteradas. Esse fenômeno ganha grande interesse porque o aumento da violência cotidiana e dos conflitos – seja no âmbito do trabalho, familiar, no trânsito etc. – vem disseminando o estresse na sociedade contemporânea, com efeitos físicos e psíquicos significativos.

Se pensarmos nos primórdios da vida humana, temos que os indivíduos sofriam estresse para fugir dos predadores. Nessas ocasiões, ou matavam ou morriam. Em seguida, viviam um período sem estresse e davam continuidade a sua vida de caça, pesca, sono, alimentação etc. Na atualidade, as situações de estresse vivenciadas pelo homem são quase ininterruptas: no trabalho, em casa, no trânsito, fazendo compras etc. Dessa maneira, o psiquismo sente-se sobrecarregado, o que gera as doenças psíquicas, assim como as chamadas somatizações.

5.2.2. Os transtornos de personalidade

Os chamados "transtornos de personalidade" nada mais são que padrões de comportamento profundamente arraigados que se manifestam como respostas inflexíveis a uma ampla série de situações pessoais e sociais.

De acordo com Fiorelli e Mangini (2009), a inflexibilidade não está associada a uma doença cerebral ou a algum transtorno mental, mas está relacionada a uma matriz comportamental, comprometendo o funcionamento, social ou ocupacional, de modo significativo, além de vir acompanhada de sofrimento subjetivo.

A palavra-chave no que diz respeito ao transtorno de personalidade é comprometimento. Esse comprometimento repercute negativamente no físico e na psique do indivíduo. Quando o sujeito "atua", ou seja, age sob o estado de transtorno, pode gerar prejuízos a si mesmo e à coletividade em que se encontra inserido, exigindo a atuação do Poder Público ou do direito para a solução do problema.

Na situação de transtorno, uma ou mais características da personalidade do indivíduo predominam ostensivamente: a pessoa perde a capacidade de adaptação exigida pelas circunstâncias da seara individual, do trabalho e da vida social, independentemente da situação vivenciada. Ocorre o que se pode chamar de "perda da flexibilidade situacional". A pessoa perde o seu repertório adaptativo aprendido no correr de sua vida, para atender às suas necessidades pessoais e sociais.

Na Classificação Internacional de Doenças, destacam-se inúmeros transtornos de personalidade, com as mais variadas formas de composição. No entanto, aqueles que mais se destacam no âmbito da psicologia jurídica são os seguintes:

a. *Transtorno de personalidade paranoide*: o indivíduo sempre interpreta de maneira errada ou distorce as ações das outras pessoas, demonstrando desconfiança sistemática e excessiva. O comportamento é generalizado. Adota medidas de segurança acintosas, inoportunas e ofensivas.

b. *Transtorno de personalidade dependente*: o indivíduo torna-se incapaz de tomar, sozinho, decisões de alguma importância. Torna-se alvo fácil de pessoas inescrupulosas. Pode incorrer em sérios prejuízos porque não consegue decidir ou encontrar quem o faça.

c. *Transtorno de personalidade esquizoide*: a pessoa isola-se, busca atividades solitárias e introspectivas. Não retribui as mínimas manifestações de afeto. Seu comportamento apresenta tendência a um contato frio e distante para com os demais.

d. *Transtorno de personalidade de evitação*: a pessoa se isola, porém sofre por desejar o relacionamento afetivo, sem saber como conquistá-lo. O retraimento social é marca importante deste tipo de transtorno e vem acompanhado pelo medo de críticas, rejeição ou desaprovação.

e. *Transtorno de personalidade emocionalmente instável*: o indivíduo oscila entre comportamentos extremamente opostos. Seus relacionamentos podem ser intensos, porém são instáveis. Ocorrem acessos de violência, e a falta de controle dos impulsos pode ser marcante.

f. *Transtorno de personalidade histriônica*: manifesta-se no uso da sedução, na busca de atenção excessiva, na expressão das emoções de modo exagerado e inadequado. Procura satisfação imediata, tem acessos de raiva e sente-se desconfortável quando não é o centro das atenções. Os relacionamentos interpessoais não são gratificantes, apesar de serem intensos. É comum a presença de transtornos de ansiedade, depressão e conduta suicida, habitualmente sem risco de vida, além de alcoolismo e abuso de outras substâncias psicoativas.

g. *Transtorno de personalidade antissocial*: também denominado psicopatia, sociopatia, transtorno de caráter, transtorno dissocial, dentre outros. A ciência não chegou a conclusões definitivas a respeito de suas origens, desenvolvimento e tratamento. Os psicopatas, que são os indivíduos acometidos dessa espécie de transtorno, manifestam crueldade fortuita. Apresentam um padrão de comportamento invasivo de desrespeito e violação dos direitos dos outros. A psicologia forense o denomina transtorno de conduta. A reduzida tolerância à frustração, nesses indivíduos, conduz à violência fácil e gratuita; os mecanismos de defesa inconscientes de eleição são a racionalização e a projeção, indicando outrem ou a própria sociedade como unicamente culpados e responsáveis por seus atos. Não aprende com a punição. Importante ressaltar que são a conduta reiterada, a habitualidade e outros aspectos de personalidade que indicam a presença do transtorno, e não a violência do crime.

6

A Psicologia e os Métodos de Solução de Conflitos

No cotidiano da justiça brasileira ainda predomina a ideia de que a solução de conflitos deve se dar sempre por meio da máquina do Poder Judiciário. No entanto, a cultura do litígio judicial vem perdendo espaço para os meios alternativos de solução de conflitos. Essas novas possibilidades exigem a colaboração conjunta dos profissionais do Direito e da Psicologia, no sentido de sua consolidação.

A morosidade da justiça no Brasil se mostra por meio de dados estatísticos alarmantes: existiam 75,4 milhões de processos em tramitação no ano de 2021, de acordo com informações do CNJ.

Não se deve esquecer, ainda, que, *mais do que se ocupar com a decisão acerca de conflitos pela via extrajudicial, as formas alternativas de abordagem de conflitos promovem a possibilidade de sua efetiva solução, já que se dá por meio da participação ativa das partes.*

Uma importante vantagem do recurso à conciliação e à mediação – principais formas alternativas de solução de conflitos – é o fato de se evitar o retorno das mesmas partes com as mesmas lides ou com pedidos decorrentes de conflitos que poderiam ter sido previamente solucionados se tivessem recorrido às vias alternativas.

Nesse contexto, a Psicologia Jurídica se configura como disciplina imprescindível no sentido de fornecer profissionais aptos a pôr em marcha instrumentos de suma importância na compreensão do conflito e das possibilidades de as partes chegarem a um acordo ou a um entendimento acerca do melhor desfecho para a questão em apreço.

Mauro Cappelletti (1988), em sua clássica obra Acesso à justiça, *aponta três importantes caminhos para esse acesso: a garantia de assistência judiciária gratuita para os hipossuficientes, a efetiva proteção dos interesses difusos e coletivos, tais como os direitos do consumidor e a proteção ao meio ambiente, e a prevenção e solução dos processos pendentes.*

Importa salientar que cada conflito tem a sua especificidade e requer forma de abordagem adequada. Quando falamos de especificidades, não estamos nos referindo aos ramos do direito: lide no âmbito civil, penal ou administrativo. Estamos nos referindo à possibilidade de as partes participarem do destino que será dado aos seus conflitos, mesmo que o resultado da mediação ou da conciliação tenha de ser homologado pelo Poder Judiciário.

Na atualidade, muito se vem discutindo, principalmente no âmbito doutrinário, acerca da "justiça restaurativa", que inclui lides penais no âmbito das possibilidades de mediação. A justiça restaurativa configura meio alternativo adequado à solução de conflitos penais em uma sociedade caracterizada pelo temor, como o Brasil, diante da fragilidade e ineficiência do sistema estatal punitivo. Através dela a coletividade participa de forma ativa no processo de retribuição, reintegração e ressocialização do infrator, haja vista ocorrer uma transposição de parte dos poderes provenientes do Estado (*jus puniendi*) para aqueles envolvidos no litígio penal. Assim sendo, as partes interessadas, subsidiadas pela comunidade, podem transigir sobre as causas e consequências do litígio, envolvendo todos os interessados em um processo dialético em prol da própria restauração social.

As formas alternativas de solução de conflito podem, assim, ser tidas como o quarto caminho de acesso à justiça. Conforme dito acima, o princípio da inafastabilidade da apreciação pelo Poder Judiciário (art. 5º, XXXV, da Constituição de 1988 – CF/88) não é afastado. O fim que ele almeja é que ganha maiores possibilidades de ser alcançado (Bacellar, 2016).

Nesse sentido, foi incumbida ao CNJ a criação de meios que tornassem eficiente a ação do Poder Judiciário, ocorrida por meio da Resolução n. 125, de 2010, que criou a política judiciária de tratamento de conflitos.

Referida resolução visou à *transição do que se pode chamar de "cultura do litígio" para a "cultura de pacificação"*.

O CNJ criou em 2016 o cadastro de mediadores e mediação digital, no sentido de adequar a Resolução n. 125 às novas leis que consolidam o tema no país, como a Lei de Mediação, Lei n. 13.140/2015, e o CPC de 2015, Lei n. 13.105. O atual CPC prevê expressamente os métodos consensuais para a solução de conflitos, o que implicou um grande avanço na luta pela instalação definitiva desses métodos. O antigo CPC, de 1973, não tratava do assunto.

Apresentaremos em seguida as formas de solução de conflitos, partindo do julgamento, como principal forma de solução de lides no direito brasileiro, e seguindo com a apresentação das demais possibilidades inseridas posteriormente em nosso ordenamento jurídico.

Como estamos no palco de um livro de Psicologia Jurídica, importa destacar que cada um dos métodos elencados afeta, psicologicamente, os participantes: julgadores, advogados, partes envolvidas, testemunhas e outros interessados. A psicologia jurídica se preocupa, preponderantemente, com os métodos que influenciam as percepções das partes.

6.1. Julgamento

O julgamento é o método tradicional de solução de conflitos. O Poder Judiciário decide, fundamentado na apreciação dos fatos e na aplicação do direito, em sentença que vincula as partes. O juiz representa o poder de decisão. As partes encontram nele a autoridade suprema. Ele é o responsável pelos resultados. O certo ou o errado, o justo ou o injusto não pertencem às partes, mas ficam a critério do julgador. O mesmo se aplica quando há a figura do corpo de jurados (no tribunal do júri) ou ainda a figura do perito e do assistente técnico. Dessa forma, o Judiciário, com o apoio da lei, representa o conjunto de valores e crenças que justificam os resultados e que indicam o caminho socialmente compartilhado.

Os métodos extrajudiciais de solução de conflitos são a arbitragem, a negociação, a conciliação e a mediação. Cada um desses métodos possui metodologia específica e aplica-se a determinadas situações.

6.2. Arbitragem

A arbitragem é um método adversarial, assim como o julgamento. Nela, a decisão cabe a um terceiro, o árbitro, escolhido pelas partes. O método aplica-se quando há "cláusula compromissória", ou então o compromisso arbitral firmado pelos interessados.

Ao contrário do que ocorre no julgamento, em que um juiz indicado representante do Estado decide a lide, na arbitragem, as partes escolhem quem será o árbitro ou quem serão os árbitros. Assim sendo, temos que a decisão cabe a alguém de confiança de ambas as partes, já que o escolheram tendo em vista, além da idoneidade, o conhecimento que tem sobre o objeto do litígio.

6.3. Negociação

A negociação é muito utilizada para situações que envolvem bens materiais. As perdas e ganhos de cada parte são avaliados tendo em vista chegar a um objetivo claramente definido.

Cumpre ressaltar que a negociação está presente na conciliação e na mediação, como uma de suas fases. Ela pode ocorrer também durante o processo de arbitragem ou mesmo durante o processo judicial, com a participação de promotores, advogados, árbitros etc.

6.4. Conciliação

A conciliação e mediação configuram métodos cooperativos de tratamento de conflitos. O objetivo da conciliação é colocar fim à questão trazida pelas partes. O conciliador envolve-se na busca de soluções, interfere e questiona os litigantes. Ele, no entanto, não tem poder de decisão. Esta cabe diretamente às partes. Importante apontar que, na conciliação, não há interesse em buscar ou identificar razões ocultas que levaram ao conflito e outras questões pessoais dos envolvidos. Como exemplo, podemos citar um acidente que gerou somente danos materiais. O que interessa, nesse caso, é identificar quem vai pagar os danos causados e como o pagamento será feito. Ao conciliador cabe mostrar as vantagens de um acordo para evitar outros tipos de prejuízo, em decorrência da demora, da probabilidade dos resultados etc.

6.5. Mediação

Na mediação, um terceiro se manifesta tendo em vista a solução do conflito: o mediador. Atua por meio do chamado realinhamento das divergências entre as partes, chamadas mediandas. Para isso, o mediador explora o conflito, tendo em vista identificar os interesses que se encontram por trás das divergências entre as partes, realizando o chamado realinhamento das divergências entre as partes. O mediador procura identificar os interesses que estão atualizados nas queixas manifestas, ou seja, nas posições de cada parte. O mediador não decide, não sugere soluções, mas trabalha para que os mediandos as encontrem e com elas se comprometam. Nesse tipo de método de solução de conflitos, reconhecer a perspectiva do outro é fundamental e o mediador deve se empenhar para que isso aconteça. Deve haver uma postura cooperativa de ambas as partes. Existem várias técnicas que podem ser empregadas para alcançar esse fim.

7

Psicologia, Direito Civil, Estatuto da Pessoa com Deficiência e Direito da Infância e Adolescência

7.1. Incapacidade relativa e plena e Estatuto da Pessoa com Deficiência

Para o Direito Civil, a capacidade está relacionada à prática de atos da vida civil, por exemplo, contrair matrimônio e administrar patrimônio.

O CC de 2002 fundamenta a regulamentação da capacidade, de acordo com a sua exposição de motivos, com subsídios da psiquiatria e da psicologia.

A Lei n. 13.146, de 6 de julho de 2015, denominada Estatuto da Pessoa com Deficiência, alterou significativamente os dispositivos do CC no que diz respeito ao instituto da capacidade, em especial no tocante à curatela, criando o instituto da tomada de decisão apoiada (Leite, 2016).

Cumpre lembrar que a Lei n. 10.216/2001, conhecida como Lei da Reforma Psiquiátrica, já havia iniciado o processo de imersão do novo paradigma hoje consagrado no Estatuto da Pessoa com Deficiência, ao garantir às pessoas com deficiência os direitos à raça, à cor, ao credo, à orientação sexual, à família, dentre outros. Continuou, no entanto, perpetuando medidas protetivas e assistencialistas às pessoas com deficiência.

Por sua vez, a Lei n. 13.146/2015 assumiu uma postura inovadora, tendo como objetivo garantir a liberdade da pessoa com deficiência mental. Referida lei regulamenta a Convenção de Nova York, da qual o Brasil é signatário, e visa à promoção da liberdade e da acessibilidade, dentre outros.

Frise-se, contudo, que não foi criado pela lei regime de transição para os deficientes atualmente considerados incapazes e já curatelados. Além disso, com a entrada em vigor do Código de Processo Civil de 2015, muitos desses institutos foram alterados, gerando um conflito entre normas ou, por vezes, um vazio jurídico no que toca a temas importantes.

Antes da lei em comento, vigia o entendimento no sentido de que eram absolutamente incapazes de exercer pessoalmente os atos da vida civil os menores de dezesseis anos; os que, por deficiência mental, não tivessem o necessário discernimento para a prática desses atos; os que, mesmo por causa transitória, não pudessem exprimir sua vontade.

Com a nova lei, persiste somente o critério objetivo, ou seja, a idade. Os demais incisos, que imprimiam aspectos de relevante interesse no que concerne à interseção entre Direito e Psicologia, foram suprimidos. Depois do Estatuto da Pessoa com Deficiência, o inciso II do art. 3º do CC foi revogado, passando a vigorar o entendimento no sentido de que aqueles que não puderem exprimir a vontade por causa transitória passam a ser considerados relativamente incapazes. Também foi dada nova redação ao art. 4º do CC, suprimindo-se do rol dos relativamente incapazes a referência àqueles que por deficiência mental tinham seu discernimento reduzido, assim como os excepcionais. De acordo com o art. 4º do CC, são incapazes relativamente a certos atos, ou à maneira de os exercer: I – os maiores de dezesseis e menores de dezoito anos; II – os ébrios habituais, os viciados em tóxicos; III – os pródigos.

Assim, a concepção de incapacidade relativa foi significativamente modificada, o que implica uma verdadeira mudança de paradigma no que tange ao tratamento jurídico dado à pessoa com deficiência. Nesse contexto, foram modificados importantes institutos do Direito Civil, como a prescrição e a decadência, assim como a obrigação de indenizar.

Dessa forma, a prescrição e a decadência, que não corriam contra os deficientes, antes considerados incapazes, passaram a correr contra eles, já que a regra é a capacidade ilimitada. No que diz respeito à obrigação de indenizar, tinha-se que o incapaz respondia subsidiariamente com seus próprios bens, nos termos do art. 928 do CC. Hoje, não mais subsiste a regra da subsidiariedade: a pessoa com deficiência responde diretamente com seus bens.

No que diz respeito à capacidade, à prescrição e à decadência e à obrigação de indenizar, importante ressaltar que, embora no plano civil, a regra passe a ser a capacidade da pessoa com deficiência mental; esta deve ser avaliada em face de cada caso concreto.

De acordo com o art. 1.768 do CC, em sua antiga redação, os legitimados para requerimento da interdição eram os pais, ou tutores, cônjuges ou qualquer parente, além do Ministério Público. Após o Estatuto da Pessoa com Deficiência, foi inserido o inciso IV no art. 1.768 do CC, que confere à própria pessoa com deficiência como legitimado ativo para agir em nome próprio. No que tange à legitimidade para o requerimento de interdição, imprescindível destacar que, com o atual CPC, o art. 1.768 do CC foi revogado, criando-se uma lacuna jurídica quanto ao pedido formulado pelo próprio interessado, não previsto no rol dos legitimados do CPC para requerer a interdição (*vide* o art. 747 do CPC).

No entanto, de acordo com entendimento do STJ, no REsp 1.346.013-MG, julgado em 2015, no processo que é iniciado por uma ação de interdição, entende-se, atualmente, que o rol de legitimados (art. 747 do CPC) não é preferencial.

Entende-se, também, que, quando o art. 747 do CPC vigente fala em "parente", esse termo abrange igualmente os parentes por afinidade. Assim, qualquer pessoa que se enquadre no conceito de parente do CC torna-se parte legítima para propor ação de interdição. Nesse sentido, como afinidade gera relação de parentesco, de acordo com o art. 1.595 do CC, também os parentes afins podem requerer a interdição e exercer a curatela.

Quando o tema é o testemunho, tem-se que, até 2016, ano da vigência do Estatuto da Pessoa com Deficiência, aqueles que, por enfermidade ou retardamento mental, não tivessem discernimento para os atos da vida civil não eram admitidos como testemunhas (art. 228, II, do CC, em sua antiga redação). O Estatuto revogou o inciso II e inseriu o § 2º no art. 228 do CC. Assim sendo, agora as pessoas com deficiência podem testemunhar em igualdade de condições com as demais pessoas, assegurados todos os recursos de tecnologia assistida.

Na vigência do CC, antes do advento do Estatuto da Pessoa com Deficiência, o casamento daquele que não pudesse manifestar sua vontade era considerado nulo. Sob a égide do Estatuto, a pessoa com deficiência mental em idade núbil pode contrair matrimônio ou união estável, constituir família, expressar sua vontade diretamente ou por meio de responsável ou curador (art. 1.550, § 2º, do CC). Poderá também exercer a guarda e a adoção, como adotando ou adotante, em igualdade com as demais pessoas (art. 6º, VI, do Estatuto).

O art. 76 do Estatuto assegura o direito de votar e ser votado, garantindo a acessibilidade no local de votação, bem como a possibilidade de a pessoa com deficiência ser assistida por pessoa de sua escolha no momento do voto. Permite, ainda, a acessibilidade ao conteúdo de propagandas e debates eleitorais. Ela tem direito, por exemplo, a um intérprete de Libras.

7.2. Direito de família e direito da criança e do adolescente

A parte do direito civil que mais ocupa a psicologia é o *direito de família*. O direito da criança e do adolescente encontra-se intimamente ligado ao direito de família. Daí a quase necessidade de tratarmos de ambos em um mesmo capítulo.

No âmbito do direito de família, os temas mais relacionados à psicologia são a perícia psicológica e a assistência técnica; a formação e o rompimento dos vínculos familiares, como casamento e divórcio; o reconhecimento de filhos; a interdição e as sucessões, além da adoção.

A psicologia se ocupa, então, na compreensão da personalidade dos atores envolvidos, no desenvolvimento da dinâmica familiar e social, tendo em vista os novos arranjos familiares, como nas famílias monoparentais ou homoafetivas, dentre outras. Apesar das mudanças, a família continua a ser importante, sobretudo pelo papel que exerce como formadora da subjetividade dos novos membros, ou seja, dos filhos. No seio da família emergem os conflitos que não conseguem ser solucionados na esfera individual. É da relação familiar que emergem conflitos e disputas, como separações, divórcios, violência doméstica, guarda de filhos entre outros. Esgotada a possibilidade de solução pelas partes, o Judiciário deve decidir, usando como instrumento o conhecimento oriundo da prática interdisciplinar. No direito de família, um caso pode até servir de referência para a solução de outro similar; no entanto, essa referência deve ser relativizada, tendo em vista que as emoções subjacentes a cada relação devem ser compreendidas como únicas, tendo em vista a especificidade de cada pessoa envolvida no conflito.

A relação entre direito e psicologia torna-se bastante clara quando estamos diante de um caso concreto envolvendo a guarda de filhos e a adoção. Em ambos os casos, torna-se imprescindível averiguar acerca da dinâmica familiar, das interações entre os membros da família, da distribuição de papéis entre eles etc. A análise psicológica realizada pelo processo de psicodiagnóstico (que inclui entrevistas, leitura dos autos, observações e aplicação de testes psicológicos) tem por objetivo apontar elementos que auxiliem o juiz em sua decisão.

É importante ressaltar que, diferentemente do psicodiagnóstico clínico, **a perícia psicológica** tem por objetivo específico auxiliar o juiz na formulação de sua convicção. As partes são convocadas a participar da perícia, ao contrário do que ocorre com o psicodiagnóstico clínico, em que a procura é espontânea. As partes envolvidas devem se submeter ao processo diagnóstico até o final, não podendo interrompê-lo, como ocorre na clínica. O foco da perícia, na maioria das vezes, centra-se na averiguação das verdades e na percepção das simulações. O sigilo tem outra conotação: ao contrário do que acontece na clínica, em que o acesso às informações é apenas das partes, as informações obtidas via perícia passam a fazer parte de um processo e podem auxiliar em outras decisões. Também é importante salientar que, no caso da perícia psicológica, há a exigência de uma apresentação formal dos laudos, que deve obedecer ao rigor ético e técnico, apresentando, além do diagnóstico, possíveis prognósticos. Na prática clínica, os prontuários dos pacientes podem conter informações diversas, organizadas de acordo com a linha teórica do terapeuta.

A perícia tem o objetivo último de suprir a falta do juiz, relativamente ao conhecimento técnico sobre aspectos psicológicos envolvidos no conflito.

O tema *perícia* está presente em vários dispositivos do atual CPC. A abordagem desse tema pelo legislador de 2015 valoriza o perito, na medida em que exige transparência para sua indicação, enfatizando a necessidade de conhecimento técnico especializado na temática para a qual foi solicitado.

Nos termos do caput *do art. 156 do CPC, o juiz "será" e não mais "poderá ser" assistido por perito quando a prova do fato depender de conhecimento técnico ou científico.*

O § 1º do art. 156 do CPC determina que os peritos serão nomeados dentre os profissionais legalmente habilitados e os órgãos técnicos ou científicos devidamente inscritos em cadastro mantido pelo tribunal ao qual o juiz está vinculado. O perito pode ser, portanto, pessoa física ou pessoa jurídica, ou seja, órgãos técnicos ou científicos como institutos de pesquisa, por exemplo.

No entanto, qualquer que seja a modalidade de perito, seja pessoa física ou jurídica, deve ele ser inscrito no cadastro mantido pelo tribunal. A elaboração do cadastro do perito deverá ser precedida de consulta pública – observando-se os princípios administrativos da publicidade, da impessoalidade e da eficiência –, que deverá ser divulgada em jornais de grande circulação, além da consulta direta a universidades e conselhos de classe. Também o cadastro do perito estará sujeito a avaliações periódicas (art. 156, § 2º).

O art. 156, § 5º, determina que, no caso de a localidade não dispor de perito cadastrado, a nomeação deve ser feita livremente pelo juiz. No entanto, ela deverá recair sobre profissional ou órgão técnico ou científico comprovadamente detentor do conhecimento necessário à realização da perícia.

Importante ressaltar que o CPC suprimiu a exigência de nível universitário para o perito – que constava no CPC de 1973 –, privilegiando o conhecimento técnico efetivo, que pode derivar de experiência profissional comprovada.

O próprio CPC, no entanto, se contraria no que diz respeito à flexibilização da formação do perito, já que em seu art. 464, § 3º, determina que o juiz pode inquirir, em substituição à confecção do laudo pericial, um especialista, salientando que o especialista "deverá ter formação acadêmica específica" na área objeto de seu conhecimento.

Em síntese, temos que o CPC, no que diz respeito ao perito, exige transparência para sua indicação e reforça a necessidade de conhecimento técnico especializado, conferindo ênfase aos princípios da administração pública, mais especificamente os da moralidade, publicidade, impessoalidade e eficiência.

Com a separação, o divórcio ou a ruptura da união estável, o antes nomeado "pátrio poder" e hoje, sob a égide do Código Civil de 2002, chamado "poder familiar" será exercido pelo pai e pela mãe. Cumpre lembrar que o poder familiar encontra respaldo primeiro na CF/88, quando determina que homens e mulheres são iguais em direitos e obrigações (art. 5º, I).

Caso haja divergências quanto ao exercício do poder familiar, o Judiciário poderá ser acionado (arts. 1.630 e 1.638 do CC). Os pais têm amplo poder sobre seus filhos, podendo educá-los nos moldes de sua tradição familiar específica. Têm também o direito de representá-los e assisti-los no exercício dos atos da vida civil. Além disso, os genitores que constituem nova família continuam exercendo o poder familiar relativamente aos filhos da antiga união, sem a interferência do novo companheiro. No entanto, esse poder não é ilimitado. De acordo com o CC, art. 1.637, se o pai, ou a mãe, abusar de sua autoridade, faltando aos deveres a eles inerentes ou arruinando os bens dos filhos, cabe ao juiz, requerendo algum parente, ou o Ministério Público, adotar a medida que lhe pareça reclamada pela segurança do menor e seus haveres, até suspendendo o poder familiar, quando convenha.

Assim sendo, de acordo com o art. 1.638 do CC, perderá por ato judicial o poder familiar o pai ou a mãe que: I – castigar imoderadamente o filho; II – deixar o filho em abandono; III – praticar atos contrários à moral e aos bons costumes; IV – incidir, reiteradamente, nas faltas previstas no artigo antecedente.

A Constituição reforça a importância da proteção à criança e ao adolescente ao determinar, em seu art. 227, que é dever da família, da sociedade e do Estado assegurar à criança e ao adolescente, *com absoluta prioridade*, o direito à vida, à saúde, à alimentação, à educação, ao lazer, à profissionalização, à cultura, à dignidade, ao respeito, à liberdade e à convivência familiar e comunitária, além de colocá-los a salvo de toda forma de negligência, discriminação, exploração, violência, crueldade e opressão.

Também o CP estabelece tipo penal para aquele que violar os direitos das crianças e adolescentes, em seu art. 136: expor a perigo a vida ou a saúde de pessoa sob sua autoridade, guarda ou vigilância, para fim de educação, ensino, tratamento ou custódia, quer privando-a de alimentação ou cuidados indispensáveis, quer sujeitando-a a trabalho excessivo ou inadequado, quer abusando de meios de correção ou disciplina.

Quando o vínculo conjugal é desfeito e sobrevêm filhos do casamento, é necessário decidir-se relativamente à guarda e aos cuidados futuros com os filhos menores. No entanto, nem sempre essa mudança na vida da criança se dá de forma pacífica por parte dos pais. A separação, em si, pode se tornar um grande problema para a criança ou adolescente, de acordo com a postura adotada pelos pais nesse processo.

A **alienação parental** é uma das principais síndromes que fere, na atualidade, os direitos da criança e do adolescente. Ela consiste na postura adotada por um dos pais, no sentido de colocar a criança contra o outro genitor, com quem, em princípio, mantém intenso vínculo afetivo e de dependência. Assim sendo, a alienação parental é tanto mais intensa e passível de gerar danos psíquicos quanto mais jovem for a criança. As consequências para o desenvolvimento da criança ou do adolescente podem ser catastróficas nesses casos. A criança pode vir a apresentar sintomas como depressão, incapacidade de adaptar-se aos ambientes sociais, transtornos de identidade e de imagem, tendência ao isolamento, além do uso de drogas, álcool e até o suicídio.

Quando o psicólogo perito perceber a possibilidade de instalação da alienação parental, deve esclarecer às partes acerca dos prejuízos que podem sofrer a criança ou o adolescente, assim como apontar a necessidade de certo equilíbrio entre elas, tendo em vista minimizar os danos que possam vir a ser sofridos pela criança ou adolescente (Freitas, 2010).

Percebe-se um importante papel da psicologia jurídica também no que diz respeito à **adoção**. O próprio ECA esclarece que a adoção atribui a condição de filho ao adotado, com os mesmos direitos e deveres, inclusive sucessórios, desligando-o de qualquer vínculo com pais e parentes, salvo os impedimentos matrimoniais (art. 41). No que diz respeito ao procedimento de adoção, a lei ressalva que a adoção será precedida de estágio de convivência com a criança ou adolescente, pelo prazo que a autoridade judiciária fixar, observadas as peculiaridades do caso (art. 46). O estágio de convivência poderá ser dispensado se o adotando não tiver mais de um ano de idade, ou se, qualquer que seja sua idade, já estiver na companhia do adotante durante tempo suficiente para se poder avaliar a conveniência da constituição do vínculo (§ 1º do art. 46). Alerta, ainda, que a adoção é irrevogável (art. 48).

O acompanhamento psicológico é fundamental durante o processo de adoção. Na atualidade chamam-nos a atenção as novas configurações familiares. Como exemplo, temos os casos de adoção por pares homoafetivos.

7.3. Adoção por pares homoafetivos

A adoção de crianças por pares homossexuais é tema importante e atual, especialmente tendo em vista a nova postura que a sociedade vem assumindo diante do assunto: uma postura, senão de ampla aceitação da união entre pessoas do mesmo sexo, pelo menos de aceitação parcial e de maior discussão, apesar dos entraves religiosos, morais e até de interpretação jurídica.

O Direito, mais especificamente o Poder Judiciário, vem se posicionando cada vez mais no sentido de legitimar a união entre homossexuais. O primeiro passo foi considerar a união entre pessoas do mesmo sexo como equivalente à união estável entre heterossexuais – Ação de Descumprimento de Preceito Fundamental (ADPF) n. 132, votada em maio de 2011. A consequência natural decorrente da legitimação desse tipo de união é que os casais homossexuais queiram constituir uma família propriamente dita, ou seja, queiram ter filhos, especialmente por meio da adoção.

A adoção de crianças por casais homossexuais gera muitas questões de ordem religiosa, moral, jurídica e psicológica. O foco da nossa análise será nestas duas últimas modalidades: a jurídica e a psicológica. Muitos questionamentos de ordem jurídica e psicológica surgem a partir da ideia de uma família constituída por pares homossexuais, e os principais são: o casal homossexual pode oferecer o suporte necessário para o desenvolvimento adequado da criança, ou seja, a relação da criança com os pais do mesmo sexo pode ser considerada uma relação familiar? Quais as consequências desse tipo de vínculo para a criança adotada? Por outro lado, surgem também questionamentos da ordem da solução de problemas sociais, envolvendo crianças. Exemplo disso é a dúvida acerca da melhor alternativa para a criança que se encontra em condição de abrigada. O que seria melhor para ela: ser inserida nesse novo modelo de família – caso sejam preenchidas as exigências contidas no ECA – ou permanecer abrigada (Schettini e Schettini, 2006)?

Levando em consideração, sobretudo, a proteção e a melhor alternativa para a vida da criança e do adolescente, torna-se necessário vencer o preconceito e o conservadorismo em todos os âmbitos: religioso, moral e até jurídico, tendo em vista a busca da melhor solução para as crianças sem família, que pode ser contemplada por meio dos novos arranjos familiares, como a família homossexual.

A opção sexual não deve servir de entrave à constituição de uma família, que envolve, em sua formação, a presença de filhos. E é isso que entendemos da leitura das decisões tomadas na atualidade pelo órgão máximo do nosso Poder Judiciário, o Supremo Tribunal Federal. Fica aqui, também, uma crítica a outra instância do Poder Público que, pela lógica da construção jurídica, deveria ser a primeira a proteger a união entre pessoas do mesmo sexo e a consequente adoção de crianças por parte destas: o Poder Legislativo. No entanto, seja por inércia do Poder Público ou pelas necessidades que a sociedade impõe e que não são, muitas vezes, acompanhadas pela devida atividade jurídica, coube ao Poder Judiciário se antecipar ao Poder Legislativo e, dessa forma, esperamos nós, impulsioná-lo para que implemente uma legislação adequadamente protetiva da família homossexual e de sua possível prole.

A opção sexual não é demonstrativo da adequação ou não para a constituição de uma família com filhos das perspectivas jurídica e psicológica: a viabilidade da adoção deverá se dar diante de cada caso concreto (Levinzon, 2009).

De acordo com a nossa Constituição Federal, art. 1º, III, a dignidade da pessoa humana desponta como fundamento do estado democrático de direito. Também o art. 5º, *caput*, ao defender o princípio da igualdade, especifica que o sexo não pode servir como elemento discriminador para o exercício dos direitos fundamentais. Por falta de legislação específica, protetora dos direitos das pessoas do mesmo sexo que queiram constituir família e adotar filhos, pode-se interpretar o posicionamento do STF no sentido da possibilidade da adoção, já que confere aos casais homossexuais uma premissa para esta, que é a constituição de um núcleo familiar (Silva Júnior, 2011).

Da perspectiva psicológica, temos que o desenvolvimento emocional da criança não se encontra comprometido pelo simples fato de seus pais terem o mesmo sexo. O que apreendemos no cotidiano é que o comprometimento do desenvolvimento emocional das crianças acontece, principalmente, em decorrência da omissão ou da má condução dos pais, da escola e do Poder Público no que diz respeito à satisfação das necessidades mínimas de todo ser em desenvolvimento. Para o desenvolvimento emocional adequado de uma criança, imprescindível é que tenha pessoas que dela se ocupem de forma adequada, com amor e dedicação.

Nenhuma linha teórica em psicologia defende que a família deve ser composta por pessoas de sexos diferentes para que a criança venha a ter um desenvolvimento emocional adequado. Para a psicanálise, por exemplo, é essencial que a criança vivencie o que as funções oferecem: materna – acolhimento – e paterna – interdição ou limites. No entanto, essas duas funções podem ser exercidas tanto pelo homem como pela mulher ou pelos homens e pelas mulheres, já que estamos tratando de união homossexual. Inclusive, é isso que podemos constatar do comportamento de casais heterossexuais. Muitas vezes, há entre eles a chamada troca de papéis: o homem (pai) é mais afetivo e acolhedor, enquanto a função de estabelecer limites fica com a mulher (mãe).

Dessa forma, pode-se concluir que o maior entrave para a possibilidade de adoção de crianças por pares homossexuais são o preconceito e a incapacidade de aceitação do diferente por parte de muitos (Spergler, 2003).

A evolução dos modelos de família no Brasil, legitimados pelo Direito, nos mostra que, durante um longo período, a família foi constituída pelo homem e pela mulher, ambos com papéis bem definidos: o homem era o provedor, o chefe da família, e a mulher era a dona de casa, dependente do marido e responsável pela criação dos filhos e administração da casa. Os movimentos feministas, que começaram na Europa, nos anos 1950-1960, exerceram efeitos jurídicos paulatinamente no Brasil, nas décadas de 1970--1980, trazendo consequências também para a concepção jurídica de família. Também os fatores socioeconômicos muito influenciaram nessas mudanças: principalmente nas classes com menor poder aquisitivo, as mulheres passaram a ser provedoras e muitas famílias se tornaram monoparentais, tendo a mulher como chefe – tanto no aspecto econômico como no afetivo. Depois, seguindo o percurso das modificações na concepção de família, temos que a igualdade – formal e material – entre homens e mulheres, estabelecida pela CF/88, tornou possível a legitimação das uniões homossexuais e a reivindicação da adoção por casais formados por pessoas do mesmo sexo, foco do nosso tema.

Falar em adoção por famílias homossexuais no Brasil torna necessário que se faça uma reflexão acerca da importância desta para os casais homossexuais, assim como que se esclareça que essa pode ser a melhor alternativa para as crianças que se encontram em situação de abrigo, especialmente aquelas que já alcançaram uma idade em que se tornam "pouco atraentes" para os adotantes. Uma família substituta, que ofereça condições para proporcionar um adequado desenvolvimento às crianças e aos adolescentes, é o que toda criança abrigada precisa. E é essa a proposta da nova lei da adoção, Lei n. 12.010/2009: garantir a efetividade do ECA (Lei n. 8.069/90) no que se refere à adequada proteção a crianças em situação de abrigo (Ribeiro *et al.*, 2010).

A família vem sofrendo alterações em sua estrutura com o passar dos anos. Por muito tempo, ela foi compreendida somente pelo casamento, que consistia na união de homem e mulher que tinha por objetivo a procriação (perpetuação da espécie) e transmissão do patrimônio. Na história jurídica do casamento, a partir do CC de 1916, temos que só eram atribuídos direitos ao casamento civil formal. Os filhos tidos fora do casamento eram considerados "filhos ilegítimos".

Com a CF/88, a família passou a ser considerada a base da sociedade. Hoje, todos os filhos, sejam adotados ou tidos dentro ou fora do casamento, têm os mesmos direitos.

Hoje em dia, os modelos de família estão mais diversificados. Os mais comuns são a família monoparental, formada pelo pai ou mãe e o filho; a família formada apenas por irmãos; por primos; por tios e sobrinhos; por avós e netos; e a família formada por homossexuais, sem filhos, com filhos de um deles ou até com filhos adotados por um deles.

O que ocorre, na atualidade, é a necessidade de que a família seja "ressignificada", levando-se em consideração as modalidades de relacionamento familiar. Não há que se falar, portanto, que a família está em crise, mas sim que ela está passando por um processo de transformação que tem repercussão nos universos jurídico e psicológico, entre outros. É necessário que o direito acompanhe as mudanças sociais, refletindo suas necessidades.

O homossexualismo sempre existiu nas civilizações antigas, principalmente o masculino. Destaca-se, nesse contexto, a Grécia antiga, em que se atribuíam à homossexualidade fatores como intelectualidade, ética comportamental e estética corporal (atletas competiam nus, sendo vedada a presença de mulheres, que não eram capazes de apreciar o belo). O preconceito se instalou definitivamente com algumas religiões, cujo entendimento era no sentido de que as relações sexuais deveriam ocorrer tendo em vista apenas o objetivo da procriação. A homossexualidade é considerada até hoje, por algumas religiões, uma transgressão. Hoje, temos que o homossexualismo foi retirado da Classificação Internacional de Doenças (CID) pela Organização Mundial de Saúde (OMS). Especialistas consideram que a homossexualidade seria decorrente de muitos fatores, alguns deles associados. Dentre eles se destacam as influências biológicas, psicológicas e socioculturais, não se tratando de determinação genética ou opção racional.

É interessante notar que o instituto da adoção surgiu como solução para suprir a necessidade dos casais que não podiam ter filhos. A criança abandonada, como ser em formação, não tinha, na época, nenhuma relevância na configuração do instituto. Somente bem mais tarde o instituto da adoção passou a considerar, além dos interesses do adotando, os interesses do adotado na configuração da adoção. Na chamada "adoção clássica", o principal objetivo era proporcionar ao casal a possibilidade de ter descendentes e, com isso, perpetuar o nome da família e transmitir os bens do adotante ao adotado. A adoção dita moderna mudou o foco da adoção, tendo em vista garantir a todas as crianças o direito de serem criadas por uma família, de forma a vivenciarem um desenvolvimento adequado.

Se averiguarmos os primórdios da adoção no Brasil, veremos que antes do CC de 1916 raras eram as citações jurídicas sobre ela. De acordo com o CC de 1916, somente estavam aptos a adotar os maiores de cinquenta anos, sem filhos legítimos ou legitimados, sendo, de acordo com a lei, bastante restritas as possibilidades de a adoção acontecer. Em 1927 foi editado o primeiro Código de Menores do Brasil, que não regulamentou o instituto da adoção, de forma a favorecer o aumento do número de adoções no Brasil. Ao contrário, esse instrumento jurídico priorizava a institucionalização das crianças como forma de melhor protegê-las.

Somente em 1957 foi promulgada a Lei n. 3.133, que trouxe alterações importantes no que diz respeito à adoção. A partir dela, a idade mínima para a adoção passou de cinquenta para trinta anos, a diferença de idade entre adotante e adotado passou a ser de dezesseis anos, e os casados só poderiam adotar após cinco anos da data do casamento, tendo ou não filhos legítimos.

A Legitimação Adotiva foi criada com a Lei n. 4.655/65. De acordo com ela, o adotado tinha quase todos os direitos do filho legítimo, menos no caso de sucessão se concorresse com filho legítimo. Somente com o novo Código de Menores, a Lei n. 6.697/79, a adoção sofreu modificações significativas, em termos de uma efetiva proteção ao adotado. Com ele passou a existir a chamada "adoção simples", para o menor em situação irregular, e a "adoção plena", que substituiu a antiga "legitimação adotiva". Além dessas duas modalidades, existia a adoção do CC, que era feita por escritura pública.

Com o ECA, Lei n. 8.069, de 1990, houve uma verdadeira revolução no que diz respeito à proteção dos direitos da criança e do adolescente, incluindo-se aí os seres em desenvolvimento que se encontram em situação de abrigo. Referida lei é considerada uma das mais avançadas do mundo no que diz respeito à proteção da infância e da juventude. Importante notar que, em sua feitura, houve a participação de equipe multidisciplinar, incluindo psicólogos, tendo em vista a elaboração de uma lei que contemplasse todas as perspectivas de proteção e adequação aos interessados. Teve por base e disparador o art. 227 da CF/88, dispositivo constitucional que iguala os direitos dos filhos legítimos, ilegítimos e adotados. O ECA estabeleceu a igualdade de tratamento entre filhos biológicos e adotivos. Extinguiu a adoção simples e a plena, passando a existir apenas uma que dá todos os direitos ao adotado, como se filho biológico fosse. O ECA determina, em seu art. 43, que a adoção será deferida quando representar reais vantagens para o adotando. Passa a regular todas as adoções de pessoas até 18 anos (art. 40).

A partir do ECA, os antigos orfanatos vieram a ser denominados abrigos e passaram a ser locais onde as crianças ficariam apenas por um curto período de tempo, até que fossem levadas a um lar definitivo, ou seja, até que fossem adotadas – o que, infelizmente, não ocorre na prática. A demora para aparecer um adotante, assim como a demora dos processos de adoção, leva a um fenômeno muito corriqueiro e prejudicial à criança, que é a chamada "adoção tardia": quanto mais tempo demora a adoção, mais tempo a criança permanece em uma espécie de "limbo", já que, por melhores que sejam as condições do abrigo em que se encontra – e sabemos que essa não é uma situação muito comum no Brasil –, ela é privada da experiência do convívio familiar, tão importante para o seu desenvolvimento.

Importante salientar que, segundo o novo Código Civil (Lei n. 10.406/2002), a expressão "pátrio poder" foi substituída por "poder familiar" – arts. 1.630 a 1.638: a responsabilidade sobre o filho não é mais somente do pai, mas do pai e da mãe, de acordo com o princípio da igualdade, estabelecido no art. 5º, I, da CF/88, conforme referido acima. Resta, no entanto, incluir na dimensão do poder familiar a união entre pessoas do mesmo sexo.

Importante, ainda, no presente contexto, apontar o papel da Desembargadora do Tribunal de Justiça do Rio Grande do Sul e Vice-Presidente Nacional do Instituto Brasileiro de Direito de Família (IBDFam), Maria Berenice Dias, no sentido de ir de encontro ao preconceito existente na sociedade e no Judiciário acerca dos direitos dos homossexuais. A desembargadora adotou o uso do termo "homoafetivo" em vez de "homossexual" ao se referir à união entre pessoas do mesmo sexo. Dias justifica o uso do novo termo afirmando que, "se a realidade social impôs o enlaçamento das relações afetivas pelo Direito de Família e a moderna doutrina e a mais vanguardista jurisprudência definem a família pela só presença de um vínculo de afeto, devem ser reconhecidas duas espécies de relacionamento interpessoal: as relações heteroafetivas e as relações homoafetivas" (Dias, 2011).

Após o falecimento da cantora Cássia Eller (dezembro de 2001), o Brasil se viu envolvido com uma decisão judicial inédita: em outubro de 2002 foi concedida a guarda do filho de Cássia Eller a Maria Eugênia, sua ex-companheira, que a ajudou a criar o garoto desde o nascimento e o tem como filho. O mais interessante é que a opinião pública ficou a favor de os dois permanecerem juntos. Esse é somente um entre os muitos casos, de pessoas menos conhecidas, que vêm surgindo no Brasil. No entanto, a legislação ainda é muito conservadora e não é capaz de contemplar a complexidade dos casos concretos que surgem todos os dias, envolvendo a adoção e a guarda de crianças por pares homoafetivos. Assim sendo, os juízes analisam cada caso concreto e decidem de acordo com o que reputam ser o melhor para a criança. Todavia, essa falta de legislação específica pode gerar prejuízo para aquele que necessita de mais proteção: a criança.

Em termos de legislação internacional, em 1989, a Dinamarca foi o primeiro país a admitir legalmente o casamento entre pares homoafetivos, garantindo-lhes todos os benefícios sociais, mas proibindo a adoção de crianças. Depois veio a Noruega, que, a partir de 2002, além de permitir a união entre casais homoafetivos, autorizou a adoção de crianças por estes. África do Sul, Canadá, França, Holanda e Alemanha também estabeleceram leis que protegem a união entre homossexuais, cada uma com restrições maiores ou menores no que diz respeito à adoção de crianças por pares homoafetivos. Em termos de América Latina, a Argentina, mais precisamente Buenos Aires (em dezembro de 2002), foi o primeiro país latino-americano a aprovar a legalização da união civil entre pessoas do mesmo sexo. Também contempla a adoção de crianças por pares homoafetivos, na atualidade.

No Brasil, só é admitido o casamento entre pessoas de sexos diferentes, de acordo com o CC de 2002. Referida lei estende à união estável os mesmos efeitos do casamento civil, mas não se refere à união de pessoas do mesmo sexo. Pelo contrário, a lei determina expressamente – art. 1.723 do CC – o reconhecimento como entidade familiar da união estável "entre homem e mulher". No entanto, o Poder Judiciário, conforme afirmamos anteriormente, vem assumindo uma postura de vanguarda ao reconhecer a união estável entre homossexuais e as consequências legais que decorrem dessa união, para além do âmbito do direito de família, alcançando, por exemplo, o direito das obrigações e o direito previdenciário (Martinez, 2008), o direito sucessório (Vargas, 2011), entre outros.

Em 14 de maio de 2013, o CNJ, em uma votação 14-1, aprovou a Resolução n. 175, que veda todos os cartórios do país a recusa de habilitar e celebrar casamentos entre pessoas do mesmo sexo e converter a união estável homoafetiva em casamento. Isso estabeleceu o casamento entre pessoas do mesmo sexo em todo o Brasil. A decisão foi publicada em 15 de maio e entrou em vigor em 16 de maio de 2013.

No que diz respeito aos direitos da criança e do adolescente, de acordo com o art. 6º do ECA, para a interpretação da referida lei, "levar-se-ão em conta os fins sociais a que ela se dirige, as exigências do bem comum, os direitos e deveres individuais e coletivos, e a *condição peculiar da criança e do adolescente como pessoas em desenvolvimento*" (grifo nosso).

Assim, o que a psicologia entende como atendimento à condição peculiar da criança, ou seja, o que ela reputa ser imprescindível para o adequado desenvolvimento de crianças e adolescentes, é a condição e disponibilidade do ser humano para dar amor, carinho, afeto. Daí a necessidade de verificar cada caso concreto de *per si* antes de tomar uma decisão acerca de cada um. A generalização é inadequada: nem todos os pares heteroafetivos estão aptos a adotar, assim como nem todos os pares homoafetivos estão.

Uma questão recorrente no que diz respeito à adoção de crianças por casais do mesmo sexo é a ausência de referência para a criança, uma vez que não teria em casa os dois sexos para se identificar. No início deste capítulo afirmamos que, de acordo com a psicanálise, o que importa para o adequado desenvolvimento da criança é que ela experiencie o acolhimento e os limites, não importa quem lhe promova essa vivência, desde que seja um ser humano. Se a convivência em uma família tradicional fosse essencial para o desenvolvimento de uma criança, os filhos de pais divorciados, de viúvos ou viúvas, de mães solteiras teriam necessariamente o adequado desenvolvimento comprometido.

O "preconceito", como o próprio termo está a dizer, é "um conceito prévio que se faz de algo ou de alguém". E, por ser prévio e desprovido de uma fundamentação devida, é, muitas vezes, equivocado. O preconceito se constrói por generalizações que são feitas a partir de experiências tidas no passado, ou mesmo das "heranças" de uma forma de pensar antiga ou "desconectada" das vivências compartilhadas em determinada sociedade, em determinado momento histórico. Ocorre aí um círculo vicioso: a sociedade estigmatiza pessoas que vivem de uma forma diferente da que é usualmente compartilhada e cria, ao mesmo tempo, preconceitos sobre aquelas que são estigmatizadas. Muitas vezes, o preconceito tem base no medo do diferente, no medo de que a convivência com o outro que "não é meu espelho" seja devastadora. O autoconhecimento acerca das próprias limitações é um importante instrumento para vencer o medo, que na verdade não se refere ao outro, mas a si mesmo.

Outro medo recorrente é o de que a criança criada por homossexual torne-se também homossexual. Nesse sentido, cumpre lembrar que o homossexual nasce, normalmente, de casais heterossexuais. Além disso, as crianças que estão em instituições quase sempre sofreram abandono, maus-tratos ou abuso sexual de pais heterossexuais. Ser homossexual não significa, necessariamente, ter um comportamento promíscuo. A promiscuidade ocorre tanto entre homossexuais como entre heterossexuais. O exemplo da promiscuidade é que seria prejudicial ao desenvolvimento da criança, e não a orientação sexual em si. Apesar de todos esses obstáculos, tem-se a permissão da adoção de crianças por pares homoafetivos no Brasil, na atualidade. A Holanda foi o primeiro país a permitir tal feito, no ano de 2000.

7.4. Abandono afetivo

Nas décadas de 1960 e 1970, muitos homens se mudaram, principalmente, do Nordeste para as principais cidades do sudeste do Brasil em busca de emprego e melhores condições de vida, deixando para trás suas famílias, suas esposas e seus filhos menores de idade. Chegando às cidades do Rio de

Janeiro e de São Paulo, destinos mais procurados, muitos deles constituíram novas famílias e não prestaram apoio àquelas que deixaram em sua terra natal. Em linhas gerais, foi assim que o abandono de filhos, especialmente menores de idade, tornou-se um relevante problema social, passando a ter maior atenção do Poder Legislativo, da mesma forma que teve do Poder Constituinte que elaborou a CF/88.

O Pacto de San José da Costa Rica (Convenção Americana de Direitos Humanos, de 1969, que entrou em vigor no Brasil em 1992) estabelece como única possibilidade de prisão civil por dívida a do devedor de alimentos. Já a CF/88, em seu art. 5º, LXVII, prevê também a do depositário infiel, sendo que esta última não mais se aplica por decisão do STF (Súmula Vinculante 25). O direito à pensão alimentícia é fundamental. Nessa monta, o legislador constituinte protegeu o abandono material de crianças e adolescentes, muitos na mais tenra idade, quando não ainda no ventre de suas mães.

Com a chamada globalização, a complexificação dos modelos e das relações familiares, passou-se a ventilar na esfera social, legitimada pelo âmbito jurídico, o polêmico tema do chamado "abandono afetivo". Diferentemente do tema do "abandono material", que tem o objetivo de ser sanado, de forma atual e imediata, por meio da pensão alimentícia, a criança ou adolescente afetivamente abandonado pleiteia o que se chama na doutrina de sanção por "danos morais", *a posteriori*, ou seja, quando o abandono já se exauriu no tempo, tendo em vista que a maioria das ações é iniciada quando o dito abandonado afetivamente já completou 18 anos.

A base jurídica central que legitima a reparação do abandono afetivo repousa, em linhas gerais, na inobservância de deveres jurídicos decorrentes do poder familiar. Com o intuito de não consagrar a impunidade dos pais que, de forma irresponsável e injustificada, prejudicam o desenvolvimento sadio da criança, tendo havido, ou não, entre pai e filho, laços afetivos, rompidos pelo desfazimento das famílias.

O que se leva em consideração na temática do abandono afetivo é a importância do afeto para a estrutura familiar contemporânea e as consequências de atitudes omissivas dos pais relativamente ao saudável desenvolvimento da criança e do adolescente.

É sedimentado na psicologia que, para a criança, sua simples origem fisiológica não a leva ao estabelecimento de vínculos afetivos com seus pais. Esses vínculos podem ser construídos com os seus efetivos cuidadores, ou seja, com aqueles que satisfazem suas necessidades de carinho, alimentação, cuidado e atenção. Aqueles, enfim, que contribuem para a construção de sua personalidade, desde a mais tenra idade.

Chama-se a atenção para o fato de que a convivência familiar não se esgota na presença física, na coexistência, com ou sem coabitação. A exigência da presença paterna não é apenas física, como dizia o *slogan* de uma antiga e famosa propaganda televisiva: "Não basta ser pai, tem que participar"! Parte-se, pois, do princípio de que a convivência no âmbito familiar proporciona uma relação de intimidade, elemento imprescindível para a constituição do indivíduo como sujeito, como um ser humano saudável.

Uma concepção superficial da psicanálise defende que a figura do pai é responsável pela primeira e necessária ruptura da intimidade mãe-filho e pela introdução do filho no mundo transpessoal dos irmãos, dos parentes e da sociedade. Trata-se da clássica noção da interdição essencial do pai na relação entre mãe e filho, chamada por Freud de "complexo de Édipo". Nessa concepção, a falta da figura paterna desestruturaria os filhos, tirando-lhes a possibilidade de se desenvolver e ascender à condição de sujeito.

Ocorre que a ascensão à condição de sujeito pode se dar não somente por meio da figura paterna, do pai biológico propriamente dito. A interdição pode se dar por meio de quem fizer as vezes da figura paterna, quem exercer o papel de interventor no vínculo entre mãe e filho. Também a figura materna não é exercida necessariamente pela mãe biológica. Na sociedade pós-revolução feminista, ou seja, a partir dos anos 1970, temos que os primeiros vínculos da criança ocorrem muitas vezes com a babá, com a avó, enfim, com a primeira cuidadora, ou mesmo o primeiro cuidador da criança, quando é o pai quem fica em casa e a mãe exerce atividade laborativa externa.

Não queremos, com isso, dizer que os pais biológicos não são importantes para o desenvolvimento saudável de crianças e adolescentes. Eles são, em grande parte das famílias. Também não se pode esquecer que as novas configurações familiares, como as famílias monoparentais, aquelas constituídas por casais homoafetivos etc., conseguem cuidar dos filhos, de forma que se tornem pessoas saudáveis. O imprescindível, como se disse antes, é a presença do afeto, da assistência moral, do direcionamento na educação e na orientação da prole.

Assim como a carência financeira pode ser suprida por terceiros interessados, como parentes e amigos, ou pelo Estado, por intermédio de programas assistenciais, o afeto e o carinho também podem ser supridos por quem fizer as vezes de cuidador e até pelo Estado, por meio de abrigos adequados. O problema, no Brasil, é a inadequação dos abrigos, especialmente para receber crianças em tenra idade.

Com o acima exposto, queremos mostrar que a delimitação do abandono afetivo é mais complexa do que se pensa e se divulga. Muitas crianças são afetivamente abandonadas no seio de famílias estabelecidas nos devidos padrões convencionais: pai, mãe, irmãos. Elas são abandonadas quando o investimento afetivo efetivo dos pais não lhes supre as necessidades mínimas de cuidados. Quando, por exemplo, os cuidados são substituídos por brinquedos, computadores, jogos eletrônicos, aulas de judô, natação, enfim, quando a criança não tem a oportunidade de conviver com os genitores e estes – na maioria das vezes por sentimento de culpa – substituem a atenção necessária por objetos e atividades que devem ocupar o tempo e a atenção da criança e lhes conceder mais tempo e atenção para exercer outras atividades. Essa é a descrição da vida familiar, que teve início no século XX e que se expandiu, com mais possibilidades, no século XXI.

A exposição acima não tem a intenção de culpabilizar os pais, especialmente as mães, a quem histórica e socialmente se incumbe o dever de cuidar da prole, mesmo que ela trabalhe fora de casa tanto quanto o pai, cabendo-lhe ainda realizar os serviços domésticos, comprar alimentos, substituir a babá ou a empregada em sua folga etc. O que se quer mostrar é que o abandono afetivo não passa necessariamente pela ausência física de um dos genitores, na maioria das vezes o pai, do convívio familiar.

Aqueles que defendem que a ausência de um dos genitores é essencial para a configuração do abandono afetivo afirmam que a reparação do dano sofrido pelo indivíduo abandonado deve se dar por meio da clássica instituição do "dano moral". Defendem que o magistrado não pode prescindir da análise de pareceres psicossociais, devendo haver, necessariamente, uma interdisciplinaridade para a resolução de tais demandas.

O foco da questão seria comprovar o nexo de causalidade entre a conduta omissiva e voluntária do pai ou da mãe e o dano psicológico sofrido pela criança, de modo que, uma vez comprovado que a atitude omissiva de um dos pais resultou em danos para o direito da personalidade do filho em desenvolvimento, não resta dúvida quanto ao dever de indenizar.

Para Maria Berenice Dias (2009), comprovado que a falta de convívio pode gerar danos a ponto de comprometer o desenvolvimento pleno e saudável do filho, a omissão do pai ou da mãe gera dano afetivo suscetível de ser indenizado.

Rui Stoco defende que o que se põe em relevo e surge como causa de responsabilização por dano moral é o abandono afetivo, decorrente do distanciamento físico e da omissão sentimental, ou seja, da negação de carinho e de atenção, de amor e de consideração, por meio do afastamento e do desinteresse, do desprezo e da falta de apoio e, às vezes, da completa ausência de relacionamento entre pais e filhos.

Castelo Branco (2006) diz que a conduta omissiva dos pais no tocante à formação moral dos filhos, permitindo-lhes o livre acesso a ambientes nocivos ao seu desenvolvimento, ao contato com drogas ilícitas, jogos, álcool, entre outros fatores deturpadores da personalidade, constitui, portanto, a adoção de comportamento ilícito, uma vez que viola um dever juridicamente imposto aos titulares do poder familiar.

Wladimir Paes Lira (2010) se posiciona no sentido de que o dever dos pais de conviver com os filhos não está relacionado, apenas, com as questões afetivas, embora estas sejam extremamente importantes nas definições acerca da convivência. Tal dever está relacionado à paternidade/maternidade responsável, previstas no art. 226 da Constituição Federal, assim como ao direito fundamental da criança e do adolescente de se desenvolver plenamente.

O descumprimento do dever de convivência familiar pode ser analisado na seara do direito de família, podendo dele decorrer a perda do poder familiar. Esse entendimento defende o melhor interesse da criança, pois um pai e uma mãe que não convivem com o filho não merecem ter sobre ele qualquer tipo de direito.

A análise jurisprudencial acerca do abandono afetivo merece atenção. Na medida em que também o Judiciário está atento às mudanças ocorridas na estrutura familiar e conscientes de que a afetividade passou a ser o instrumento propulsor das famílias contemporâneas, os tribunais pátrios vêm recepcionando demandas cujo objeto é a reparação civil do dano moral decorrente do dever de convivência familiar.

A primeira decisão sobre o tema foi proferida pelo Juiz Mario Romano Maggioni, em 15-9-2003, na 2ª Vara da Comarca de Capão da Canoa/RS (Processo n. 141/1030012032-0). Na ocasião, o pai foi condenado ao pagamento de 200 salários mínimos de indenização por dano moral à filha de nove anos.

Como fundamento da decisão, o magistrado priorizou os deveres decorrentes da paternidade, insculpidos no art. 22 da Lei n. 8.069/90, dispondo que:

> aos pais incumbe o dever de sustento, guarda e educação dos filhos (art. 22 da Lei n. 8.069/90). A educação abrange não somente a escolaridade, mas também a convivência familiar, o afeto, o amor, carinho, ir ao parque, jogar futebol, brincar, passear, visitar, estabelecer paradigmas, criar condições para que a criança se desenvolva adequadamente.

Das consequências negativas que podem decorrer do abandono afetivo na filiação têm-se a ausência, o descaso e a rejeição do pai em relação ao filho recém-nascido ou em desenvolvimento, situações que violam a sua honra e a sua imagem. Basta atentar para os jovens drogados e se verá que grande parte dessa situação deriva do abandono afetivo dos pais, que não lhes dedicam amor e carinho; assim também em relação aos criminosos.

A promotora da ação acima mencionada, tendo em vista estar presente o interesse de menor de idade na demanda, posicionou-se no sentido contrário à admissibilidade da indenização no caso de abandono afetivo, por considerar que não compete ao Judiciário condenar alguém ao pagamento de indenização por desamor. Contudo, em que pesem tais argumentações, a sentença foi julgada procedente, transitando em julgado, sem interposição de recurso do réu, considerado revel no processo.

Em 2004, a 31ª Vara Cível do Foro Central de São Paulo/SP (Processo n. 01.036747-0) reconheceu que, conquanto não seja razoável um filho pleitear indenização contra um pai por não ter recebido dele afeto, a paternidade não gera apenas deveres de assistência material, e que, além da guarda, portanto independentemente dela, existe um dever, a cargo do pai, de ter o filho em sua companhia. Além disso, não se trata de monetarização do afeto, tendo em vista que não tem sentido sustentar que a vida de um ente querido, a honra, a imagem e a dignidade de um ser humano tenham preço, mas nem por isso se deve negar o direito à obtenção de um benefício econômico em contraposição à ofensa praticada contra esses bens.

A 19ª Vara Cível da Comarca de Belo Horizonte/MG condenou o pai ao pagamento de indenização por danos morais no valor de R$ 44.000,00, independentemente do descumprimento da prestação alimentar, com o argumento de que restou configurado nos autos o dano à dignidade do menor, provocado pela conduta ilícita do pai, que não cumpriu o dever que a lei lhe impõe de manter o convívio familiar com o filho.

INDENIZAÇÃO – DANOS MORAIS – RELAÇÃO PATERNO--FILIAL – PRINCÍPIO DA DIGNIDADE DA PESSOA HUMANA – PRINCÍPIO DA AFETIVIDADE. A dor sofrida pelo filho, em virtude do abandono paterno que o privou do direito de convivência ao amparo afetivo, moral e psíquico, deve ser indenizável com fulcro no princípio da dignidade da pessoa humana (TAMG, AC 4085505-5420008130000, 7ª C. Cível, rel. Juiz Unias Silva, j. em 1º-4-2004, publ. 29-4-2004).

O Tribunal de Justiça de Minas Gerais assim se pronunciou:

APELAÇÃO CIVIL. AÇÃO DE INDENIZAÇÃO POR DANOS MORAIS. PAI. ABANDONO AFETIVO. ATO ILÍCITO. DANO INJUSTO. INEXISTENTE. IMPROCEDÊNCIA DO PEDIDO. MEDIDA QUE SE IMPÕE. O afeto não se trata de um dever do pai, mas decorre de uma opção inconsciente de verdadeira adoção, de modo que o abandono afetivo deste para com o filho não implica ato ilícito nem dano injusto, e, assim, o sendo, não há falar em dever de indenizar por ausência desses requisitos da responsabilidade civil

(TJMG, AC 0063791-20.2007.8.13.499, 17ª C. Cível, rel. Des. Luciano Pinto, j. em 27-11-2008, publ. 9-1-2009).

No mesmo sentido da decisão acima pronunciou-se o STJ, para o qual o descumprimento dos deveres jurídicos decorrentes do poder familiar encontra solução no próprio direito de família, com perda do poder familiar, previsto pelo art. 1.638, II, do CC.

Conteúdo da decisão do REsp 757.411/MG:

RESPONSABILIDADE CIVIL. ABANDONO MORAL. REPARAÇÃO. DANOS MORAIS. IMPOSSIBILIDADE. 1. A indenização por dano moral pressupõe a prática de ato ilícito, não rendendo ensejo à aplicabilidade da norma do art. 159 do Código Civil de 1916 o abandono afetivo, incapaz de reparação pecuniária. 2. Recurso especial conhecido e provido (STJ, REsp 757.411/MG, 4ª Turma, rel. Min. Fernando Gonçalves, j. em 29-11-2005, DJ de 27-3-2006, p. 299).

No caso de abandono ou do descumprimento injustificado do dever de sustento, guarda e educação dos filhos, porém, a legislação prevê como punição a perda do poder familiar, antigo pátrio poder, tanto no ECA, art. 24, quanto no CC, art. 1.638, II. Assim, o ordenamento jurídico, com a determinação da perda do poder familiar, a mais grave pena civil a ser imputada a um pai, já se encarrega da função punitiva e, principalmente, dissuasória, mostrando eficientemente aos indivíduos que o Direito e a sociedade não se compadecem com a conduta do abandono, com o que cai por terra a justificativa mais pungente dos que defendem a indenização PELO ABANDONO MORAL. Por outro lado, é preciso levar em conta que, muitas vezes, aquele(a) que fica com a guarda isolada da criança transfere a ela os sentimentos de ódio e vingança nutridos contra o(a) ex-companheiro(a), sem olvidar ainda a questão de que a indenização pode não atender exatamente ao sofrimento do menor, mas também à ambição financeira daquele(a) que foi preterido(a) no relacionamento amoroso.

O STJ manteve seu entendimento no julgamento do REsp 514.350/SP, cuja ementa segue transcrita:

CIVIL E PROCESSUAL. AÇÃO DE INVESTIGAÇÃO DE PATERNIDADE. RECONHECIMENTO. DANOS MORAIS REJEITADOS. ATO ILÍCITO NÃO CONFIGURADO. I. Firmou o Superior Tribunal de Justiça que "A indenização por dano moral pressupõe a prática de ato ilícito, não rendendo ensejo à aplicabilidade da norma do art. 159 do Código Civil de 1916 o abandono afetivo, incapaz de reparação pecuniária" (REsp n. 757.411/MG, 4ª Turma, rel. Min. Aldir Passarinho Junior, j. em 28-4-2009, DJ de 25-5-2009).

O voto do Ministro Barros Monteiro foi em sentido contrário, demonstrando que não há unanimidade no entendimento do STJ:

> Penso que daí decorre uma conduta ilícita da parte do genitor que, ao lado do dever de assistência material, tem o dever de dar assistência moral ao filho, de conviver com ele, de acompanhá-lo, de dar-lhe o necessário afeto. A destituição do poder familiar, que é uma sanção do Direito de Família, não interfere na indenização por dano moral, ou seja, a indenização é devida além dessa outra sanção prevista não só no Estatuto da Criança e do Adolescente, como também no Código Civil anterior e no atual.

O STF assim se posicionou:

CONSTITUCIONAL. EMBARGOS DE DECLARAÇÃO EM RECURSO EXTRAORDINÁRIO, CONVERSÃO EM AGRAVO REGIMENTAL. ABANDONO AFETIVO. ART. 229 DA CONSTITUIÇÃO FEDERAL. DANOS EXTRAPATRIMONIAIS. ART. 5º, V E X, CF/88. INDENIZAÇÃO. LEGISLAÇÃO INFRACONSTITUCIONAL E SÚMULA STF 279. 1. Embargos de Declaração recebidos como agravo regimental, consoante iterativa jurisprudência do Supremo Tribunal Federal. 2. Análise da indenização por danos morais por responsabilidade prevista no Código Civil, no caso reside no âmbito da legislação infraconstitucional. Alegada ofensa à Constituição Federal, se existente, seria de forma indireta, reflexa. Precedentes. 3. A ponderação do dever familiar firmado no art. 229 da Constituição Federal com a garantia constitucional da reparação por danos morais pressupõe o reexame do conjunto fático-probatório, debatido pelas instâncias ordinárias e exaurido pelo Superior Tribunal de Justiça. 4. Incidência da Súmula STF 279 para aferir alegada ofensa ao artigo 5º, V e X, da Constituição Federal. 5. Agravo Regimental improvido (STF, RE 567.164 ED/MG, 2ª Turma Cível, rel. Min. Ellen Gracie, j. em 18-8-2009, *DJe* de 11-9-2009).

No referido acórdão não houve julgamento do mérito do RE, em virtude de o abandono afetivo ser matéria de ordem infraconstitucional e pela necessidade de reexame de provas, o que contraria a Súmula 279 do STF.

Contrariamente ao posicionamento do STJ sustentado até então, deve-se destacar que é a infração do dever legal de manter a convivência familiar (art. 1.634, II, do CC), aliada à infração dos deveres de guarda e educação (art. 22 do ECA), que enseja a reparação civil do dano moral decorrente do abandono afetivo na filiação. Portanto, não se trata de obrigar um pai a amar um filho, mas de responsabilizar civilmente aquele que descumpre um dever jurídico.

Não se trata de monetarizar o afeto, até porque a indenização, nesses casos, também assume um papel pedagógico, como entendem Giselda Hironaka (2011) e Rodrigo da Cunha Pereira (2010). Destarte, a indenização assume o escopo de evitar novas condutas omissivas do pai em relação aos filhos, considerando que a dor da alma ou o prejuízo no desenvolvimento do filho não podem ser reparados em sua totalidade.

Se fosse suficiente o argumento de que se estaria quantificando o afeto para afastar a responsabilidade civil dos pais, ter-se-ia uma gritante contradição, já que também não se pode quantificar a dignidade, a imagem, a honra, ou quaisquer outros direitos da personalidade, e nem por isso o Judiciário deixa de conceder indenizações nos casos em que restam configurados danos a esses direitos extrapatrimoniais.

Para Maria Berenice Dias, observa-se uma reviravolta na justiça e na relação entre pais e filhos; as decisões que têm caráter didático da nova orientação estão despertando a atenção para o significado do convívio entre pais e filhos. Mesmo que os genitores estejam separados, a necessidade afetiva passou a ser juridicamente reconhecida como bem juridicamente tutelado.

A 3ª Turma do STJ reformou entendimento até então consagrado, asseverando a viabilidade da exigência de indenização por dano moral decorrente de abandono afetivo pelos pais.

Nas palavras da Ministra Nancy Andrighi: amar é faculdade, cuidar é dever.

CIVIL E PROCESSUAL CIVIL. FAMÍLIA. ABANDONO AFETIVO. COMPENSAÇÃO POR DANO MORAL. POSSIBILIDADE. 1. Inexistem restrições legais à aplicação das regras concernentes à responsabilidade civil e consequente dever de indenizar/compensar do Direito de Família. 2. O cuidado como valor jurídico objetivo está incorporado no ordenamento jurídico brasileiro não com essa expressão, mas com locuções e termos que manifestam suas diversas desinências, como se observa do art. 227 da CF/88. 3. Comprovar que a imposição legal de cuidar da prole foi descumprida implica se reconhecer a ocorrência de ilicitude civil, sob a forma de omissão. Isso porque o *non facere*, que atinge um bem juridicamente tutelado, leia-se, o necessário dever de criação, educação e companhia – de cuidado –, importa em vulneração da imposição legal, exsurgindo, daí, a possibilidade de se pleitear compensação por danos morais por abandono psicológico. 4. Apesar das inúmeras hipóteses que minimizam a possibilidade de pleno cuidado de um dos genitores em relação a sua prole, existe um núcleo mínimo de cuidados parentais que, para além do mero cumprimento da lei, garantam aos filhos, ao menos quanto à afetividade, condições para uma adequada formação psicológica e inserção social. 5. A caracterização do abandono afetivo, a existência de excludentes ou, ainda, fatores atenuantes – por demandarem revolvimento de matéria fática – não podem ser objeto de reavaliação na estreita via do recurso especial. 6. A alteração do valor fixado a título de compensação por danos morais é possível em recurso especial, na hipótese em que a quantia estipulada pelo tribunal de origem revela-se irrisória. 7. Recurso especial parcialmente provido (STJ, REsp 1.159.242/SP, 3ª Turma, rel. Min Nancy Andrighi, j. em 24-4-2012, DJe 10-5-2012).

No ano de 2021, foi aprovado projeto de lei (PL) (n. 4.294/2008) no sentido de prever a indenização por dano moral no caso do abandono afetivo. O referido projeto altera tanto o CC como o Estatuto do Idoso. Resta a aprovação da Comissão de Constituição e Justiça (CCJ) em relação a ele. No entanto, o abandono afetivo já configura uma nova realidade nos tribunais, não no sentido de obrigar o amor entre pais e filhos, mas no sentido de que ambos assumam suas responsabilidades em momentos determinados e determinantes de suas vidas.

A ação pode ser proposta a qualquer momento pelo responsável da criança e até três anos após atingida a maioridade, de acordo com o art. 197, II, no sentido de que não ocorre a prescrição entre ascendentes e descendentes, durante o poder familiar, e o art. 206, § 3º, V, do CC, no sentido de que a reparação civil prescreve em três anos. Assim, ao completar 18 anos e atingir a maioridade civil, aquele que se sentiu abandonado afetivamente terá três anos para promover a ação contra quem o abandonou.

No caso de abandono dos pais pelos filhos, a ação pode ser proposta a qualquer momento, enquanto perdurar o abandono.

Conforme se pode verificar por meio dos posicionamentos doutrinários e jurisprudenciais, o tema do chamado "abandono afetivo" é complexo e exige discussão e reflexão por parte dos operadores do Direito, com o apoio de profissionais de áreas conexas, especialmente psicólogos e assistentes sociais, tendo em vista constituir um instituto jurídico justo e que atenda às reais necessidades de quem o necessita.

Também chamamos a atenção para o fato de que a nomenclatura ou o instituto jurídico que justifica a indenização são, a nosso ver, inadequados para o fim da reparação por "abandono afetivo", que não gera de fato dano "moral", mas sim dano "psicológico".

A introdução da expressão "dano psicológico" no universo jurídico somente se deu recentemente (presente na Lei Maria da Penha, lei acerca da violência doméstica contra a mulher) e não se encontra sedimentada nem pela doutrina nem pela jurisprudência, apesar de alguma alusão a essa espécie de dano pela jurisprudência, acima referida.

De acordo com o exposto, temos que a Psicologia Jurídica muito tem a contribuir para a construção desse instituto jurídico, especialmente no que diz respeito ao objeto específico a ser protegido: o denominado "abandono afetivo". Alguns passos importantes já foram dados nesse sentido, mas outras iniciativas devem ser tomadas ainda para que se chegue a uma caminhada justa no sentido da proteção de crianças, adolescentes e idosos.

8

Psicologia e Direito Penal

Desde o surgimento da criminologia, com Cesare Lombroso e o Tratado Antropológico experimental do homem delinquente, no século XIX, e a crença de que o comportamento criminoso tinha origem no atavismo, muitos foram os enfoques, teorias e hipóteses acerca do crime, da pessoa do criminoso, da vítima e das motivações para os atos criminosos. De acordo com as faixas etárias, características étnicas, características psicológicas e comportamentais, microssistemas sociais, grupos de atuação, escolaridade, especialidade profissional, opções políticas, religiosas etc.

Muitas são as hipóteses a respeito da motivação para a delinquência. Veremos algumas a seguir.

8.1. Predisposição genética

A predisposição genética que marca a relação entre fatores genéticos e comportamento criminoso. Existem estatísticas que apontam para o fato de que condenados a delitos graves é maior dentre aqueles cujos pais também já delinquiram. No entanto, existem importantes objeções a essa hipótese, no sentido de que as pessoas com deficiências mentais podem escolher determinado modelo de conduta inadequada com maior facilidade; essas pessoas se expõem mais, portanto, é maior a possibilidade de cometerem mais crimes; esses indivíduos são, no entanto, muitas vezes tratados de uma forma que pode funcionar como estímulo para a prática de atos delituosos.

8.2. Geografia do crime

O local favorece a prática do crime. Ocorrem mais crimes em locais como bailes, festas *raves*, boates, bares, ou seja, em locais onde o sexo, a droga e a violência compõem um coquetel propício ao delito. Cumpre lembrar que a geografia do crime abrange todas as classes sociais, culturais e econômicas.

8.3. Família

É no seio da família que se instalam os valores, os costumes, os modelos de conduta, os fundamentos, enfim, os comportamentos da pessoa que refletirão no futuro e na postura do indivíduo perante a sociedade e, consequentemente, na prática ou não de atos delituosos.

8.4. Escola

Também a escola, assim como os colegas e professores, aponta como fonte de influência de valores e condutas para a criança. A escola é o segundo ambiente da criança, depois da família. Assim sendo, se as relações familiares apontam para um modelo com o qual a criança não se identifica, a escola, com seus novos modelos, convívio com pessoas da mesma faixa etária e dinâmica diferenciada daquela vivida pela criança em casa, pode levar à adoção de novos modelos de conduta, assim como à adoção de condutas antissociais ali presentes.

8.5. Adolescência

O adolescente seria, em decorrência do momento de transição que está vivendo, mais vulnerável à prática de crimes: as mensagens que induzem à violência operam sobre ele de forma diferenciada, ele quer, muitas vezes, se opor à sociedade e aos pais, visando construir os seus próprios conceitos e modelos, além do que se sente poderoso em situações de grupo, o que pode levá-lo à prática de crimes.

É importante ressaltar, no presente contexto, a diferenciação entre dois termos muitas vezes usados como sinônimos, mas que apresentam conceituação diferenciada na psicologia: agressividade e violência. A agressividade é constitutiva do psiquismo humano. Ela traz em si um componente adaptativo, de defesa, inato e importante para a sobrevivência do indivíduo. A agressividade é inerente a todo ser humano, é ela que garante a possibilidade de sobrevivência, assim como a disposição para vencer os embates da vida. A violência, por outro lado, aparece como uma espécie de desvio da agressividade, ou seja, quando a pessoa não conseguiu direcionar sua agressividade para atividades produtivas, o que aponta para a desestabilização dos mecanismos de contenção, impulsividade exagerada e baixa tolerância a frustrações.

8.6. Modalidades de delitos

No que diz respeito às modalidades de delitos, outra interface entre direito e psicologia dá-se relativamente à intencionalidade do ato. Este pode ser *culposo* – prática de ato voluntário, sendo o resultado involuntário – e *doloso* – em que ocorre ato voluntário com resultado intencional.

No delito doloso, há vontade consciente, e as motivações que levam a pessoa à prática do delito são relevantes, no sentido de agregar elementos para ilustrar de forma precisa a expressão da vontade do sujeito.

O delito culposo pode se apresentar de três formas: por meio da imprudência – quando o agente se excede na prática de determinado ato, por exemplo, quando dirige em velocidade acima da permitida em determinada rua –, da negligência – quando o agente faz menos do que devia, ou se omite da prática de uma ação pela qual era responsável, como no caso de uma mãe que deixa o bebê sozinho por um longo período de tempo – e da imperícia – que consiste na ação ou omissão do sujeito no exercício de sua profissão, que o leva à conduta delituosa.

8.7. Delinquência ocasional

A modalidade denominada delinquência ocasional diz respeito a delito praticado por agente até então socialmente ajustado e temente à lei, que somente praticou o ato ilícito mediante estímulo ou solicitação externa. O referido sujeito, normalmente, apresenta uma personalidade que se ajusta aos padrões de normalidade de conduta, no âmbito do seu círculo social. Como exemplo, podemos citar um homicídio cometido como resposta a uma forte emoção. No caso da delinquência ocasional, como o próprio nome está a dizer, sua repetição torna-se, estatisticamente, improvável, tendo em vista as características do momento da consumação do ato criminoso.

8.8. Delinquência psicótica

A delinquência psicótica consiste na prática delitiva em função de um transtorno mental. Nesse sentido, temos que diversas psicopatologias – esquizofrenia, psicose, depressão etc. – podem levar o indivíduo a um comportamento delitivo. Elas podem ser diagnosticadas por especialistas, sendo indispensável que o quadro psicopatológico seja dominante ao tempo da ação que deu ensejo ao crime. O que torna a delinquência psicótica um problema para a sociedade é a possibilidade de que o ato delituoso se repita, já que não existe um quadro de referências que se possa vincular ao comportamento delituoso e, dessa forma, controlar o momento e lugar em que a doença possa se expressar na forma de ato ilícito.

Tendo em vista a avaliação da periculosidade e a necessidade da intervenção profissional, o CP brasileiro, em sua exposição de motivos, assim se posiciona, relativamente ao *papel da medida de segurança*: "a medida de segurança, de caráter meramente preventivo e assistencial, ficará reservada aos inimputáveis. Isso, em resumo, significa: culpabilidade – pena; periculosidade – medida de segurança (...) duas espécies de medida de segurança consagram o projeto: a detentiva e a restritiva. A detentiva consiste na internação em hospital de custódia e tratamento psiquiátrico, fixando-se o prazo mínimo de internação entre um e três anos (...) a restritiva consiste na sujeição do agente a tratamento ambulatorial cumprindo-lhe comparecer ao hospital nos dias que lhe forem determinados pelo médico, a fim de ser submetido à modalidade terapêutica prescrita". Cumpre ressaltar que a medida de segurança restritiva é herança do movimento de desinstitucionalização, da desinternação progressiva e da luta antimanicomial (*vide* Lei n. 10.216/2001).

8.9. Delinquência neurótica e personalidade delinquente

Na delinquência neurótica, a conduta criminosa é tida como manifestação dos conflitos internos do sujeito. Ele atualiza em sua ação antissocial os seus conflitos psíquicos. É o que se chama de delinquência sintomática. Nesse sentido, é importante diferenciar os padrões desenvolvidos por uma pessoa de personalidade neurótica daquele portador de personalidade dita delinquente. Na neurose, o conflito é interno, já na personalidade delinquente, pelo menos aparentemente, não existe nenhum conflito interno. Na neurose, a agressividade é voltada para o próprio indivíduo, enquanto, na personalidade delinquente, a agressividade é voltada para o social. Na neurose, o sujeito tem gratificação por meio de suas próprias fantasias e sublimações, já a personalidade delinquente necessita aliviar suas tensões internas por meio de ações criminosas. Na personalidade neurótica, o sujeito consegue reconhecer seus próprios erros, enquanto na personalidade delinquente os erros são projetados no mundo externo. A personalidade neurótica apresenta um superego desenvolvido, enquanto na personalidade delinquente esta estrutura psíquica, que representa a lei, é desestruturada. Os comportamentos do neurótico são, normalmente, socialmente ajustados, ao contrário do portador de personalidade delinquente, que desconsidera as normas socialmente compartilhadas.

8.10. Delinquência profilática

Na delinquência profilática, o sujeito acredita que está realizando um ato justo, não sente remorsos, como ocorre, por exemplo, no caso da prática de eutanásia – conduta pela qual se traz a um paciente em estado terminal ou portador de enfermidade incurável, que esteja em sofrimento constante, uma morte rápida e sem dor. As questões que envolvem a delinquência chamada profilática são complexas e devem ser analisadas em consonância com os valores compartilhados em determinada sociedade e em um espaço temporal específico. É importante ressaltar que a eutanásia é prevista em lei e configura crime de homicídio no Brasil.

8.11. Imputabilidade, semi-imputabilidade e inimputabilidade

Para o Direito Penal, valem as regras de inimputabilidade do art. 26 do CP, assim, aqueles que não se enquadram na definição de inimputável serão considerados imputáveis. A semi-imputabilidade ocorre quando há a perda parcial da compreensão da conduta ilícita e da capacidade de autodeterminação ou pleno discernimento acerca dos atos ilícitos praticados.

De acordo com o art. 26 do CP:

> Art. 26. É isento de pena o agente que, por doença mental ou desenvolvimento mental incompleto ou retardado, era, ao tempo da ação ou da omissão, inteiramente incapaz de entender o caráter ilícito do fato ou de determinar-se de acordo com esse entendimento.
> Parágrafo único. A pena pode ser reduzida de um a dois terços, se o agente, em virtude de perturbação de saúde mental ou por desenvolvimento mental incompleto ou retardado, não era inteiramente capaz de entender o caráter ilícito do fato ou de determinar-se de acordo com esse entendimento.

De acordo com a interpretação do artigo citado, temos que a imputabilidade penal implica o entendimento por parte da pessoa, no sentido de que saiba que a ação praticada foi ilícita, ou seja, contrária à ordem jurídica. Também é necessário que ela possa agir de acordo com esse entendimento, compreensão esta que pode estar prejudicada em razão de psicopatologias ou de deficiências cognitivas.

De acordo com Julio Fabbrini Mirabete e Renato N. Fabbrini (2021), embora se fale em semi-imputabilidade ou semi-responsabilidade ou, ainda, em responsabilidade diminuída, os termos são passíveis de críticas. Na verdade, o agente é imputável e responsável por ter alguma consciência acerca da ilicitude da conduta, mas a sanção é reduzida por ele haver agido com culpabilidade diminuída em razão das suas condições pessoais. O agente é imputável, mas não alcança o grau de conhecimento e de autodeterminação necessários à plena imputabilidade, como ocorre com a um sujeito dito normal. Se o semi-imputável sucumbe ao estímulo criminal, deve ter-se em conta que sua capacidade de resistência diante dos impulsos passionais é menor que em um sujeito dito normal. Esse nível de resistência diante dos impulsos passionais abre margem a uma diminuição de reprovabilidade e, portanto, a uma diminuição do grau de culpabilidade.

Cumpre chamar a atenção para o fato de que as leis são elaboradas tendo como paradigma o chamado "homem médio" – nomeado pelos juristas como "homem normal" –, ou seja, respeitando os padrões de comportamento de determinada comunidade, no contexto cultural local e temporal. Inimputável seria aquele homem que está fora do padrão médio da população, tendo como referência determinado local e determinada época.

No que diz respeito às pessoas com deficiência, devem-se avaliar sempre a espécie e a intensidade do transtorno, para que se possa aferir a possibilidade ou não de sua responsabilização pelo ato delituoso. Segundo o Código de Processo Penal, no seu art. 149, quando houver dúvida sobre a integridade mental do acusado, o juiz ordenará, de ofício ou a requerimento do Ministério Público, do defensor, do curador, do ascendente, descendente, irmão ou cônjuge do acusado, que seja este submetido a exame médico-legal.

Às pessoas com deficiência mental que praticarem ilícitos penais caberá, havendo constatação de distúrbio psíquico impeditivo de discernimento sobre o ato praticado e a determinação, em função desse entendimento, em lugar da pena, de medida de segurança na modalidade de internação ou tratamento.

Para a detecção de cessação de periculosidade e consequente retorno do indivíduo ao convívio social, não há prazo estipulado pelo Poder Judiciário, mas devem ser realizadas avaliações psíquicas periódicas que indiquem a possibilidade de desinternação do sujeito, ainda que gradual e progressiva. Deve-se cuidar, porém, para que medidas de segurança não se transformem em prisão perpétua, nem sejam interrompidas precocemente, pondo, assim, em risco a sociedade e o próprio indivíduo.

No processo de interdição, o juiz deverá interrogar o interditando, de acordo com disposição do CPC:

> Art. 1.181. O interditando será citado para, em dia designado, comparecer perante o juiz, que o examinará, interrogando-o minuciosa-

mente acerca de sua vida, negócios, bens e do mais que lhe parecer necessário para ajuizar do seu estado mental, reduzidas a auto as perguntas e respostas.

Nos casos relacionados à matéria civil, é comum a atuação do psicólogo jurídico como perito do juízo ou assistente técnico das partes em ações que envolvem guarda de menores, regulamentação de visitas, adoção, separação conjugal, perda do poder familiar, entre outras (em geral na área de família).

8.12. A psicologia do testemunho

O tema da psicologia do testemunho vem se tornando cada vez mais importante na seara do direito. A Resolução n. 75, de 2009, do CNJ exige que, nos concursos para a magistratura, seja objeto de avaliação no certame o processo psicológico e a obtenção da verdade judicial, assim como o comportamento das partes e das testemunhas. Nesse sentido, temos que, na averiguação da verdade, as distorções envolvendo a recuperação de informações a respeito de fatos passados desagradáveis e significativos no âmbito de um processo não são raras. Além dos motivos conscientes, temos o fato de que o psiquismo adota mecanismos de defesa para evitar a repetição de sofrimentos anteriores. Os efeitos do tempo e de acontecimentos traumáticos afetam de forma diferenciada a memória das pessoas. Além disso, a influência de substâncias psicoativas – como álcool e drogas afins – pode alterar a memória dos fatos. Também existem limites ligados à percepção, relacionados a mecanismos fisiológicos. Como exemplo, podemos citar o idoso, que pode sofrer redução da capacidade visual e auditiva, ou ainda crianças, que podem não ter aprendido a discriminar detalhes específicos e não os percebem como importantes em um determinado contexto.

Cada pessoa percebe um acontecimento tomando como parâmetro suas próprias experiências, assim como conserva esses acontecimentos na memória e tem capacidade de evocá-los de uma forma específica, também com base em seus mecanismos subjetivos de funcionamento. Essa forma própria manifesta-se no teor do relato desta.

Nesse sentido, é importante diferenciar as *modalidades de relato*, tendo em vista a maior ou menor pressão que o psiquismo sofre, quando nos deparamos com uma ou outra modalidade de exposição dos fatos (Trindade, 2010):

1. No *relato espontâneo ou informal*, a pessoa não sofre pressão de outrem para relatar o acontecido. Se por um lado isso é positivo, tendo em vista que o psiquismo não sofre um sobrepeso relativamente à necessidade de fidedignidade de um relato "exigido", por outro, pode levar à imprecisão deste, à falta de objetividade e à exposição de crenças e preconceitos do depoente, que se misturam ao conteúdo principal do relato.

2. No *relato por interrogatório*, por sua vez, limita-se a ação do depoente, no sentido de que as perguntas que lhe são feitas é que conduzem o relato. Assim sendo, muito do que ele sabe e reputa importante não é coletivizado, assim como é obrigado a lembrar de aspectos do fato que lhe parecem supérfluos ou mesmo traumáticos. O problema maior resulta na forma como o indivíduo preenche as lacunas relativas ao fator surpresa do interrogatório: com confabulações, preconceitos, interpretações do fato etc. Além disso, algumas testemunhas, tendo em vista as suas experiências e percurso de vida, visualizam aspectos dos acontecimentos que não são percebidos por outras – nesse sentido, *vide* o filme *12 homens e uma sentença*.

Outro aspecto importante relativamente à obtenção da verdade judicial diz respeito ao depoimento e à tendência afetiva dos depoentes. Referida tendência, estando-se diante de uma situação que importe significativa carga afetiva, pode levar mesmo à total deturpação e consequente invalidação do depoimento. Isso ocorre, muitas vezes, quando o depoente se identifica com a vítima, tem antipatia pela outra parte ou insere seus valores morais e falsas crenças, de forma acrítica e absoluta, em seu depoimento.

Cumpre também, no presente contexto, abordar algumas *particularidades do testemunho de crianças*. A abordagem verbal de crianças em um processo é bastante complexa. Entre as barreiras para a consecução da verdade no processo, por meio da fala de crianças, está a barreira da linguagem: é necessário emitir termos e expressões compreensíveis para o vocabulário da criança na fase específica do desenvolvimento cognitivo em que esta se encontra; é necessário, por outro lado, compreender a linguagem que ela utiliza e, principalmente, é necessário preservar sua integridade psíquica, não a submetendo a situações que possam comprometer o seu bem-estar, assim como as futuras etapas do seu desenvolvimento psíquico. Para isso está se instalando no âmbito do Judiciário uma estrutura adequada, utilizando inclusive recursos audiovisuais, para a oitiva de crianças em processo denominado "depoimento especial", anteriormente chamado de "depoimento sem danos". Nesse procedimento, a criança é ouvida em uma sala separada. As perguntas feitas a ela são dirigidas ao psicólogo, que as repete à criança na forma e com o conteúdo adaptados.

A preocupação com o depoimento de crianças torna-se mais relevante quanto maior a proximidade destas com o fato ou ato delituoso, assim como relativamente à proporcionalidade ou magnitude do ato ou fato ilícito. Outro aspecto a ser levado em consideração diz respeito à credibilidade do testemunho da criança, tendo em vista o seu nível de maturidade psíquica e de comprometimento com a verdade dos fatos – a criança não presta compromisso de dizer a verdade em juízo, pela sua própria condição de incapaz, como ocorre com pessoas plenamente capazes para os atos da vida civil. A criança é tanto imaginativa (cria histórias) como sugestionável (pode ser influenciada pelas histórias de outros), podendo tanto manipular os fatos como ser manipulada para manifestá-los de forma distorcida, comprometendo, de ambas as formas, a fidedignidade destes.

O *depoimento da pessoa com deficiência intelectual* é outro tema importante e polêmico, especialmente após a inserção do novo paradigma inclusivo, com o advento da Lei da Inclusão da Pessoa com Deficiência, de 2015. Cumpre ressaltar, nesse contexto, que existem várias gradações de comprometimento cognitivo. A pessoa com deficiência mental com comprometimento leve ou até médio é passível de emitir relatos fidedignos e que podem ser levados em consideração no processo judicial.

A *confissão* consiste na exposição voluntária à punição. Ela é sempre confrontada com as provas presentes nos autos. O questionamento que surge diz respeito, principalmente, às causas que levam o indivíduo a confessar um crime e a se antecipar, muitas vezes, à penalização. Muitas são as razões que levam o indivíduo a assumir a própria culpa por um ato delituoso. Dentre elas destaca-se o sentimento de culpa, a expectativa de que, com a confissão, sua pena será suavizada, ou mesmo uma antecipação, tendo em vista que a evidência dos fatos vai levar de qualquer forma à condenação.

Existem também inúmeras razões que levam à falsa confissão: proteger um parente ou uma pessoa afetivamente próxima, a tortura – física ou psicológica – sofrida pelo sujeito, dentre outros.

8.13. Abuso sexual e pedofilia

Em sua origem grega, a palavra "pedofilia" significa "amar ou gostar de crianças". Assim sendo, o termo, em sua concepção original, estava ligado a um sentimento nobre e positivo. Somente no final do século XIX a palavra "pedófilo" surgiu como adjetivo para designar a atração sexual de adultos por crianças ou a prática efetiva de sexo com meninos ou meninas.

Atualmente, "pedofilia" é utilizado, majoritariamente, em sua acepção negativa, para designar qualquer referência ao desejo sexual por crianças e adolescentes: nessa concepção estão incluídos desde a fantasia e o desejo sexual até a consumação do ato sexual propriamente dito com crianças e adolescentes. Com o advento da possibilidade de divulgação via *internet*, o âmbito de alcance das práticas pedófilas assumiu dimensões assustadoras. A pedofilia encontra muitas vezes suporte e impunibilidade no anonimato da rede virtual. Por meio dela o comércio da pornografia infantil se expandiu. O assédio, a pornografia, o abuso e a exploração comercial constituem crime e estão tipificados na legislação penal e no ECA.

Aspecto importante envolvendo a pedofilia é a confusão que se faz acerca de sua caracterização: pedofilia é doença ou é crime? Estabelecer a diferenciação entre os dois conceitos é imprescindível para a plena compreensão do que venha a ser a pedofilia. Fazendo o paralelo com outra patologia, a cleptomania, que pode ser entendida como um impulso doentio de furtar, temos que esta é uma doença. No entanto, a lei prevê punições para quem furta. Da mesma forma, a pedofilia, em sua concepção atual, como o desejo de manter relações sexuais com crianças ou adolescentes, é considerada doença. O desejo em si do pedófilo somente pode ser moral ou socialmente punido. A lei penaliza a prática de violência sexual.

Nesse sentido, é importante diferenciar o crime de abuso sexual da pedofilia. Esta é um diagnóstico clínico. O abuso sexual contra menores é crime estabelecido pelo CP. Isso porque uma pessoa pode ser pedófila e nunca chegar a praticar o abuso sexual. A *confusão da pedofilia como doença com a execução dos atos fantasiados pelo pedófilo, ou seja, com o abuso sexual propriamente dito, é comum até mesmo entre as pessoas ditas esclarecidas, ou seja, entre profissionais do direito, médicos e psicólogos, além da população em geral.*

É importante esclarecer ainda que, da mesma forma que o pedófilo pode nunca vir a concretizar suas fantasias sexuais e, portanto, nunca vir a efetivar o abuso sexual, nem sempre aquele que comete abuso sexual é pedófilo, ou seja, se enquadra no diagnóstico clínico da pedofilia.

Isso ocorre, na verdade, especialmente com a ajuda de parte da mídia, que, infelizmente, potencializa a confusão estabelecida entre os conceitos de pedofilia e de abuso sexual, usando os termos de forma indiscriminada: ora chama o abusador de pedófilo, ora se dirige ao pedófilo como abusador.

Essa confusão, muitas vezes, serve para beneficiar o abusador que pratica violência sexual contra crianças e adolescentes, quando este usa a pedofilia como estratégia de defesa: se diz pedófilo em juízo para escapar da imputabilidade e da punição.

Ocorre que, mesmo que a pedofilia seja considerada doença, o pedófilo não perde, em todos os casos, a consciência crítica acerca do que é certo e do que é errado, na perspectiva do que é socialmente compartilhado sobre o assunto. O pedófilo pode, portanto, adotar medidas para prevenir a prática do abuso sexual, em todas as suas formas, assim como medidas no sentido de tratar sua doença.

A *pedofilia* consta na Classificação Internacional de Doenças e Problemas Relacionados à Saúde (CID) e diz respeito aos transtornos de personalidade causados pela preferência sexual por crianças e adolescentes. O pedófilo não necessariamente pratica o ato de abusar sexualmente de meninos ou meninas. *Cumpre ressaltar que o CP e o ECA não preveem redução de pena ou da gravidade do delito se for comprovado que o abusador é pedófilo.*

A *violência sexual* praticada contra crianças e adolescentes é uma violação dos direitos sexuais porque envolve o abuso e/ou exploração do corpo e da sexualidade de garotas e garotos. Ela pode ocorrer de duas formas: abuso sexual, que é tudo que envolve a prática do ato propriamente dito, e exploração sexual, que envolve o turismo sexual, a pornografia, o tráfico e a prostituição.

Conforme afirmamos, nem todo pedófilo é abusador e nem todo abusador é pedófilo. Abusador é quem comete a violência sexual, independentemente de qualquer transtorno de personalidade. Normalmente ele se aproveita da relação familiar (muitos pedófilos são os próprios pais, padrastos, primos etc.), da proximidade geográfica (vizinhos), das relações de subordinação (professores) e até mesmo de crenças (religiosos, como padres, pastores etc.).

A *exploração sexual* é a forma que o crime sexual contra crianças e adolescentes assume, concretizando-se com alguma forma de pagamento. Pode envolver, além do próprio agressor, o aliciador ou intermediário, que se beneficia comercialmente do abuso. A exploração sexual pode acontecer de quatro formas básicas: em redes de prostituição, de tráfico de pessoas, como pornografia e como turismo sexual.

Na maioria das vezes, o agressor é uma pessoa aparentemente normal, até mesmo querida pelas crianças e pelos adolescentes. Tanto que os "estranhos" são responsáveis por um pequeno percentual dos casos de abuso sexual registrados. Geralmente os abusos sexuais são perpetrados por pessoas que já conhecem a vítima, como pai, mãe, madrasta, padrasto, namorado da mãe, parentes, vizinhos, amigos da família, colegas de escola, babá, professor(a) ou médico(a) etc. O espaço físico onde ocorre a concretização do abuso é, com frequência, o da própria casa do abusado ou mesmo um local perto da casa da vítima ou do agressor. Além disso, as vítimas e os agressores costumam pertencer, muitas vezes, do mesmo grupo étnico e socioeconômico.

A violência física sexual contra crianças e adolescentes, ao contrário do que o senso comum pensa, não é a mais frequente. A violência psicológica vem em primeiro lugar, por meio de ameaças e/ou da conquista da confiança e do afeto da criança. A violência psicológica é importante, nos casos de abuso sexual, porque não somente antecede a prática da violência como deixa sequelas que podem prejudicar de maneira determinante o desenvolvimento da criança e do adolescente, assim como ter seus efeitos estendidos por toda a vida adulta destes.

Conforme afirmamos acima, além do ato sexual com penetração – vaginal ou anal –, outros atos são também considerados abuso sexual, como o voyeurismo, a manipulação de órgãos sexuais, a pornografia e o exibicionismo. Sempre levando em consideração que tais atos serão tanto mais prejudiciais para a criança, especialmente da perspectiva psicológica, quanto mais jovem e em estágio de desenvolvimento mais incipiente estiver esta. Ao contrário do que diz o senso comum, o fato de a criança não "ter noção", ou seja, não poder medir a dimensão da violência – como um adulto está normalmente apto a fazer –, não significa que as consequências danosas para o seu desenvolvimento, especialmente da perspectiva psíquica, sejam menos prejudiciais. Quanto mais jovem for a criança, mais difícil pode se tornar a recuperação do trauma, sempre levando em consideração, é claro, as especificidades da personalidade de cada vítima de abuso.

O que é alarmante, no que diz respeito ao abuso sexual infantil, é que o Poder Público toma conhecimento de um número bem menor de abusos ocorridos do que o número real. Isso porque, quando há o envolvimento de familiares, existem poucas probabilidades de que a vítima se manifeste, seja por motivos afetivos ou por medo do agressor.

Também é importante ressaltar que a pedofilia não ocorre predominantemente entre pessoas de baixo nível socioeconômico. Os níveis de renda familiar e de educação não são indicadores do abuso.

De acordo com estatísticas, temos que raramente a criança mente sobre o fato de haver sido abusada. Apenas 6% dos casos de abuso que chegam ao conhecimento do Poder Público são fictícios. A maioria de 94% dos casos é verídica (Sanderson, 2008).

A pedofilia pode ser definida como um transtorno de personalidade da preferência sexual que se caracteriza pela escolha sexual por crianças, quer se trate de meninos ou meninas, geralmente pré-púberes ou no início da puberdade, de acordo com a definição da CID-10 (Classificação Estatística Internacional de Doenças).

Conforme afirmamos, pedofilia não é crime, mas os pedófilos podem cometer os seguintes crimes:

1. Atentado violento ao pudor: prática de atos libidinosos cometidos mediante violência ou grave ameaça. São considerados atos libidinosos

aqueles que impliquem contato da boca com o pênis, com a vagina, com os seios, com o ânus, ou a manipulação erótica desses órgãos com a mão ou o dedo. Também atos que impliquem a introdução do pênis no ânus, o contato do pênis com o seio ou a masturbação mútua.

2. Estupro: constranger criança ou adolescente à conjunção carnal mediante violência ou grave ameaça.

3. Pornografia infantil: apresentar, produzir, vender, fornecer, divulgar ou publicar, por qualquer meio de comunicação, inclusive a rede mundial de computadores ou internet, fotografias, imagens com pornografia ou cenas de sexo explícito envolvendo crianças e pré-adolescentes.

Não existe evidência de que a preferência sexual pedófila pode ser mudada. Em vez disso, as intervenções são direcionadas para aumentar o controle voluntário sobre o desejo sexual e ensinar técnicas para que o próprio indivíduo possa manejar seu interesse sexual.

A violência física e sexual contra crianças e adolescentes não é o mais comum, mas sim o uso de ameaças e/ou a conquista da confiança e do afeto da criança. As crianças e os adolescentes são, em geral, prejudicados pelas consequências psicológicas do abuso sexual. Daí a necessidade de uma postura preventiva, tendo em vista evitar danos que podem ser negativamente determinantes no desenvolvimento emocional de crianças e adolescentes. Também a postura repressiva – pela via social, midiática e jurídica – deve ter, mesmo que de forma implícita, uma vocação educativo-preventiva (Furniss, 2002).

9

Psicologia e Direito do Trabalho

A relação entre o homem e o trabalho é antiga: o homem, desde a pré-história, para sobreviver, sempre teve de buscar seu alimento, construir sua habitação, assim como procurar mecanismos de proteção contra os predadores etc. O que constituía seu cotidiano de trabalho. Não se pode falar em história do homem sem se referir às fases evolutivas do trabalho, trabalho manufaturado, trabalho agrícola, até chegar no trabalho industrial e virtual (Laner, 2006). É de entendimento pacífico entre os estudiosos da psicologia do trabalho que o homem constrói o seu trabalho – em um sentido amplo – e é por ele constituído, em um movimento dialético (Clot, 2006).

Muitos são os distúrbios psíquicos gerados pelo "mundo do trabalho", na atualidade: o assédio moral, o assédio sexual, o estresse tópico e o estresse permanente, que por sua vez podem aparecer de forma simultânea ou vir a gerar distúrbios mais importantes, a depender da intensidade com que cada um deles se instale, em separado ou concomitantemente, dentre outros tipos de distúrbios possíveis (Bendassolli e Soboll, 2010).

Existe, inclusive, um ramo específico da psicologia, chamado psicologia ambiental, disciplina que cuida, especificamente, do relacionamento recíproco entre o comportamento, tendo em vista o bem-estar psíquico do indivíduo, e o ambiente físico – construído ou natural (Cavalcante, 2011). Dentre os espaços que compõem o ambiente físico, o espaço laboral é um dos principais, já que é nele que o indivíduo permanece a maior parte do dia, assim como de sua vida chamada "útil". A psicologia ambiental mantém relação interdisciplinar com a sociologia, a antropologia, a arquitetura, o urbanismo e a ergonomia, dentre outras. No que diz respeito ao nosso objeto de estudo, a ergonomia destaca-se nesse rol interdisciplinar, porque diz respeito à organização metódica do trabalho, tendo em vista o fim a que ele se propõe, assim como à organização das relações entre "homem e máquina", que são sempre mediadas pelo homem. A psicologia ambiental, mesmo que de forma indireta, se propõe a evitar o surgimento de transtornos decorrentes das atividades laborais, já que visa, dentre outros, o bem-estar do trabalhador no seu ambiente laboral.

Dentre os vários transtornos decorrentes do trabalho, temos que aquele que mais se generalizou foi a chamada "síndrome de *burnout*" ou síndrome de exaurimento pelo trabalho, da qual nos ocuparemos a seguir.

9.1. A síndrome de *burnout*

Em linhas gerais, a síndrome de *burnout* é formada por um conjunto de sintomas que acomete a pessoa que trabalha sob intensa pressão psicológica. Com um grau elevado de cobranças do patrão ou dos colegas de trabalho – pressão externa – ou em decorrência das exigências impostas pelo psiquismo do sujeito – pressões internas. Dela decorrem sintomas físicos – cansaço constante, dores pelo corpo, hipertensão, úlceras, palpitações, insônia e ainda impotência ou frigidez – e emocionais – como desmotivação, depressão, ansiedade etc. É importante ressaltar que essa síndrome estava originalmente ligada aos trabalhadores do alto escalão burocrático. Posteriormente, verificou-se que, na verdade, ela atinge todos os trabalhadores que executam trabalho sob forte "pressão", como enfermeiros de CTI, bombeiros, professores, médicos de serviços de urgência, policiais, controladores de voo etc. Daí o fato de a síndrome de *burnout* atender pelo nome de "síndrome do fim de século".

A síndrome de *burnout*, também chamada síndrome do esgotamento profissional, foi descrita pela primeira vez em 1974, por Freudenberger, um médico norte-americano. Hoje, encontra-se classificada no manual de doenças internacional na Classificação Estatística Internacional de Doenças e Problemas Relacionados à Saúde (CID 10 – grupo V). O termo *burnout* é de origem inglesa, é formado pela composição do termo *burn*, que significa queima, e do termo *out*, que significa exterior. A junção das duas palavras, no entanto, significa "queima total", sugerindo que a pessoa com esse tipo de síndrome consome-se totalmente, física e emocionalmente, passando a apontar todos ou muitos dos sintomas acima apontados. A expressão *burnout*, em inglês, tem significado próprio: deixar de funcionar por completa falta de energia, por ter sua energia totalmente esgotada (Gil-Monte, 2005).

A principal característica da síndrome é o estresse crônico, provocado pelas exigências no ambiente de trabalho, envolvendo tensões emocionais constantes e desproporcionais à capacidade de elaboração destas pelo psiquismo humano. A síndrome se manifesta especialmente em pessoas cuja profissão exige envolvimento interpessoal direto e intenso. Por isso, ocorre mais expressivamente entre profissionais da saúde, assistência social, recursos humanos, agentes penitenciários, bombeiros, dentre outros.

Os sintomas mais importantes da síndrome *relacionados* à saúde mental são: a sensação de esgotamento físico e emocional, que pode chegar a comportamentos agressivos desproporcionais à situação gerada, no ambiente do trabalho, comportamento de fuga – não ir ao trabalho – e de isolamento, mudanças bruscas de humor, fácil irritabilidade, dificuldade de concentração, lapsos de memória recorrentes, ansiedade se a presença do "disparador ambiental" – fato que deveria normalmente desencadear a ansiedade –, depressão também desmotivada, pessimismo constante, baixa autoestima, dentre outros.

Os *sintomas físicos* mais frequentes que podem decorrer da "somatização", tendo em vista a pressão psicológica sofrida pelo trabalhador, são os seguintes: dor de cabeça, enxaqueca, cansaço físico, sudorese, palpitação, pressão alta, dores musculares, insônia, crises de asma, distúrbios gastrointestinais, dentre outros.

Como os sintomas acima referidos não estão particularmente relacionados ao *burnout*, mas podem aparecer vinculados a outros distúrbios psíquicos ou físicos, o *diagnóstico* deve levar em consideração aspectos históricos da vida laboral do paciente. Já existem instrumentos específicos que podem ajudar na avaliação dos sintomas da síndrome de esgotamento pelo trabalho, como respostas baseadas na escala Likert.

O tratamento da síndrome de *burnout* inclui o uso de medicamentos psicoativos, assim como a psicoterapia, além daqueles normalmente prescritos para os sintomas físicos específicos. Também estão aí incluídas as atividades físicas e fisioterápicas.

Não se tem dados específicos acerca do número de trabalhadores acometidos pela síndrome de *burnout*, já que seus sintomas muitas vezes são abordados em separado e relacionados a outros tipos de transtornos. No entanto, existem dados que sugerem o acometimento da síndrome por um número expressivo de pessoas em todo o mundo "globalizado" e "pós-moderno".

Como as mulheres, na atualidade, desenvolvem uma dupla carga de trabalho, com jornada tripla e, às vezes, até "quádrupla" (mães que trabalham nos períodos matutino, vespertino e noturno e, ainda, pelo fato de terem crianças pequenas, têm de cuidar destas durante o chamado período de repouso noturno), temos que elas são mais acometidas da síndrome de *burnout* do que os homens. Isso porque necessitam conciliar a prática profissional ao trabalho doméstico. Em consequência, a síndrome também está mais intensamente associada a mulheres que não têm um parceiro estável, o que gera a sobrecarga de trabalho acima apontada.

No entanto, não se pode afirmar que o acometimento da síndrome de *burnout* está "sempre" ligado a pessoas que exercem muitas atividades em sua jornada diária de trabalho – sejam atividades laborais ou domésticas. Isso porque cada indivíduo se relaciona com o estresse de forma singular: o que para muitos é estressante, para outros não o é. Existe estatística no sentido de que pessoas solteiras, viúvas ou divorciadas estão mais propensas a desenvolverem a síndrome, sem serem necessariamente provedoras em uma família monoparental, ou seja, pessoas responsáveis por dependentes. Além do dado antes referido, ou seja, do estado civil das pessoas mais comumente acometidas pela síndrome de *burnout*, a mesma estatística aponta outros padrões de personalidade mais vulneráveis ao desenvolvimento desta: pessoas competitivas, dedicadas ao trabalho, perfeccionistas, com grande expectativa profissional e centralizadoras. Por outro lado, consta na pesquisa que pessoas pessimistas e que apresentam, geralmente, um comportamento de fuga ante os problemas relacionados a sua atividade laboral também desenvolvem a síndrome com frequência (Trigo TR; Teng CT; Hallak JEC; Síndrome de *burnout* ou estafa profissional e os transtornos psiquiátricos, *Rev. Psiq. Clínica*, v. 34, n. 5, 2007). Diante da estatística apresentada, pode-se concluir que a síndrome de *burnout* acomete pessoas com os mais variados tipos de personalidade, não se podendo estabelecer um padrão único. Sendo necessária a observação caso a caso.

A síndrome de *burnout* pode ser tida como o resultado da combinação das características individuais do paciente com as condições do ambiente ou do trabalho já que se pode observar que dentro de um mesmo grupo de profissionais, que desempenham a mesma atividade, alguns desenvolvem a síndrome e outros não, conforme apontamos acima. Ou seja, algumas pessoas têm mais "recursos" psíquicos e físicos para "se defender" dos excessivos e prolongados momentos de estresse no trabalho.

Cumpre ressaltar que a síndrome de *burnout* – causada por um estresse específico, decorrente da atividade laboral – não deve ser confundida com os demais tipos de estresse, ou com um estresse "normal". E isso, principalmente, pelas consequências específicas geradas pelo estresse excessivo no ambiente de trabalho: as pessoas se tornam inseguras e perdem a autonomia no desempenho de sua profissão, surgem problemas com os superiores hierárquicos, colegas e clientes, assim como conflitos no ambiente extraprofissional – família, amigos etc. Ou seja, o estresse "geral" estaria mais ligado ao esgotamento pessoal, enquanto o estresse gerado pelo exaurimento decorrente das atividades laborais apresenta, além desse aspecto pessoal, um comprometimento com o mundo do trabalho, que até o acometimento da síndrome se dava de forma satisfatória.

Em termos de legislação nacional, temos o Decreto n. 3.048/99, que aponta os agentes patogênicos causadores de doenças ocupacionais. Nele, a síndrome de *burnout* encontra-se topograficamente localizada no rol dos transtornos mentais e do comportamento relacionados ao trabalho. A síndrome de *burnout* é denominada pelo decreto com a expressão "síndrome de esgotamento profissional".

9.2. Assédio moral

Tema importante, que se destaca na relação interdisciplinar entre psicologia e direito do trabalho, é o assédio moral nas relações laborais. Esse tema pode se tornar íntimo daquele anteriormente abordado, a síndrome de *burnout*, no entanto, com ele não se confunde, conforme restará comprovado, após a leitura do item que se segue.

A expressão "assédio moral" pode ser definida como a exposição do trabalhador a situações humilhantes e constrangedoras, repetitivas e prolongadas relacionada ao exercício de suas funções laborais (Hirigoyen, 2009).

O assédio moral é mais comum entre pessoas que se encontram em posição hierárquica diferente, ou seja, entre o hierarquicamente superior – o chefe – e o hierarquicamente inferior – seu subalterno. Caracteriza-se por posturas autoritárias, despropositadas, no que diz respeito ao conteúdo do trabalho a ser desenvolvido, e desproporcionais, no que tange aos limites decorrentes das relações de subordinação, própria do contrato de trabalho – art. 3º da Consolidação das Leis do Trabalho (CLT). A conduta do assediador é antiproducente, antiética e se prolonga no tempo, não se referindo a algum acontecimento ocasional ou pontual, o que pode causar instabilidade e comprometer a produtividade do trabalhador.

Os danos causados pelo assédio moral são, normalmente, de difícil constatação por meio das provas usuais em direito, mais especificamente em direito do trabalho. Mesmo que este ramo do direito se caracterize por ser protetivo dos direitos do trabalhador – dada a sua posição de hipossuficiente em relação ao patrão, tido por hipersuficiente na relação laboral –, a prova do abuso causado pelo patrão não é de fácil produção: as testemunhas, no caso colegas de trabalho, resistem em depor a favor do assediado, já que se encontram na mesma posição hierárquica deste. Elas têm medo de perder o emprego ao se posicionar a favor do colega e contra o patrão. Ou, como ocorre muitas vezes, o assédio ascendente é silencioso, não contando com a possibilidade de constatação por meio de testemunhas, se dá por meio de ameaças veladas.

Apesar dos entraves à constatação do assédio moral no trabalho, este pode ser provado, dependendo da atividade desempenhada pelo assediado, por meio de documentos, como atas de reunião, fichas de acompanhamento de desempenho, testemunhas idôneas etc.

Além do assédio moral chamado "descendente" dominante, existem outros tipos de assédio moral, como o "ascendente" e o "paritário".

O assédio moral descendente, do qual já falamos, se dá de forma vertical, ou seja, do chefe para com o subordinado. Os objetivos do assediador são diferenciados, estão vinculados ao tipo de atividade desenvolvida na empresa e pelo empregado: às vezes ele quer que, por meio do assédio, o assediado produza mais em menos tempo, ou seja, produza mais e gere menos custos para a empresa, ou que se demita pelo excesso de trabalho cobrado – o que caracterizaria, de acordo com a legislação trabalhista (CLT), a chamada "demissão indireta" – abrindo vaga para outra pessoa de sua preferência, entre outros objetivos. No entanto, os meios utilizados para obtenção dos objetivos, além de serem inidôneos, podem causar danos emocionais e físicos graves à saúde do trabalhador.

O assédio moral ascendente é mais raro, no entanto, encontra guarida nas relações laborais. Ele também se dá de forma vertical, como o assédio descendente, só que ocorre no sentido inverso daquele: o assediador é o subordinado (empregado), ou um grupo de subordinados, e o assediado é o hierarquicamente superior (chefe). Geralmente, é praticado por um grupo de empregados, porque um empregado sozinho dificilmente conseguiria pressionar o chefe a tomar alguma atitude contrária aos seus interesses ou interesses da empresa. O grupo, normalmente, quer pressionar o chefe a tomar alguma atitude que beneficie os empregados ou quer pressionar o chefe a sair do cargo que ocupa, pois sua postura ou atitudes contrariam os interesses do grupo assediador. Existem muitas causas para o assédio moral ascendente, apontamos aqui apenas alguns exemplos ilustrativos e que aparecem com mais frequência.

Existe, ainda, a modalidade de "assédio paritário". Este ocorre no sentido horizontal, ou seja, não há relação de hierarquia entre assediador e assediado. Estes encontram-se no mesmo patamar de autoridade. Ocorre, por exemplo, quando o grupo assedia um de seus membros, isolando-o deste. O principal objetivo do assédio horizontal, que se apresenta no cotidiano da vida laboral, é eliminar concorrentes, principalmente quando o assediado se destaca entre os membros do grupo ao qual pertence e aparece como o mais apto ou competente aos olhos dos superiores hierárquicos desse grupo.

Didaticamente, pode-se dividir o assédio moral em fases, tendo em vista a melhor compreensão do processo que o constitui.

A *primeira fase* inicia-se, no setor administrativo de uma empresa, por exemplo, com posicionamentos diferentes acerca de um problema a ser solucionado. Não se chega a um consenso, e os polos divergentes travam uma luta velada entre si, que extrapola o conteúdo do problema em pauta. Assim sendo, uma discussão, que seria algo rotineiro e até salutar no âmbito da administração de uma empresa, já que é por meio de opiniões divergentes que se chega, na maioria das vezes, a uma solução rica e adequada para as complexas situações-problema do dia a dia, resulta na impossibilidade de manutenção de diálogo e da pacífica solução de problemas no âmbito desta. Resulta também, e esse é o foco aqui discutido, no surgimento das figuras do assediador e do assediado, assim como na instalação do assédio moral.

Na *segunda fase* do assédio moral no trabalho, também chamada fase de estigmatização, o assediador passa a perseguir das mais diferentes formas sua vítima com insultos, humilhações, ou utilizando-se de mecanismos velados com a finalidade de prejudicá-lo. Nessa fase, normalmente, o assediado não tem plena certeza de que está sendo perseguido e de que a perseguição continuará a acontecer por um longo lapso temporal, desconhece que o que era um desentendimento pontual assumiu dimensão grave e ampla.

A *terceira fase* é marcada, normalmente, pela intervenção da empresa no conflito. A solução encontrada por ela pode ser positiva quando o assediador e o assediado são realocados, dentro da empresa, por exemplo, não havendo mais possibilidade de futuros conflitos. Mas a solução é tida como negativa quando esta se posiciona do lado do assediador e torna-se cúmplice do conflito instalado.

A *quarta fase* é marcada pela impossibilidade de que o assediado continue a exercer suas atividades laborais. Seja por exaurimento psicológico, por doença física causada pela somatização do drama vivido no trabalho ou por outros fatores, o assédio moral tem seu desfecho mais extremo: a exclusão do trabalhador do seu espaço de trabalho.

Conforme pudemos verificar, a partir do que foi anteriormente exposto, existem, basicamente, duas partes envolvidas no assédio moral, que são o assediador e o assediado. No entanto, não se podem excluir como parte no processo de assédio moral aqueles que dão suporte para que o assédio moral se perpetue, assim como aqueles que apoiam o assediado e, ainda, aqueles que se posicionam no sentido da solução justa e pacífica do conflito.

Quanto ao agressor, pode apresentar um perfil agressivo – pratica a agressão de forma clara e direta – ou um perfil dissimulado ou passivo – aparece na empresa ou na instituição como pessoa pacífica e pacata, sendo que somente a vítima percebe e vivencia o assédio silenciosamente. No entanto, em ambos os casos, o sofrimento da vítima pode levá-la à exclusão do ambiente laboral. E, muitas vezes, a agressão velada é até mais prejudicial ao assediado, já que ele "sofre sozinho", não tem o apoio dos colegas ou da empresa, porque o assédio é imperceptível a estes.

Geralmente, quem pratica o assédio moral sente necessidade e prazer em humilhar o outro. Para ele, é imprescindível que o assediado e os demais membros do grupo percebam quem é o detentor do poder no ambiente de trabalho. O assediador apresenta, na maioria dos casos, personalidade narcisista, ou seja, sente necessidade de estar sempre no centro das atenções, tem uma autoimagem com características positivas de si mesmo que extrapolam os limites da realidade compartilhada e quer que os colegas de trabalho compartilhem essa visão que tem de si mesmo. Comporta-se de forma a impor aos colegas essa visão que tem de si mesmo (Hirigoyen, 2009).

Na sociedade atual, diante das exigências do mercado, muitos chefes podem ser "assediadores crônicos", por pressionarem e exigirem dos seus subordinados o alcance de metas que são constantemente modificadas e aumentadas e, por vezes, impossíveis de serem alcançadas e superadas. Em outras palavras, pode-se dizer que o assédio moral faz parte da política estrutural de muitas empresas.

A vítima do assédio moral não apresenta um perfil padrão, que é mais facilmente identificado no assediador, conforme apontamos anteriormente. Vista pela perspectiva do assediador, o assediado não passa de uma pessoa incapaz e desprovida de capacidade mínima para alcançar os objetivos da empresa.

No Brasil, não existe ainda lei federal específica que proteja o trabalhador contra o assédio moral. O art. 484 da CLT prevê algumas condutas tidas por ilegais, que se enquadram naquelas identificadoras do assediador no assédio moral. Existem leis estaduais, como a Lei n. 13.314/2007, do Estado de Pernambuco, e a Lei n. 12.250/2006, do Estado de São Paulo.

Mais do que lesão às regras de hierarquia atinentes à relação de trabalho, ou violação das normas de "boa convivência" no ambiente laboral, o assédio moral configura uma lesão à dignidade humana do trabalhador, lesão esta que viola o fundamento constitucional da dignidade da pessoa humana, expressa no inciso III do art. 1º da nossa Carta Magna (Lima Filho, 2009).

10

Relação entre Justiça, Sociedade e Mídia

Importante tema para a psicologia diz respeito à relação entre a justiça, especialmente na figura do magistrado, com a sociedade e a mídia. A comunicação em massa, na atualidade, compreende situações interativas, nas quais não existe propriamente a possibilidade dos receptores de responder às mensagens enviadas pelo emissor. Dessa forma, os meios de comunicação de massa (especialmente a televisão e a internet) são dotados de uma imensa capacidade de manipular a opinião pública, as posturas, os comportamentos, as maneiras de agir e de pensar de um mundo globalizado. E isso de forma imediata, difusa e generalizada. Assim sendo, as mensagens passadas por esses meios não são somente informativas, elas vêm carregadas de intenso conteúdo emocional e ideológico, direcionando a opinião pública ao sabor de suas argumentações e imagens. Esse fato leva a inúmeros questionamentos acerca da chamada "indústria da consciência".

Nesse sentido, é importantíssimo ressaltar que a comunicação não se dá somente na esfera consciente – de forma expressa ou manifesta –, ela também se dá na esfera inconsciente – ou seja, não manifesta ou latente. E essa segunda espécie de comunicação é que é a mais "perigosa", já que pode deixar o receptor confuso e propiciar interpretações das mais diversas ordens e que não correspondem à verdade dos fatos, em grande parte das vezes.

Dessa forma, torna-se imprescindível que, quando o magistrado ou algum representante do Judiciário, ou mesmo qualquer autoridade pública, for enviar alguma mensagem para a população pelos meios de comunicação de massa, utilize termos e expressões que traduzam o conteúdo de sua fala de forma clara e objetiva, evitando a possibilidade de interpretações distorcidas ou ambíguas (Trindade, 2010).

11

Psicologia Comunitária e Direito

De acordo com a Organização Mundial da Saúde (OMS), o termo "saúde" é definido como "o estado de completo bem-estar físico, mental e social". Assim, se por um lado não se pode conceber a saúde de forma simplista e inadequada, como "a ausência de doença", por outro lado questionamos se não houve um exagero na formulação da referida definição, ao determinar que o estado de saúde é alcançado por meio do "completo" bem-estar físico, mental e social, completude esta de difícil alcance pelos seres humanos em geral. Pensamos que seria mais adequado falar em estado de "equilíbrio" dos três aspectos apontados: físico, mental e social.

A nossa Constituição Federal (art. 196), por sua vez, determina ser a saúde "direito de todos e dever do Estado". Sendo que o referido direito deve ser "garantido mediante políticas sociais e econômicas que visem à redução do risco de doenças e outros agravos e ao acesso universal igualitário às ações e serviços para sua promoção, proteção e recuperação".

Ao incluir expressamente o bem-estar mental e social como elementos da definição de saúde, ao lado do bem-estar físico, a OMS amplia a abrangência do termo saúde tendo em vista contemplar de forma mais adequada a proteção da pessoa humana que, para ser considerada saudável, necessita habitar um corpo são – na perspectiva física e mental – e estar inserida, em um ambiente social igualmente são, ou seja, em um ambiente que atenda às suas necessidades básicas tendo em vista a promoção da saúde.

Para estabelecer um elo entre o direito à saúde e a psicologia comunitária é necessário tecermos algumas considerações introdutórias. No primeiro capítulo deste livro, quando discorremos acerca da história da psicologia, afirmamos que o seu objeto de estudo é a subjetividade. Afirmamos, também, que o que diferencia as linhas teóricas dentro da nossa disciplina é a forma de abordagem do fenômeno subjetivo, que pode se dar a partir da abordagem do homem isoladamente – psicanálise, comportamentalismo, cognitivismo, dentre outros – ou pode se dar a partir da abordagem do homem em seu contexto histórico e social, ou seja, por meio da psicologia sócio-histórica.

A "recuperação" da saúde, mais especificamente da chamada "saúde mental", apontada pelo Texto Constitucional acima referido (art. 196), se dá, na maioria das vezes, por meio da chamada "psicologia clínica", ou seja, por meio da abordagem individualizada das pessoas, mediante apoio psicológico – que muitas vezes ocorre conjuntamente ao tratamento psiquiátrico dos transtornos mentais. No que diz respeito à "promoção" e à "proteção" da saúde, nas perspectivas "mental" e "social", que compõem com a "recuperação", anteriormente abordada, as três esferas da saúde apontadas pelo art. 196 da CF/88, a psicologia também oferece importante contribuição, por meio da psicologia social comunitária. Cumpre ressaltar que a abordagem da saúde de forma fragmentada, ou seja, na perspectiva da saúde dividida em aspectos físico, mental e social, no presente contexto, se dá na tentativa tanto de conferir legitimidade ao nosso pensamento – já que estamos seguindo as diretrizes e divisões legais e institucionais que abordam o assunto – como na tentativa de proporcionar ao leitor uma visão clara e elucidativa da proteção jurídica da saúde mental pelo viés da psicologia.

O que diferencia a psicologia social das demais correntes em psicologia é a abordagem da subjetividade inserida em uma coletividade específica. Ela não aborda cada indivíduo *per se*, mas o vislumbra na dimensão do grupo a que ele pertence. Para a psicologia social (também denominada psicologia sócio-histórica), "o fenômeno psicológico é simultaneamente subjetivo e cultural" (Vygotsky, *apud* Bock et al., 2018). De acordo com a psicologia sócio-histórica, a forma como pensamos, sentimos, desejamos e significamos as experiências é construída no contexto cultural em que vivemos.

Partindo da concepção da psicologia social, para que um indivíduo seja considerado saudável, da perspectiva mental, é imprescindível que seja "sujeito ativo" na construção de sua vida, conforme apontado acima. A saúde na perspectiva social também exige uma postura ativa do sujeito. E isso, se não for pelo fato da necessidade de conscientização de que o Estado é formado por indivíduos, e que não se trata de instância autônoma e independente da vontade humana, que seja pelo fato da necessidade de conscientização de que os resultados da ação do "Estado provedor" não apontam para a satisfação daqueles que necessitam ser providos em termos de condições mínimas de saúde: o resultado "saúde na perspectiva social", para que seja implementado, passa pela necessidade de inserção dos indivíduos no processo para obtenção de saúde.

A comunidade é um importante espaço de inserção da psicologia social. De acordo com Bock, Teixeira e Furtado (2018), as políticas públicas são um campo de grandes contribuições da psicologia social. Elas se referem a direitos sociais de um agrupamento humano, são políticas para guiar a construção da vida coletiva, em que o ser humano é tido como ser ativo na construção de sua história. Para os autores citados (2009, p. 89), "*a maior parte das construções políticas da vida pública desconsidera a presença de sujeitos que são, na maioria das vezes, vistos e concebidos nas políticas como meros usuários*. Poucos são os esforços de compreensão da relação que os sujeitos sociais mantêm com um serviço, por exemplo, o serviço de transporte ou *de saúde*" (grifo nosso).

A psicologia comunitária é um movimento de aproximação do cotidiano das pessoas, principalmente nos bairros e instituições populares onde a grande parcela da população vive, organiza-se e cria seus canais de expressão. Ela surgiu em 1965, nos Estados Unidos, como uma disciplina destinada a trabalhar com a saúde mental das populações excluídas. Para Montero (1982), a psicologia social comunitária é a área da psicologia cujo objeto é o estudo dos fatores psicossociais que permitem desenvolver, fomentar e manter o controle e o poder que os indivíduos podem exercer sobre seu ambiente individual e social, tendo em vista solucionar problemas que os afetam e instalar mudanças no seu ambiente e na estrutura social. Os princípios básicos dessa disciplina são a união entre teoria e prática; a transformação social, como meta e o poder e controle dentro da comunidade; a conscientização e socialização; autogestão e participação.

A "autogestão" é o conceito-chave da psicologia comunitária. Ela significa o poder de produção e controle das mudanças no ambiente imediato dos indivíduos que compõem uma coletividade específica. Cabe ao psicólogo funcionar como um facilitador, assessor ou agente externo na construção do grupo, como por exemplo, ajudando a detectar o líder do grupo e a treiná-lo para o trabalho em sua comunidade. A autogestão somente é possível se houver empenho e organização para tanto: participação ativa dos sujeitos que compõem o grupo; capacitação dos agentes interventores; assistência técnica; respaldo financeiro; apoio; coordenação e compromisso interinstitucional. Não se pode esquecer, no entanto, dos elementos obstacularizadores presentes na maioria dos processos de autogestão. Os referidos elementos são compostos por agentes internos, tais como a "desesperança aprendida", a "submissão e falta de iniciativa" igualmente aprendidas, as relações pessoais conflitivas, a incapacidade de planejar a curto prazo e as condições socioeconômicas adversas. Compõem o rol dos elementos obstacularizadores externos o "paternalismo", a imposição e preconceito, o etnocentrismo, dentre outros. A autogestão refere-se ao poder de decisão de um grupo no contexto comunitário e à organização de grupos que se tornem conscientes e aptos a exercer um autocontrole de situações de vida por meio de atividades cooperativas e transformadoras (Freitas, 2010).

A autogestão, na prática de uma comunidade específica, necessita, inicialmente, de um levantamento das necessidades vividas pelo grupo, relativamente a condições de saúde, saneamento básico etc. Depois, é necessário que se inicie um processo de conscientização com os grupos populares para que eles assumam progressivamente o papel de sujeitos de sua própria história, conscientes dos determinantes sociopolíticos de sua situação, que se posicionem de forma ativa, na busca de soluções para os problemas a serem enfrentados. É imprescindível a busca do desenvolvimento da consciência crítica, da ética da solidariedade e de práticas cooperativas ou mesmo autogestionárias, a partir da análise dos problemas cotidianos da comunidade. A autogestão é o ápice das relações democráticas em que há participação de todos. Lembrando que é importante a escolha de líderes, conforme afirmamos anteriormente, no entanto, cada membro deve ser considerado ente-

-chave para o processo de instituição da autogestão e solução dos problemas a serem enfrentados de forma ativa pela comunidade.

A psicologia comunitária é portadora de uma visão pragmática da psicologia, tendo em vista a abordagem de situações sociais concretas e suas respectivas soluções por meio da ação daqueles que estão sofrendo os problemas "na pele". Dá ênfase à qualidade de vida das comunidades como objeto do saber psicológico. Enfoca, principalmente, as questões interpessoais da comunidade, em lugar da preocupação tradicional, também importante, da psicologia, ou seja, a preocupação com o indivíduo e suas questões intrapsíquicas.

A psicologia comunitária aparece como resultado da luta pelos direitos humanos e contra a violência em suas diferentes facetas e expressões. Dá suporte à participação junto às propostas de políticas afirmativas e às diferentes formas e cenários de realização das práticas e intervenções comunitárias, tendo em vista a proteção e promoção da saúde mental e social e, consequentemente, de uma vida digna, conforme determina a Organização Mundial de Saúde e a nossa Constituição Federal.

12

Psicologia Preditiva: Aplicação de Testes Psicológicos e Sua Validade no Âmbito do Direito

No segundo capítulo deste livro, afirmamos que a origem da psicologia jurídica se daria no âmbito do direito penal: com as preocupações acerca do comportamento do criminoso. Nesse sentido, Rovinski (2009) aponta que o estudo e a explicação do comportamento criminoso passaram a se desenvolver simultaneamente com o interesse nos estudos de laboratório para estabelecer medidas de características da personalidade, sendo esperado que, de alguma forma, essas áreas se relacionassem e se influenciassem mutuamente.

No âmbito da psicologia jurídica, o foco inicial do trabalho do psicólogo foi a compreensão da conduta humana no que diz respeito às motivações e possibilidades de reincidência no mundo do crime. O uso de técnicas de mensuração, em evidência na década de 1960-1970, não tinha tanto o objetivo de análise de funções mentais específicas para avaliar o testemunho, como ocorria nos primórdios do desenvolvimento da psicologia jurídica na Europa. O objetivo principal na utilização das referidas técnicas era desvelar a dinâmica da produção do ato criminoso.

Quando da regulamentação da profissão de psicólogo, pelo Decreto n. 53.464, de 1964, as atividades de perícia e emissão de laudos foram legitimadas, ao serem legalmente previstas como práticas profissionais a ela associada. Em um período mais recente, essas atividades foram ampliadas e detalhadas pelo Conselho Federal de Psicologia, sendo encaminhadas ao Ministério do Trabalho para constarem na Classificação Brasileira de Ocupações (CBO). A última atualização das atividades profissionais, publicada em 2002, discrimina, entre outras, a atividade de psicólogo jurídico. Nessa área profissional, o psicólogo exerce atividades de avaliar comportamentos, tratar, orientar e acompanhar indivíduos, grupos e instituições. Da mesma forma, são previstas atividades de educação (aulas, supervisão), pesquisa, coordenação de equipes e realização de tarefas administrativas.

No rol das atividades de avaliação estão especificadas as tarefas de: entrevistar pessoas, ler processos, investigar pessoas e situações-problema, escolher, aplicar e mensurar instrumentos de avaliação, elaborar diagnósticos, pareceres, laudos e perícias e responder a quesitos técnicos judiciais.

Rovinski (2009) aponta uma classificação útil e elucidativa, acerca do âmbito de trabalho do psicólogo jurídico. Ela divide o rol de atividades desse profissional em seis áreas, quais sejam:

1. *Psicologia policial*, que diz respeito ao acompanhamento de funcionários da polícia, por meio de cursos preparatórios e de reciclagem em academias inseridas dentro das organizações. Também podem ser encontrados centros de atendimento com enfoque clínico, dirigidos diretamente ao policial civil ou militar e aos seus familiares. Esses centros, geralmente, possuem programas que incluem, dentre outros, o tratamento de dependentes químicos.

2. *Psicologia jurídica no âmbito do direito da infância e da juventude.* Essa área da psicologia jurídica ocupa o maior número de profissionais. Os psicólogos que trabalham com crianças e adolescentes centram suas atividades nas Varas da Infância e da Juventude e em instituições de internação para medidas protetivas e socioeducativas de todo o país, desenvolvem atividades junto aos Conselhos Tutelares e instituições não governamentais – como lares de acolhida e entidades voltadas diretamente à adoção.

3. *Psicologia jurídica no âmbito do direito de família.* A maior parte dos psicólogos que trabalha como o direito de família tem suas atividades vinculadas ao Poder Judiciário. Desenvolvem, principalmente, trabalhos de perí-

cia e de acompanhamento das famílias. No que diz respeito ao trabalho com as famílias, existem propostas inovadoras por parte de alguns psicólogos, como aquela, no sentido de funcionar como uma espécie de mediador nas relações conflituosas que envolvem o núcleo familiar no que diz respeito às decisões envolvendo guarda ou visita dos genitores aos filhos. Prática essa que vem se estendendo a vários estados do país. A criação de entidades particulares e não governamentais com o mesmo fim, ou seja, no sentido do desenvolvimento de um trabalho interdisciplinar com o direito, tem crescido de forma significativa no nosso país.

  4. *Psicologia penitenciária*. Os psicólogos desta área têm trabalhado cada vez mais com o objetivo da inserção do homem em seu contexto social. Para isso têm deixado as abordagens "intramuros" e explorado o "enfoque psicossocial". Os psicólogos que trabalham com essa população se inserem, praticamente, em sua totalidade, em instituições governamentais de cumprimento de pena, em regime aberto, semiaberto e fechado e em instituições psiquiátricas forenses.

  5. *Psicologia do testemunho*. Esta é a área menos desenvolvida em nosso país. A psicologia do testemunho é tema ainda bastante desconhecido para a maior parte dos psicólogos, apesar de sua importância, especialmente no que diz respeito ao cotidiano do Poder Judiciário. Tanto que, nos concursos para a magistratura em que o tema da psicologia forense está presente, é exigido conhecimento específico acerca da psicologia do testemunho. Rovinski (2009) chama-nos atenção para o fato de que existe um núcleo de pesquisa nessa área, na PUCRS, com enfoque nas chamadas "falsas memórias".

  6. *Psicologia jurídica e vitimologia*. Esta é a área que mais tem se desenvolvido nos últimos anos, tanto no que diz respeito à criação de serviços de atendimento especializados como de pesquisa. Atividades têm se centrado no atendimento à violência doméstica, atendendo mulheres violentadas e vítimas de abuso sexual. Também crianças e adolescentes que sofreram algum tipo de abuso vêm alcançando cada vez mais espaço de atendimento.

  A avaliação psicológica como instrumento eficaz tendo em vista uma justa e adequada solução do conflito jurídico é questão presente tanto na seara dos tribunais como no âmbito acadêmico. Nesse sentido, no entanto, concordamos com Rovinski (*apud* Rovinski, 2009), quando defende que a evolução dos propósitos da *avaliação psicológica no contexto jurídico* demonstra o quanto ela pode ser fundamental para a *garantia dos direitos humanos*. Assim sendo, deixar desassistidas as vítimas em relação a uma perícia que irá retratar suas necessidades é uma forma de impedir que estas reivindiquem seus direitos.

Não é somente a *avaliação forense* que deve ser efetivada observando todos os parâmetros técnicos e éticos exigidos para adequado exercício da profissão de psicólogo, tendo em vista sua contribuição para o convencimento do juiz do caso concreto em foco, mas sim todas as atividades exercidas pelo psicólogo jurídico. Em todos os assuntos que são submetidos à avaliação do psicólogo, há que se levar em consideração as especificidades de cada caso concreto. Por exemplo, mesmo sabendo-se que a *mediação* ainda é a melhor alternativa de intervenção nos conflitos familiares, ela não pode ser considerada a solução para todos os problemas nessa área. Sabe-se que em determinadas situações, como no caso de violência doméstica, ela pode vir a acirrar as relações de poder, colocando a vítima em situação de maior prejuízo do que se não houvesse utilizado esse recurso. Também pessoas com prejuízos importantes no que diz respeito à leitura da realidade não são indicadas a participar do trabalho de mediação, já que o sucesso deste exige uma leitura razoável da realidade em que as partes vivem. Nesses casos, é fundamental uma avaliação psicológica prévia e adequada das pessoas envolvidas – das partes –, antes de se chegar a utilizar a mediação, por exemplo.

A avaliação realizada por psicólogos para fins jurídicos, mais comumente denominada "perícia psicológica", e que se consubstancia, normalmente, em um "laudo psicológico", tem sua pertinência estabelecida em lei. Em seguida, apontaremos o percurso jurídico legitimador da perícia psicológica, que se inicia no rol dos direitos fundamentais do art. 5º da Constituição Federal vigente até chegar às normas específicas infraconstitucionais.

Importante ressaltar que ocorre uma verdadeira mudança quanto ao destinatário das provas: no CPC de 1973 elas eram direcionadas ao juiz, enquanto no atual CPC o processo judicial passa a ser o destinatário da perícia.

A CF/88, em seu art. 5º, XXXV, estabelece que "a lei não excluirá da apreciação do Poder Judiciário lesão ou ameaça a direito". O juiz é a autoridade que representa o Poder Judiciário, encarregado de prestar a jurisdição (dizer o direito), de acordo com a instância em que atua. Para auxiliar o trabalho do juiz, o antigo CPC elencava, em seu art. 139, um rol de profissionais denominados "auxiliares da justiça", entre eles o escrivão, o oficial de justiça e os peritos judiciais.

De acordo com o CPC de 1973, as provas possíveis de serem produzidas no processo eram: a prova documental (arts. 364 e s.), a prova testemunhal (arts. 400 e s.) e a prova pericial (arts. 420 e s.).

O atual CPC faz um giro copernicano, no que diz respeito aos auxiliares da justiça, em seu art. 149. Ele insere no rol dos auxiliares da justiça os mediadores e conciliadores, enfatizando a importância da solução consensual. A intenção do legislador do atual CPC foi tornar a solução dos conflitos efetiva e plena de sentido para as partes, além de desafogar o Judiciário.

No entanto, para concretizar o dispositivo legal, necessária se faz uma reestruturação dos tribunais, no sentido de criar dentro do seu quadro de servidores efetivos ou até mesmo comissionados os cargos de mediadores e conciliadores.

Os reflexos da inovação trazida pelo atual CPC são muito importantes. Isso porque a jurisdição, como atividade principal desenvolvida pelo Judiciário, não tem mais somente a sentença como resultado. A ela se agregam o resultado da mediação e da conciliação, que, aliás, têm preferência sobre a sentença.

A sentença não foi suprimida, mas a mediação e a conciliação deixaram de ser meio alternativo de solução de conflito.

Vejamos o art. 149 em sua íntegra:

> Art. 149. São auxiliares da Justiça, além de outros cujas atribuições sejam determinadas pelas normas de organização judiciária, o escrivão, o chefe de secretaria, o oficial de justiça, o perito, o depositário, o administrador, o intérprete, o tradutor, o mediador, o conciliador judicial, o partidor, o distribuidor, o contabilista e o regulador de avarias.

A prova pericial deve ser elaborada por profissional especializado em área do conhecimento humano, com o objetivo de assessorar o juiz no esclarecimento da questão em litígio. É imprescindível que todos os profissionais que são chamados a desenvolver o relevante trabalho de perito judicial tenham conhecimento técnico e ético sobre o assunto de que vão se ocupar.

De acordo com Dal Pizzol (2009), o termo "perícia" remete a um campo de estudos aparentemente restrito, o que não é verdade, já que a perícia se estende por vários âmbitos da necessidade humana. Ele é originário do latim *peritia*, que significa "conhecimento", que, por sua vez, é adquirido pela experiência. Na língua portuguesa, o termo perícia significa "habilidade", "destreza" e, em um entendimento atual, deve ser operada por pessoa com conhecimento especializado. Há diversos tipos de perícia, como a judicial, a administrativa, a extrajudicial, a arbitral e a interprofissional.

Nos termos do *caput* do art. 156 do atual CPC, determina-se que o juiz "será" e não mais "poderá ser" assistido por perito quando a prova do fato depender de conhecimento técnico ou científico.

O atual CPC preocupa-se em explicitar a observância da CF/88 em vários de seus dispositivos, como ocorre quando dispõe acerca do papel do Ministério Público: ele atuará na defesa da ordem jurídica, do regime democrático e dos interesses e direitos sociais e individuais disponíveis (art. 176 do atual CPC). A referida disposição é quase *ipsis litteris* a reprodução do art. 127 da CF/88.

No que diz respeito às hipóteses de intervenção do Ministério Público, o novo texto processual civil não mais faz referência expressa às causas concernentes ao estado da pessoa, ao pátrio poder, à curatela, à interdição, ao casamento, à declaração de ausência e disposições de última vontade (art. 82, II). Assim sendo, pode o Ministério Público não intervir em algumas hipóteses, como nos casos de investigação de paternidade entre partes maiores e capazes, por exemplo.

Já no que diz respeito à curatela, ao poder familiar, à interdição, a atuação se justifica ante a existência de pessoa incapaz – art. 698 (lembrando que o rol de incapazes foi restrito pela Lei de Inclusão da Pessoa com Deficiência, que, por sua vez, alterou a letra do CC de 2002).

Permanece a competência do Ministério Público para o ajuizamento de ação de anulação de casamento, de acordo com o disposto no art. 1.549 do CC de 2002.

Importante novidade no atual CPC diz respeito à possibilidade de as partes, de comum acordo, fixarem calendário para a prática dos atos processuais (art. 191), que vincularão a elas mesmas e ao juiz. Nesse caso, a intimação das partes é desnecessária para os atos previstos no calendário proposto por elas. Também os atos processuais poderão ser total ou parcialmente praticados por meio eletrônico (art. 193).

Greco Filho (2003) aponta que *a parte pode juntar pareceres técnicos extrajudiciais, mas estas peças não pertencem à perícia*, nem são perícias. Servem apenas como mais um documento utilizado pela parte com o intuito de convencer o juiz.

Importante a contribuição de Rosa (1999) ao ressaltar que *a perícia judicial não é atividade puramente técnica profissional, nem essencialmente jurídica*. O fato de ser denominada "perícia judicial" pressupõe a existência de um processo judicial. Como o processo se desenvolve por meio de um procedimento, são as normas que o regulam que irão nortear todo o desenvolvimento da ação judicial.

A perícia psicológica deve ser feita levando em conta todo o conhecimento técnico-operativo, assim como os preceitos contidos no Código de Ética e demais normas que regulamentam a profissão de psicólogo.

Recomenda-se que, mesmo que a determinação da autoridade seja no sentido de que a perícia seja realizada por "equipe multidisciplinar", no momento da feitura do *laudo*, este deva ser *redigido individualmente por cada profissional*.

Importante ressaltar que, mesmo que o juiz estabeleça os quesitos a serem respondidos pelo perito, este não deve ficar adstrito aos quesitos formulados. Especialmente no que diz respeito à *perícia psicológica, exige-se abordagem ampla, tendo em vista a complexidade que normalmente envolve o objeto da perícia.*

É importante lembrar, ainda, que no âmbito do ECA há muito a ser feito no sentido de um resultado prático positivo, especialmente no sentido da eficácia do "princípio da proteção integral".

Nas questões que envolvem direito de família, observa-se que, mesmo que tais questões fossem tratadas com zelo pelos profissionais da área jurídica, somente nos últimos anos elas passaram a receber atenção necessária e adequada por parte de juízes, promotores de justiça e advogados. A referida adequação se deve à influência do trabalho do profissional da psicologia e do assistente social. Sendo que, antes, o trato das questões de direito de família era exclusivamente incumbência de pessoas com formação estritamente jurídica, sem contemplar a necessidade da abordagem multidisciplinar que a matéria exige. Após a CF/88, um grande número de estudiosos de diferentes áreas das ciências humanas, assim como a própria população, passou a demonstrar maior interesse nas questões referentes à família, à infância e à juventude.

Cada vez mais, diante das necessidades da sociedade atual, evidencia-se a necessidade de reunir o saber das diversas disciplinas das ciências humanas, sociais e psicológicas, para responder às complexidades das demandas que vão surgindo no cotidiano. Essa nova postura contribui para a eficácia da prestação jurisdicional.

Os auxiliares judiciais, por sua vez, devem estar cientes dos serviços que lhes competem e da adequada aplicação de seus conhecimentos profissionais à questão judicial em apreço. O trabalho do auxiliar da justiça tanto no aspecto operacional como no oferecimento de subsídios técnicos deve contribuir da melhor forma possível com o magistrado, tendo em vista que a sentença venha a ser a mais justa, exequível e adequada possível.

A finalidade do laudo psicológico deve ser a descrição das condições psicológicas atualizadas do interessado, tendo em vista que sejam tomadas providências necessárias e adequadas pela autoridade judiciária competente e pela família, no sentido da promoção do seu efetivo restabelecimento emocional, assim como de sua reinserção social.

No que diz respeito ao ECA, temos que se trata de lei que não estabelece a aplicação de penas à criança e ao adolescente, mas sim a aplicação das chamadas "medidas socioeducativas". As referidas medidas devem ter em vista a proteção do adolescente, assim como sua adequada inserção social. A criança e o adolescente são seres em formação, aos quais devem ser dispensados cuidados diferenciados daqueles conferidos ao adulto, tendo em vista o seu pleno desenvolvimento, para que possa se tornar um adulto saudável e que possa vir a cumprir o seu papel social de forma adequada. Ocorre que existem dúvidas quanto à conveniência da medida socioeducativa de internação em instituição, muitas vezes, determinada pelo juiz, tendo em vista o adequado restabelecimento da criança ou do adolescente, no contexto dos casos concretos. E isso apoiado na clara dissonância entre o que a lei determina como condições institucionais necessárias ao pleno desenvolvimento da criança e do adolescente e as efetivas condições em que se encontram as unidades da Fundação Casa, espalhadas pelo Brasil.

A avaliação psicológica visa descrever as condições psíquicas atuais do avaliado, demonstrando os possíveis efeitos do fato ocorrido sobre sua condição psicológica, assim como indicar o encaminhamento adequado para o seu caso.

Os instrumentos de avaliação psicológica tidos como pertinentes e, normalmente, utilizados, de acordo com a complexidade da demanda, são os seguintes: *entrevista* com o interessado e com o seu responsável legal; *aplicação e avaliação de testes psicológicos* e *avaliação complementar, de base teórica*.

A entrevista, como instrumento de avaliação psicológica, é imprescindível porque facilita a síntese dos vários resultados obtidos, por meio dos testes e das formas de avaliação complementares.

Os testes psicológicos têm por objetivo medir dimensões psíquicas importantes. Foram concebidos tendo em vista que o material destes, assim como as respostas obtidas, não pudesse ser influenciado pelo examinando, já que o comportamento imediato é apreendido na situação estandardizada. Trata-se de uma avaliação, portanto, essencialmente objetiva.

A avaliação complementar, de base teórica, tem por objetivo, como a própria expressão diz, preencher os espaços de significância necessários à avaliação, levando em consideração as especificidades da situação do mundo concreto que se nos apresenta. A entrevista funciona como ponto de partida e como sintetizador do conteúdo geral apreendido. Os testes psicológicos, apesar da confiabilidade que angariam e da qualidade de objetividade que preenchem, nada mais são do que mais um dos instrumentos de avaliação. Eles fornecem certas informações, mas não um diagnóstico. Esse é um juízo, baseado em um raciocínio complexo, que integra os resultados psicométricos às observações não quantificáveis, aos dados da intuição e aos elementos tirados da história do sujeito. É importante esclarecer que os testes psicológicos jamais possuem um caráter absoluto, assim como todos os demais instrumentos da avaliação psicológica. Os meios de avaliação são pontos de referência que permitem ao psicólogo verificar suas hipóteses. Dessa forma, normalmente, em toda avaliação psicológica, torna-se necessário que sejam utilizados todos os meios disponíveis, tendo em vista uma avaliação qualitativamente significativa, de acordo com cada caso concreto.

No que diz respeito à avaliação de crianças e, mais especificamente, de adolescentes, é imprescindível, além da avaliação do interessado isoladamente e em seu contexto familiar, uma avaliação que envolva suas relações extrafamiliares, ou seja, que se aborde o contexto da relação do adolescente com o grupo de amigos, com o grupo de iguais. Já que, muitas vezes, se pode constatar a influência do grupo na prática do ato infracional.

A psicologia social tem como acento principal as pesquisas de comportamento do indivíduo em interação com os outros. A ação e o desempenho das unidades sociais, como os grupos de adolescentes, podem ser interpretados como efeito de uma "alma grupal". Numa analogia com o organismo individual, a formação do grupo é entendida como um organismo, com alma e espírito. Não existe comportamento humano sem contexto social. Especialmente na adolescência, quando ocorre a busca da própria identidade, quando os pais, ou a lei paterna – os valores, os ideais, os interesses dos pais e de sua geração –, passam a ser objeto de contestação. Os jovens procuram outros jovens, que vejam o mundo como eles veem, que tenham os mesmos interesses e valores.

Os próprios pais, primeira lei com a qual o ser humano é confrontado, assim como o Estado, que cria as leis formais, afirmam que eles, os adolescentes, não são mais crianças, mas, ao mesmo tempo, os proíbem de realizar atos próprios da vida adulta, como conduzir um carro, por exemplo. Para o jovem, o comportamento dos pais, assim como o comportamento do Estado, é incoerente: exigem dele os deveres da idade adulta, mas não lhes conferem os direitos inerentes a essa mesma condição. Instala-se, então, o que se pode chamar de conflito de papéis, que gera, por sua vez, também conflitos psíquicos. Partindo desse entendimento, podemos pensar que, para os jovens, eles têm direitos inerentes à idade adulta, de acordo com as leis que são construídas de acordo com as determinações do grupo ao qual o adolescente pertence. Não queremos afirmar que o adolescente não passe por conflitos psíquicos dos quais esteja consciente. Por exemplo, quando um menor decide conduzir um carro, sabendo que não possui idade legal para tanto e que os pais não aprovariam sua conduta, ele o faz tendo em vista a aprovação do grupo de iguais.

O grupo é a reunião de pessoas e, ao mesmo tempo, expressão de uma reação interna. Nas ciências sociais, o grupo é um caso especial de pluralidade humana. Não basta o mero estar junto de pessoas, como um conjunto ou agregado social ou igualdade de espécie das características definidoras nem mesmo quando, no último caso, a característica da definição da meta comum se tornou relevante para a ação, ou aliança. Para duas ou mais pessoas formarem um grupo deve haver entre elas, ao menos em princípio, interações ou então uma estruturação, isto é, os princípios para uma divisão de papéis. Dois ou mais indivíduos podem se caracterizar coletivamente da seguinte maneira: têm normas, convicções e valores em comum e mantêm entre si implícita ou explicitamente relações definidas de maneira que o comportamento de cada um tenha relação com o do outro. Estas características nascem da interação dos indivíduos e têm para eles consequências de sorte que, no tocante a uma meta específica do grupo, apresentem motivações semelhantes que os levem a atuar no mundo de uma forma específica, mesmo que estejam conscientes de que esse agir vai contra a lei do pai ou a lei do Estado.

Alma do grupo, ou *group mind*, é a expressão para designar a existência de um grupo independente dos indivíduos que o compõem. Assim sendo, o grupo poderia pensar, decidir, mostrar solidariedade e desenvolver sistemas de valor. Uma espécie de antropomorfismo social. Formulada por McDougall (Menahen, 1999), esta realidade própria dos graus referentes aos grupos tem paralelos no "inconsciente coletivo" de Jung (2011) e no "eros" ou "pulsão de vida" de Freud (*apud* Martins, 2010). A decisão do grupo significa a resolução tomada após interação no grupo. Uma parte das pesquisas referentes aos grupos impulsionadas por Lewin (*apud* Mailhioto, 1998) se interessa pelo efeito de assumir riscos. Isso se verifica especialmente na adolescência. A homogeneidade do grupo consiste na coincidência dos membros do grupo em suas características, como idade, gênero, interesse, atitude, capacidade. Já a integração de grupo é o processo da adesão das pessoas a um grupo. O grau de integração chama-se coesão ou coerência: proximidade, atração, simpatia, e também a proporção sopesada entre o ganho do grupo pela companhia dos indivíduos e o ganho do indivíduo pela companhia do grupo.

Nos grupos, os elementos humanos se influenciam reciprocamente. Sua influência manifesta-se menos como uma pressão exercida do exterior do que como uma adaptação mais ou menos espontânea de seus membros ao meio social. Os seres humanos, especialmente os adolescentes, necessitam do grupo, que satisfaz suas necessidades de segurança e de comunicação. Eles aceitam suas leis para não serem punidos ou excluídos, mas, sobretudo, porque sofrem a sugestão do prestígio da maioria, identificando-se com o grupo ao qual estão ligados. No caso do uso de carro por adolescente que não tenha ainda idade de conduzir, temos que este se submete, muitas vezes, à expectativa comum do grupo: ir de carro, em uma autêntica coação moral por força dos valores impostos pelo grupo.

O papel consiste na conduta esperada de uma pessoa cujo *status* se reconhece. Cada indivíduo precisa assumir papéis diversos, que variam em função de sua idade, sexo, pessoas com as quais se relaciona e situações. Os papéis nos marcam sempre de alguma maneira, quer se adira a eles a ponto de não poder se livrar quer tente rejeitá-los. Com frequência a pessoa sadia "interpreta" seu papel conservando certa distância entre ele e sua personalidade, daí o surgimento do conflito – será que faço isso ou não? Por outro lado, o respeito pelos papéis mantém a segurança e a coesão dos grupos, sejam eles familiares, de amigos, de trabalho etc. A vida social é um emaranhado de papéis. Aqueles que não os respeitam são chamados pela comunidade a que pertencem de inadaptados. Inclusive, a própria noção de loucura, por nós abordada no primeiro capítulo, repousa, muitas vezes, na noção de adaptação ou não adaptação social.

A ordem hierárquica consiste no ordenamento hierarquizado das posições geradas por estruturação interna dos grupos. Pelo ordenamento, as posições recebem um lugar ao longo de um *status continuum*. A posição entre irmãos pode ser apresentada como ordem hierárquica social. Também o prestígio, a atribuição ou a distribuição do poder a estados, camadas ou classes de uma cultura compõem a ordem hierárquica. A organização de um grupo de adolescentes ocorre da mesma forma. Uma pessoa de alto *status* é admirada, tratada com honras, imitada, vivida como estimulante e como centro de atração. Aspirar *status* e perder *status* são aspectos psicológicos importantes. No grupo de adolescentes, aquele que não aceita a lei do grupo é rejeitado, sendo muito difícil para o adolescente perder o grupo, exatamente no momento em que está perdendo outras referências importantes, como a dos pais, e está construindo outras, tendo o grupo de iguais como instrumento para a fixação de suas "novas certezas".

De acordo com Maria Rita Kehl (2000), a "circulação horizontal" é o tipo de vínculo social mais característico das democracias modernas, em que a transmissão de saberes e de experiências, a produção discursiva, a criação de fatos sociais relevantes se dão preferencialmente no campo dos encontros e embates entre semelhantes, e a submissão voluntária aos discursos de autoridade é relativizada inclusive pela própria multiplicidade de enunciados de saber. As experiências são compartilhadas pela fratria – relação entre irmãos – na adolescência, que confirmam e simultaneamente relativizam o poder da verdade absoluta da palavra paterna, possibilitando ao sujeito reconhecer-se como criador de linguagem e/ou de fatos sociais. Ainda segundo a mesma autora, a melhor representação da fratria é uma turma adolescente, que é o lugar de passagem, de contestação, de simbolização da lei e legitimação de experiências de liberdade. Ao testar e contestar a autoridade de pais reais, a fratria produz uma espécie de orfandade simbólica dos seus membros ao mesmo tempo que lhes fornece algum amparo, alguma pertinência extrafamiliar. Esse processo se desenvolve até que a experimentação da liberdade pelos jovens possa conduzir os sujeitos, marcados pelas identificações fraternas, para outros campos de experiência, além da própria fratria.

Não se pode olvidar, no entanto, que a tentativa de aderir a uma coletividade, como a um grupo de jovens, por exemplo, para escapar do enfrentamento solitário com os limites que a lei do pai ou do Estado estabelece – o que possibilita a própria vida em coletividade –, pode produzir a obediência cega ao grupo, como forma de alienação, podendo gerar consequências catastróficas, como aquelas decorrentes de acidentes de trânsito tendo adolescentes ao volante.

Existem, pois, dois lados da fratria: um que fortalece o sujeito em sua relação com o grupo de iguais, por meio da promoção do laço social, e outro que pode enfraquecê-lo, por meio da submissão incondicional.

O adolescente que comete ato infracional, muitas vezes, encontra-se em estado de equilíbrio precário, porque não consegue elaborar seus conflitos mais profundos, que poderão emergir com grande intensidade, diante de seu estado de vulnerabilidade. Necessita permanecer em um ambiente acolhedor e organizado, que dê subsídios para a recuperação de sua autoestima e capacidade de elaboração de conflitos, o que raramente acontece se for internado em uma instituição que não pode atender minimamente às suas necessidades.

Assim sendo, a medida socioeducativa de internação em instituição raramente se mostra adequada, tendo em vista a situação psicológica em que se encontra o adolescente, que necessita de intensos cuidados médicos, psicológicos e familiares. Dessa forma, o encaminhamento do psicólogo, de acordo com cada caso específico, é no sentido de que o adolescente permaneça em um ambiente estruturado, acolhedor, que o ajude a entrar em contato com suas questões conflitivas, dando-lhe o apoio necessário para enfrentar os seus fantasmas, recuperar sua autoestima, sua capacidade de concentração e de aprendizagem. E, assim, ser capaz de restabelecer um elo saudável consigo mesmo e com a coletividade.

O laudo psicológico tem por vezes o objetivo de apontar as condições psicológicas atuais do interessado, assim como os fatos que levaram a tais condições psicológicas, tendo em vista que sejam tomadas providências necessárias pela autoridade judiciária competente, no sentido da promoção do bem-estar e adequado desenvolvimento psicossocial do menor ou da pessoa humana em desenvolvimento. Por vezes, o melhor encaminhamento, a ser feito para o menor, é o afastamento total de um ou de ambos os genitores, para evitar qualquer possibilidade de reincidência da conduta de abuso sexual, por exemplo, por parte do genitor ou da genitora, que possa majorar ou/e causar novos danos ao desenvolvimento psicológico do menor.

Por vezes, a avaliação psicológica deve ocorrer envolvendo, além da entrevista, da aplicação de testes e da análise de base teórica, acima referidas, a observação lúdica, quando se trate de criança. Especialmente quando esta se encontre em estágio do desenvolvimento em que não consiga se expressar de forma verbal adequada para a obtenção de resultados válidos.

A *observação lúdica* é um dos instrumentos mais importantes em termos de avaliação psicológica, principalmente se levarmos em consideração a idade e o estágio de desenvolvimento em que se encontra a criança, já que é por meio da brincadeira que a criança expressa seu cotidiano, os seus interesses atuais, assim como seus conflitos internos.

De acordo com Solange Pinheiro (2008, p. 51), "o trabalho do psicólogo judiciário difere daquele do psicólogo clínico na medida em que sua atividade está circunscrita no ambiente institucional, no caso o Fórum Central. Devemos, portanto, levar em consideração a vinculação com o sistema jurídico". O próprio Freud (1987) assinala em artigo do ano de 1906 para a possibilidade da utilização da psicanálise na determinação dos fatos jurídicos. Nesse sentido, torna-se necessário que a avaliação psicológica para fins de perícia junto à área jurídica parta de um conhecimento interdisciplinar, de um cruzamento entre conhecimentos psicológicos e jurídicos, assim como é necessário que se faça uma adaptação de ambos os conhecimentos para que se obtenha um resultado adequado, de acordo com as especificidades exigidas para cada caso concreto abordado.

O processo de avaliação psicológica de uma criança sobre a qual recai a suspeita de que esteja sendo abusada sexualmente deve contar, quando possível, com a participação do agressor nas entrevistas, a fim de que se possa observar sua psicodinâmica, individualmente ou em conjunto com a vítima. Assim como devem participar familiares próximos da vítima, especialmente a mãe, que muitas vezes também é vítima do agressor. No entanto, quando esse procedimento torna-se inviável ou mesmo desnecessário, tendo em vista a existência de provas preexistentes da conduta periculosa do agressor, bem como depoimentos apontando as agressões sofridas pela vítima, o diagnóstico pode ser válido e adequado, enfocando o perfil da vítima e abordando as características do agressor com base nos autos do processo.

Crianças abusadas sexualmente apresentam sinais e sintomas característicos e representativos, que podem ser verificados na observação lúdica e nos testes aplicados. Esses casos, muitas vezes, dependem de observação atenta e aprofundada pelo processo de avaliação psicológica, pois a violência tende a ser encoberta, principalmente quando as crianças são vítimas de um dos genitores e se encontra em uma fase do desenvolvimento psicológico precoce. Nesse sentido, a tarefa do psicólogo perito é de extrema importância, requerendo uma investigação pormenorizada, atenta e voltada para o não verbal.

Os instrumentos utilizados durante a avaliação psicológica – observação lúdica, teste projetivo, entrevista – servem para que a vítima vivencie os conteúdos traumáticos, não os reconhecendo conscientemente em si mesma, vivenciando-os em geral nos outros – como ocorre, muitas vezes, quando se utiliza a família terapêutica, um dos pertences da caixa lúdica, quando a criança simula a agressão vivida por meio da brincadeira.

A construção do trauma, segundo a psicanálise, se dá da seguinte forma: um fato traumático acontece na vida do indivíduo e sua lembrança é dissociada do conjunto de suas memórias, formando um segundo grupo psíquico. Tal fato, quando ocorreu, provocou emoções muito intensas, como a raiva, a vergonha ou a angústia; mas, como essas emoções não puderam ser expressas no momento certo de forma normal, as ideias que compunham a memória do fato ficaram dissociadas do conjunto das outras ideias. A partir daí, a ideia dissociada, carregando um "afeto estrangulado", passa a agir como um corpo estranho no psiquismo, provocando expressões de emoções anômalas. Só quando a memória do trauma volta a se integrar ao conjunto das memórias e a dissociação é desfeita, a lembrança daquele vem à consciência e essas emoções podem ser expressas de forma adequada. Daí a importância do processo terapêutico, no sentido da integração do trauma ao conjunto das memórias e a reestruturação do sujeito, para que o desenvolvimento da criança possa recuperar o seu curso e transcorrer da forma mais adequada possível.

Concordamos com Ferenczi (*apud* Rudge, 2009, p. 28-29) quando ele, atentando especialmente para as consequências do trauma sexual precoce, insiste na frequência e na realidade de violências sexuais por parte do adulto. Para o referido autor, não é somente a violência sexual que caracteriza o trauma. Este se comporia, necessariamente, de dois elementos. Primeiro, o adulto responde com a *linguagem da paixão* à *linguagem infantil da ternura*. Segundo, é um fator fundamental no trauma que o adulto negue o ocorrido. A resposta da criança a essa situação traumática é o que Ferenczi chama de introjetar o adulto agressor, ou seja, identificar-se com ele. O genitor agressor, normalmente, nega a anormalidade do ato de abuso à criança, que, ao aceitar a atitude do adulto como normal, identifica-se com o seu agressor.

No entanto, a criança que viveu a experiência de abuso sexual, muitas vezes, passa a encenar e repetir essa situação em suas brincadeiras. Dessa maneira, busca transformar o que foi assustador em motivo de prazer. Em vez de sofrer o desconforto passivamente, agora é ela quem está dirigindo, ativa, a cena que repete com seus brinquedos e amigos. Por meio da brincadeira, a sensação de perplexidade e desamparo que a tomou no momento da intervenção, quando não entendia o que estava ocorrendo e por que a faziam sofrer, é amenizada. Na repetição lúdica, ela pode ir bordando com palavras e capturando em pensamentos a experiência traumatizante, tornando-a menos disruptiva. Daí, mais uma vez, a necessidade de uma terapia psicológica que possa facilitar a incorporação e elaboração do trauma infantil.

Considera-se que uma criança em desenvolvimento atravessa vários estágios cognitivos, o que lhe permite um entendimento cada vez maior de seu mundo. Piaget (*apud* Sanderson, 2008, p. 230-232) argumenta que as crianças passam por quatro estágios principais de desenvolvimento cognitivo, nos quais seus processos de pensamento se tornam cada vez mais semelhantes aos dos adultos: o estágio sensório-motor, 0 a 2 anos; o estágio pré-operacional, 2 a 7 anos; o estágio operacional concreto, 7 a 11 anos; e o estágio operacional formal, 11 a 15 anos. No estágio sensório-motor, a criança está centrada, principalmente, nas experiências sensoriais e motoras, havendo apenas o início do desenvolvimento da linguagem do pensamento. A criança é dependente da representação física das coisas e confia na orientação dos adultos para identificar e nomear objetos. Uma criança nessa idade confia na comunicação e na definição de experiências dos adultos. Durante o estágio pré-operacional, a criança começa a usar a linguagem, e, embora os processos de pensamento sejam cada vez mais sofisticados, ela não é capaz de conceituar ou raciocinar com a lógica adulta. Dessa forma, nesse estágio, ela tende a generalizar, isto é, "todos os homens são pais", "todos os animais de quatro patas são cachorros".

A criança é egocêntrica, visto que só pode usar sua própria experiência como um quadro de referência para entender suas experiências. Assim, uma interpretação comum é, "se me sinto má, então devo ser má". A criança também não tem um conceito real de tempo, que é uma medida abstrata, e considerará difícil recontar de maneira detalhada acontecimentos do passado. Uma criança pode dizer "na última semana" ao lembrar-se de fatos que aconteceram há seis meses. Por isso pode ser um problema para ela apresentar provas ou responder às questões no tribunal a respeito do abuso sexual. Essas imprecisões, pela falta de habilidade cognitiva para o pensamento abstrato, foram com frequência erradamente interpretadas como mentiras e, assim, solaparam o testemunho da criança. Na maioria dos casos, os adultos buscam providenciar conhecimento e interpretações corretos para a criança para facilitar seu crescente entendimento do mundo. Os abusadores sexuais de crianças, no entanto, têm interesse em distorcer a realidade e as interpretações da criança. Só assim eles poderão controlá-la e racionalizar as coisas para si mesmos, acreditando que o assédio sexual é correto e que eles não estão causando dano algum à vítima. Desse modo, quando o abusador sexual diz à criança que não há problema em fazer sexo com adultos, ou que ela manipule seus órgãos sexuais, ou que aceite que ele acaricie as genitálias dela, e que esse é o comportamento normal, a criança fica inclinada a acreditar nele – mesmo que isso vá contra sua percepção.

De acordo com o exposto, temos que a integração do resultado dos instrumentos pode apontar para uma necessária intervenção do Estado, que deve ocorrer de acordo com as necessidades apontadas em cada caso concreto e que pode chegar até a necessidade do afastamento do abusador do convívio com a criança, em outras palavras, a eliminação dos abusos sexuais praticados contra a vítima, para que esta possa se recuperar do trauma sofrido e se desenvolver de forma digna e adequada, como garante a CF/88 (art. 227), colocando-a a salvo de toda forma de exploração, violência, crueldade e opressão.

A violência contra a mulher também é constante objeto de laudos psicológicos, que vêm crescendo na atualidade. Se, por um lado, pode-se apreender esse crescimento como algo negativo, por outro lado, temos que, cada vez mais, as mulheres estão tendo coragem de se manifestar contra os seus agressores e pedindo socorro ao Poder Público para que este se manifeste e exerça o seu poder repressivo e preventivo, no que diz respeito à violência doméstica.

Muitas mulheres se queixam que sofrem constante violência física, psicológica e moral no âmbito doméstico. Mesmo que muitas delas não se manifestem com a precisão técnica que apresentamos, distinguindo as espécies de violência, o que se apura de seus depoimentos é a ocorrência, muitas vezes, dos três tipos de violência presentes na Lei Maria da Penha, concomitantemente.

Cumpre ressaltar que, muitas vezes, a violência moral e psicológica continua a ocorrer, mesmo depois da separação. Quando, por exemplo, o agressor ameaça a ofendida no sentido de que tomará a guarda dos filhos.

Os instrumentos de avaliação psicológica nos casos de violência doméstica devem atender às especificidades e à complexidade da demanda. Normalmente são utilizados: entrevista, aplicação de testes psicológicos e avaliação complementar de base teórica.

Normalmente a mulher, quando se submete a uma perícia psicológica, tendo em vista avaliar o grau de violência doméstica sofrida, encontra-se debilitada física, psicológica e moralmente. O acesso à justiça para a solução dos diversos tipos de violência sofrida é um dos últimos recursos utilizados, tendo em vista que ele comprova, em última instância, decepção diante do fracasso do casamento e da tentativa de constituição de uma família saudável.

O início dos relatos das entrevistas com as vítimas aponta, quase sempre, para um relacionamento harmônico que foi se deteriorando a médio ou longo prazo. Vários são os motivos: ciúmes de ambos os lados, gravidez e nascimento dos filhos, desemprego, entre outros.

No Brasil, apesar dos avanços com a criação da Lei Maria da Penha e de delegacias especializadas para a denúncia de violência contra a mulher, além da inserção na Constituição Federal do repúdio claro à violência doméstica, esse tipo de violência continua a ocorrer em todas as classes sociais. Nesse sentido, reza o art. 226, § 8º, da CF/88 que: "O Estado assegurará a assistência à família na pessoa de cada um dos que a integram, criando mecanismos para coibir a violência no âmbito de suas relações".

Assim sendo, conforme afirma Sonia Liane Reichert Rovinski (2008, p. 176), "definir responsabilidades quanto aos limites da ação do Estado e dos técnicos que o representam parece ser o ponto fundamental para a busca de um novo paradigma de intervenção".

Ainda de acordo com Rovinski (2008), no Brasil, assim como em outros países, a referência ao ressarcimento de danos psicológicos é legitimada pela sua associação aos danos morais e, muitas vezes, acaba por confundir-se com estes. A diferenciação entre o dano moral e o dano psíquico é incipiente e, por vezes, contraditória. Enquanto existem autores que procuram inserir o dano psicológico em uma classificação do dano moral, que seria a base constitutiva do dano moral puro, outros se utilizam de estudos de autores italianos e argentinos para diferenciar dano psíquico de dano moral, mostrando que são conceitos independentes.

De acordo com Castex (1977), pode-se falar na existência de dano psíquico relativamente a determinado sujeito, quando este apresenta alguma perturbação, disfunção, distúrbio ou transtorno, ou o aparecimento de doença psicogênica ou psico-orgânica, que afete as esferas afetiva e/ou volitiva e que limite sua capacidade de gozo individual, familiar, laboral, social e/ou recreativo.

O referido autor confirma que o dano psíquico implica a existência, nele mesmo, de um "transtorno mental", como consta na classificação internacional de doenças (DSM, CID), que, por sua vez, significa a existência de uma síndrome ou padrão psicológico associado ao sofrimento e à incapacitação – deterioração de uma ou várias áreas importantes de funcionamento psíquico. Nesse sentido, é importante, ainda, ressaltar, segundo o mesmo autor, que o dano psíquico distingue-se do sofrimento por inserir em seu conceito a noção de lesão às faculdades mentais, incluindo o afetivo, enquanto o dano moral não implica conformação patológica.

De acordo com Rovinski (2008), as vítimas de agressões crônicas, como é o caso da maioria das mulheres que sofre violência doméstica, apresentam níveis mais baixos de sintomas de Transtorno de Estresse Pós-Traumático (TEPT), em relação à violação sexual (sintoma agudo). Porém, seus sintomas são mais duradouros e a remissão destes é mais baixa: um estado depressivo ao se tornar crônico pode ser revertido muito mais lentamente que outros sintomas agudos decorrentes de TEPT. Também se diferenciam os sintomas resultantes das agressões crônicas daquelas sexuais (esporádicas) pela maior estabilidade dos escores nas avaliações realizadas relativamente às agressões crônicas. As vítimas de agressões sexuais agudas têm escores mais altos, com maior remissão dos sintomas por meio do tempo.

A **Lei Maria da Penha**, Lei n. 11.340, de 2006, em seu art. 7º, II, refere-se expressamente à violência psicológica, nos seguintes termos: "a violência psicológica, entendida como qualquer conduta que lhe cause dano emocional e diminuição da autoestima ou que lhe prejudique e perturbe o pleno desenvolvimento ou que vise degradar ou controlar suas ações, comportamentos, crenças e decisões, mediante ameaça, constrangimento, humilhação, manipulação, isolamento, vigilância constante, perseguição contumaz, insulto, chantagem ridicularização, exploração e limitação do direito de ir e vir ou qualquer outro meio que lhe cause prejuízo à saúde psicológica e à autodeterminação".

Segundo Maria Berenice Dias (2008, p. 47-48), o comportamento típico da violência psicológica se dá quando: "(...) o agente ameaça, rejeita, humilha ou discrimina a vítima, demonstrando prazer quando vê o outro se sentir amedrontado, inferiorizado e diminuído (...)".

De acordo com o exposto, temos que se torna cada vez mais imprescindível que o Estado atue, seja por meio da repressão (Poder Judiciário) ou por meio de políticas públicas, promovendo instrumentos para a eficácia da legislação vigente e criando outras leis protetivas contra a violência (Poder Legislativo).

13

A Luta Antimanicomial e a Lei n. 10.216/2001

A chamada luta pela "reforma psiquiátrica" alcançou algum respaldo legal com a Lei n. 10.216, de abril de 2001, também chamada "lei da luta antimanicomial". Antes de falar sobre a lei propriamente dita, é necessário apontar os principais pontos do percurso histórico e social que levaram ao surgimento dessa lei. Esse percurso passa por lutas, conquistas e derrotas percorridas nas trilhas da chamada "humanização do tratamento de pessoas portadoras de transtornos mentais".

Um dos principais movimentos na luta contra o tratamento desumano despendido às pessoas portadoras de transtornos mentais é a chamada antipsiquiatria. Esse movimento surgiu como uma crítica às teorias e às práticas fundamentais da psiquiatria tradicional. Entre as práticas fundamentais, destacam-se três vertentes:

a. O tratamento dito inadequado, imposto contra a vontade do paciente, em sua maioria, e excludente de outras alternativas ao tratamento das doenças mentais e do sofrimento psíquico.

b. A vulnerável integridade ética dos médicos, muitos deles mais comprometidos com a indústria farmacêutica do que com o tratamento mais adequado ao paciente.

c. O uso de manuais de diagnósticos – CID e DSM – que estigmatizam o paciente.

Na concepção do movimento antipsiquiátrico, o sistema psiquiátrico clássico seria, enfim, inadequado, antiético, humilhante e controlador.

Conforme apontamos no primeiro capítulo desta obra, o desenvolvimento da psicologia deu-se atrelado ao da psiquiatria, no século XIX. A psicologia somente alcançou autonomia como ciência posteriormente. No entanto, desde o início das práticas da psiquiatria, vários psicólogos não concordavam com muitos tratamentos prescritos. Muitos deles aderiram à luta contra as referidas práticas psiquiátricas, ditas desumanas. E isso tanto como forma de protesto como com o objetivo de propor suas próprias práticas – ditas alternativas e humanizadas – como viáveis ao tratamento de pessoas com transtornos psíquicos. No entanto, quando da implantação das práticas médicas, estas eram tidas por adequadas, já que gozavam de respaldo científico em um momento em que existia um tabu contra tudo que não pudesse ser cientificamente comprovado, como era o caso de muitas práticas em psicologia e em psicanálise: como Freud poderia convencer os próprios colegas médicos de que o método psicanalítico – que poderia ser longo e imprevisível – era mais adequado que os tratamentos usuais, para a cura das pacientes histéricas?

Na década de 1930, as práticas médicas consolidadas para o tratamento dos chamados transtornos mentais eram indubitavelmente intrusivas e controversas. Os principais recursos para a contenção e o tratamento dos chamados "loucos" eram: induções a convulsões, com o uso de eletrochoques, insulina e outras drogas, a leucotomia e a lobotomia – que consistia em cortar parte do cérebro na pretensão de extirpar a doença.

Na década de 1950, chegou-se ao "reinado dos psicofármacos". E com ele a promessa de cura pela via medicamentosa da maioria dos transtornos psiquiátricos: antipsicóticos, como a cloroplomazina e o haloperidal, foram intensamente utilizados. Somente após o tratamento a médio e longo prazo, passou-se a levar em consideração os efeitos colaterais importantes que esses tipos de medicamento produziam, como a discinesia tardia – movimentos repetitivos involuntários, por exemplo.

A década de 1960 foi o auge da "antipsiquiatria". O termo foi utilizado pela primeira vez por David Cooper, em 1967, como um movimento que desafiou as práticas fundamentais da psiquiatria clássica. Para os adeptos da "antipsiquiatria", os problemas psiquiátricos eram originados tendo em vista a dinâmica e os valores sociais, tendo origem endêmica e não orgânica. Assim sendo, o que os psiquiatras chamavam de esquizofrenia nada mais era do que o desvio das normas sociais.

Para Michel Foucault, Deleuze e Guattari, o papel da psiquiatria na sociedade perpassava necessariamente a utilização das chamadas "instituições totais", de rótulos e de estigmas. Para eles, a sanidade e a loucura seriam "construções sociais": seriam indicativos do poder dos ditos "saudáveis" sobre os chamados "insanos".

Esses rótulos e estigmas podem ser comprovados por meio de referências históricas. Na Alemanha, por exemplo, temos, na década de 1930, a medicalização de problemas sociais e a eutanásia sistemática de pessoas nas instituições mentais – a tão conhecida "eugenia" praticada contra os judeus. Ela deu suporte aos assassinatos em massa da década de 1940. No famoso julgamento de Nurembergue – julgamento dos carrascos nazistas –, ficou demonstrado que havia psiquiatras que ocupavam posição decisiva de poder no regime nazista. Também o diagnóstico mais comum de dissidentes políticos na União Soviética era a chamada "esquizofrenia progressiva". No Ocidente, também era comum a indicação de tratamento psiquiátrico a jovens rebeldes: tanto nos conflitos familiares como naqueles que aderiam à participação em movimentos políticos contra o *status quo*.

A principal preocupação da antipsiquiatria era com o fato de que o conceito de saúde mental estava essencialmente vinculado à aderência ao padrão de comportamento comum, ou seja, ao comportamento da maioria das pessoas. A partir desse conceito, se construiu a chamada "patologização da diferença", que, por sua vez, serviu de parâmetro para medir a "loucura": quanto mais afastado dos padrões socialmente compartilhados, maior o grau de loucura do indivíduo.

A reforma psiquiátrica e, consequentemente, o movimento no sentido de desinstitucionalização dos portadores de transtornos mentais tiveram origem na Itália, com a reforma psiquiátrica de Franco Basaglia, na década de 1960. No Brasil, somente a partir dos anos de 1990, começou a ganhar força um movimento em prol de políticas públicas que dessem conta de corrigir os erros decorrentes da aplicação inadequada da psiquiatria clássica.

Essa luta ganhou impulso em 2002, depois da publicação da lei da reforma psiquiátrica e com a nova postura assumida pelo Poder Público, em apoio às transformações culturais, sociais e até legais. Vários movimentos, tendo em vista a "desinstitucionalização", ganharam apoio efetivo por meio de programas como o "volta à casa" e a "residência terapêutica", que promoviam a desinstitucionalização e a volta a uma vida "mais normal possível" àquele que vivia segregado por conta de seus problemas psíquicos.

Para entender melhor a "desinstitucionalização", importante saber em que constitui o seu processo inverso, ou seja, a "institucionalização": trata-se de um processo marcado pela aplicação – muitas vezes opressiva ou corrupta – de um sistema de controle social (médico e/ou legal) inflexível pelas instituições públicas responsáveis, que são as chamadas "instituições totais": abrigos, penitenciárias, manicômios. O que é prejudicial ao ser humano, no âmbito da institucionalização, é que a estrutura e a rotina de suporte das instituições, normalmente, levam ao estreitamento ou redução do senso crítico individual. Sem o senso crítico individual, o indivíduo pode se tornar subserviente, a ponto de sofrer prejuízos no que diz respeito à sua adaptação a novas circunstâncias de vida, assim como se tornar incapaz no que tange às iniciativas quanto à organização de sua rotina da forma que melhor lhe aprouver. O indivíduo se torna, dentro desse quadro, uma peça passiva e facilmente manipulável na instituição a que pertence, no entanto, se desumaniza, pois perde absolutamente sua capacidade de ser livre.

No contexto de humanização do tratamento de pessoas portadoras de transtornos mentais, surge a Lei n. 10.216, de abril de 2001, que traz em seu bojo normas importantes, no que diz respeito à proteção dessas pessoas. O projeto da lei data de 1989, de autoria do deputado Paulo Delgado (PT/MG), tendo como objetivo o estabelecimento de "direitos das pessoas com transtornos mentais e a extinção progressiva dos manicômios no país". A referida lei redireciona a assistência em saúde mental e determina que o tratamento das pessoas portadoras de transtornos mentais se dê em serviço com base comunitária. No entanto, ela não estabelece mecanismos claros para a extinção dos manicômios.

Entre os dispositivos da Lei n. 10.216/2001, destacam-se alguns, que comentaremos a seguir.

Em seu primeiro artigo, a lei confirma o princípio constitucional da igualdade e a proibição da discriminação, ao afirmar que "os direitos e a proteção das pessoas acometidas de transtorno mental, de que trata esta Lei, são assegurados *sem qualquer forma de discriminação quanto à raça, cor, sexo, orientação sexual, religião, opção política, nacionalidade, idade, família, recursos econômicos e ao grau de gravidade ou tempo de evolução de seu transtorno, ou qualquer outra*" (grifo nosso).

Em seguida, art. 2º e incisos, a lei determina que, nos atendimentos em saúde mental, tanto os pacientes como seus familiares ou as pessoas por eles responsáveis devem ser cientificados acerca dos direitos da pessoa portadora de transtorno mental, presentes na lei em comento. Esses direitos são:

1. O acesso ao tratamento mais adequado às suas necessidades, disponível no sistema de saúde nacional.

2. Ser tratado "com humanidade e respeito", tendo sempre em vista o benefício de sua saúde. A recuperação do paciente deve se dar, também, por meio da sua (re)inserção na família, no trabalho e na comunidade. Ou seja, a plena recuperação do paciente passa pelo retorno de sua participação nas instituições sociais.

3. A pessoa portadora de transtornos psíquicos deve ser protegida contra qualquer forma de abuso e exploração, seja no período de internamento ou nos ambientes familiar, laboral e social.

4. Também lhe é garantido o sigilo nas informações prestadas quanto a sua condição, seja no âmbito das instituições públicas ou de outra ordem.

5. A hospitalização involuntária da pessoa portadora de transtornos mentais deve se dar sempre com anuência médica.

6. Ela deve ter amplo acesso aos meios de comunicação disponíveis.

7. Tem o direito de ser informado, de receber o maior número de informações possível a respeito de sua doença, assim como do tratamento que está sendo ministrado.

8. Tem direito de ser tratado em seu ambiente terapêutico – seja institucional ou doméstico – pelos meios menos invasivos possíveis.

9. Deve receber tratamento, de preferência, em serviços comunitários de saúde mental.

De acordo com o art. 3º da lei, é da responsabilidade do Estado o desenvolvimento da política de saúde mental, a assistência e a promoção de ações de saúde aos portadores de transtornos mentais, com a devida participação da sociedade e da família, a qual será prestada em estabelecimento de saúde mental, assim entendidas as instituições ou unidades que ofereçam assistência em saúde aos portadores de transtornos mentais.

Reza o art. 4º que a internação, em qualquer de suas modalidades, só será indicada quando os recursos extra-hospitalares se mostrarem insuficientes. Nos §§ 1º, 2º, e 3º do art. 4º, está disposto que o tratamento visará, como finalidade permanente, à reinserção social do paciente em seu meio. O tratamento em regime de internação será estruturado de forma a oferecer assistência integral à pessoa portadora de transtornos mentais, incluindo serviços médicos, de assistência social, psicológicos, ocupacionais, de lazer, e outros, e é vedada a internação de pacientes portadores de transtornos mentais em instituições com características asilares, ou seja, aquelas desprovidas dos recursos acima mencionados assim como não assegurem aos pacientes os direitos enumerados no art. 2º.

De acordo com o art. 5º, será dado tratamento diferenciado ao paciente dito "institucionalizado", ou seja, àquele que esteja há longo tempo hospitalizado ou para o qual se caracterize situação de grave dependência institucional, decorrente de seu quadro clínico ou de ausência de suporte social. O referido tratamento diferenciado se refere ao estabelecimento de política específica de alta planejada e reabilitação psicossocial assistida, sob responsabilidade da autoridade sanitária competente e supervisão de instância a ser definida pelo Poder Executivo, assegurada a continuidade do tratamento, quando necessário.

O art. 6º trata da internação psiquiátrica, determinando que somente será realizada mediante laudo médico circunstanciado que caracterize os seus motivos; estabelece em seu parágrafo único e incisos os tipos de internação psiquiátrica:

1. Internação voluntária que se der por iniciativa ou com o consentimento do paciente. No art. 7º da lei em comento, é esclarecido que a pessoa

que solicita voluntariamente sua internação, ou que a consente, deve assinar, no momento da admissão, uma declaração de que optou por esse regime de tratamento. O parágrafo único do art. 7º esclarece, ainda, que o término da internação voluntária dar-se-á por solicitação escrita do paciente ou por determinação do médico assistente.

2. Internação involuntária, que se dá sem o consentimento do usuário e a pedido de terceiro. Os §§ 1º e 2º do art. 8º da lei determinam que a internação psiquiátrica involuntária deverá, no prazo de setenta e duas horas, ser comunicada ao Ministério Público Estadual pelo responsável técnico do estabelecimento no qual tenha ocorrido, devendo esse mesmo procedimento ser adotado quando da respectiva alta. Assim como o término da internação involuntária dar-se-á por solicitação escrita do familiar, ou responsável legal, ou quando estabelecido pelo especialista responsável pelo tratamento.

3. Internação compulsória, que é aquela decorrente de determinação judicial. De acordo com o art. 9º da lei, a internação compulsória é determinada, de acordo com a legislação vigente, pelo juiz competente, que levará em conta as condições de segurança do estabelecimento, quanto à salvaguarda do paciente, dos demais internados e funcionários.

O art. 8º esclarece que a internação voluntária ou involuntária somente será autorizada por médico devidamente registrado no Conselho Regional de Medicina (CRM) com o número de registro no Conselho do Estado onde se localize o estabelecimento de internação.

O art. 10 determina o prazo de 24 horas para que a família ou o representante legal do paciente, assim como a autoridade sanitária responsável por ele, sejam comunicados acerca da ocorrência de evasão, transferência, acidente, qualquer intercorrência clínica significativa, assim como o falecimento do paciente.

Segundo o art. 11, pesquisas científicas para fins diagnósticos ou terapêuticos não poderão ser realizadas sem o consentimento expresso do paciente, ou de seu representante legal, e sem a devida comunicação aos conselhos profissionais competentes e ao Conselho Nacional de Saúde.

ature" configures a significant concern...

14

Psicanálise e Direito Ambiental: da "Mãe Ambiente" à "Mãe Natureza"

A "mãe ambiente" constitui conceito fundamental na teoria *winnicottiana* do desenvolvimento emocional primitivo, que pode ser tido também como paradigma para a relação com a ambiência social na vida adulta. A preservação da "mãe natureza", na concepção usual do termo, configura preocupação significativa da sociedade atual, no sentido da manutenção de uma qualidade de vida adequada para as presentes e futuras gerações, sendo dever do Poder Público e da coletividade criar os instrumentos adequados para a sustentação da natureza nesses parâmetros. A dupla mensagem "consuma e preserve a natureza" é ambígua e inadequada, pois, em vez de promover a proteção à natureza, facilita os atos predatórios dos indivíduos em relação a esta, o que pode vir a gerar a destruição do próprio *habitat* dos seres vivos do nosso planeta.

Uma mensagem social coerente, como "o consumo sem limites destrói a natureza", possibilitaria ao indivíduo uma relação com o meio ambiente que poderia promover a preservação deste para as presentes e futuras gerações, aos moldes do que determina a norma constitucional, no seu art. 225, especialmente, os princípios vetores do direito ambiental.

No presente contexto, destacar-se-á a abordagem da função da "agressividade", conceito inerente à teoria psicanalítica de D. W. Winnicott, no que tange à constituição do sujeito, partindo do desenvolvimento emocional primitivo e o papel desta no que diz respeito à relação do sujeito já constituído, em face do meio ambiente. O objetivo central é relacionar dois momentos em que a agressividade se expressaria no ser humano: um constitutivo do sujeito e o outro no exercício de sua relação com a natureza, como sujeito constituído. Tem-se em vista, portanto, apontar o elo entre a concepção da agressividade presente no processo de constituição do sujeito e o papel atual do homem no que diz respeito à violência contra o meio ambiente.

A agressividade, na concepção psicanalítica *winnicottiana*, é importante porque se insere como elemento imprescindível na constituição do sujeito. A agressão ao meio ambiente é tema atual e de suma importância, já que as reservas naturais estão se esgotando em ritmo acelerado e, aparentemente, incontrolável, em decorrência de seu uso indiscriminado pelos seres humanos. Esse fato gera grandes desafios para a sociedade e para o Poder Público no sentido de sua efetiva proteção para as presentes e futuras gerações, de acordo com o que determina a nossa Constituição vigente (art. 225), conforme afirmamos anteriormente. Estabelecer a relação entre as duas formas de agressividade é necessário, em última instância, para apontar os motivos e sugerir possíveis soluções tendo em vista uma proteção adequada do meio ambiente.

É certo que a questão ambiental é recente, surgida na chamada sociedade pós-moderna (Eder, 1996), que preferimos denominar simplesmente sociedade atual. Isso não significa, no entanto, que desconhecemos a diferença marcante entre a concepção moderna de sociedade e aquela(s) que hoje se apresenta(m), mas apenas que evitamos o emprego de termo tão ideologicamente "sobrecarregado", como é o "pós-moderno".

Como se processa a agressividade na constituição do sujeito em Winnicott – na relação entre a mãe, tida como o primeiro ambiente do bebê, e o bebê, ele mesmo –, e como o (meio) ambiente vem sendo destruído pela ação agressiva do sujeito constituído? O que seria necessário modificar na relação do sujeito constituído com o meio ambiente, para torná-la "constitutiva" de uma proteção, em vez de destrutiva ou mesmo aniquiladora da natureza, tendo em vista a própria sobrevivência da espécie humana?

Winnicott (1983) entende que a "mãe ambiente" é a primeira pessoa com quem o bebê, ou o indivíduo em constituição, se relaciona, uma vez que ela seria a primeira "cuidadora" do bebê, sendo certo que o desenvolvimento psíquico saudável deste depende da forma como esse ambiente ou cuidador se apresente ao bebê: se ele for "suficientemente bom", na medida em que atender às necessidades básicas da criança – que o autor entende ser as de segurar (*holding*), manusear (*handling*) e apresentar objetos –, este poderá se desenvolver psiquicamente de forma saudável. No entanto, se a mãe não for suficientemente boa, não será capaz de se apresentar como ambiente facilitador no sentido do desenvolvimento psíquico saudável do bebê.

Por "mãe natureza" entendemos o meio ambiente no sentido amplo e usual do termo, ou seja, o ecossistema que nos rodeia, que é composto pela fauna, pela flora, pelos mares, pelos rios, pelo ar que respiramos etc.

A agressividade em seu sentido amplo significa "a tendência a atacar", a prejudicar o outro, a destruí-lo ou a constrangê-lo.

A agressividade para Winnicott (2002) é entendida como "ingrediente" constitutivo do psiquismo infantil. Em um primeiro momento do desenvolvimento emocional primitivo, ela é sinônimo de atividade e de motilidade da criança. Em um segundo momento, a criança agride o ambiente – morder o seio da mãe, por exemplo – para verificar se ele sobrevive aos seus ataques, sobrevivência essa que possibilitaria o uso do objeto pelo indivíduo, ou seja, a possibilidade de se relacionar com a mãe e o mundo que o rodeia de forma saudável. Para Winnicott (2002), é a agressividade que cria a qualidade de externalidade, a possibilidade de se relacionar com o mundo externo, que é oposta ao autismo, por exemplo, quando o sujeito se torna incapaz de estabelecer vínculos com o outro. A agressividade expressa na forma de destrutividade aparece como decorrência de uma ambiência insuficientemente boa. Ela pode surgir na adolescência, como ressignificação da falta da mãe ambiente sofrida no momento em que a criança não estava ainda preparada para tanto: a criança teve uma experiência satisfatória durante o seu desenvolvimento emocional primitivo, a qual não foi repetida ou continuada, de forma a que uma longa separação do objeto-mãe pudesse ser suportada. Essa forma de destrutividade aparece, por exemplo, nos atos de furto ou mesmo de pichações, depredações etc. Segundo Winnicott, o que a criança quer com esses atos é reaver algo de bom que lhe foi "roubado" (pelo ambiente).

O que procuramos aqui demonstrar é que *a agressividade na forma de ataques destrutivos ao meio ambiente pode se explicar pela relação do sujeito já constituído com esse meio, quando não existe para ele um sentido no que diz respeito à proteção da natureza, ou seja, não existe um sentido na relação do indivíduo com a lei que "manda não destruir"*. Assim sendo, se a lei proibitiva da destruição ao meio ambiente aparece para ele como uma "intrusão" (Winnicott, 2000) e não como algo constitutivo, que faz sentido para o seu "ser no mundo", ou, utilizando a terminologia *winnicottiana*, algo que não é fruto de seu "processo criativo" (*apud* Abram, 2000) em face da "apresentação de objeto" (*apud* Abram, 2000) que o social lhe proporciona, ele não obedecerá a ela, pela falta de sentido nessa obediência.

É preciso, portanto, que a preservação do meio ambiente para as presentes e futuras gerações assuma um sentido para o indivíduo, para que ele possa defendê-la. Mas como concretizar essa ideia se se vive em um mundo em que o apelo de consumo é bastante significativo? Como trazer sentido para a preservação, se o apelo social é ambivalente, ou seja, ordena, ao mesmo tempo, preserve a natureza e consuma o máximo que puder! Dessa forma, *a agressividade contra o meio ambiente, na forma que vem sendo vivenciada por nós, pode ser entendida, utilizando-se a concepção winnicottiana, como uma tentativa do ambiente social de se haver com o discurso social, que é legitimado pelo discurso legal, sendo ambos ambíguos: preserve e consuma!* Se a lei for intrusiva, ou seja, não fizer sentido para o indivíduo, ele continuará procurando essa coerência, na forma de destruição do meio ambiente, na forma do consumo desenfreado, por exemplo. E isso potencializado pelo que Freud (1999) chama de "ganhos secundários", resultantes da postura dita "destrutiva", tendo em vista o conforto instantâneo que o consumo proporciona ao indivíduo.

Cumpre ressaltar que não estamos afirmando, no presente texto, que uma falha da mãe ambiente, durante o período do desenvolvimento emocional primitivo do bebê, fez com que o sujeito já constituído, ressignificando essa falta, agredisse o meio ambiente, aos moldes do que acontece com a delinquência juvenil. O que pretendemos defender é que o papel da ambiência como significativo para o indivíduo está presente em todas as etapas de sua vida e pode ser sempre atualizado, como acontece na forma da agressão ao meio ambiente.

É certo que a contradição entre consumir e preservar (a natureza) se cruza, se encontra e se choca por meio dos resultados de sua prática, o que não pode deixar de ser observado, elaborado e comentado criticamente pela via social. A partir da institucionalização da natureza como valor, "ser ambientalista" passou a ser "politicamente correto", passou a ser moda, divulgado pela mídia e, portanto, passou a existir para o mundo social também como eticamente correto, como algo bom. Assim sendo, as propagandas de consumo e aquelas envolvendo preservação passaram a ocupar, por vezes, concomitantemente os mesmos meios de comunicação, utilizando, mesmo que indiretamente, o discurso do desenvolvimento sustentável, que corresponde à ideia de conciliar os dois conceitos: consuma e preserve. Assim sendo, o exercício do ambientalismo exige "um senso crítico extremamente apurado": seria preciso, então, pensar no que se consome e em sua repercussão, exigindo, portanto, uma prática histórico-política associada à proteção ao meio ambiente, que deve ser anterior, a nosso ver, a prática do consumo de certos bens.

O chamado "ambientalismo" esconde, ainda, um falso consenso. As normas gerais de proteção ao meio ambiente, sejam elas morais ou jurídicas, não configuram medidas eficazes, em si, para sua proteção já que a mensagem de consumo sem critérios é transmitida, por vezes, pelo mesmo veículo de comunicação, conforme apontamos acima. É necessário, portanto, que se esclareça a população acerca de necessidades específicas de proteção ao meio ambiente e porque estas devem ser "normatizadas", tendo em vista o bem comum. Pensamos, a partir dessas reflexões, que seria necessário a implementação de uma espécie de "educação ambiental" dirigida à coletividade, comunidade esta que está incumbida constitucionalmente – de acordo com a CF/88, no seu art. 225, acima referido – de "defendê-la" e "preservá-la" para as presentes e futuras gerações. Mas, essa chamada "educação ambiental" deve fazer sentido para a coletividade que irá recebê-la. Em termos winnicottianos, diríamos que ela deve consistir na possibilidade de que se institua um "ato criativo de preservação" para cada cidadão brasileiro. Pensamos não em um sentido que se construa em torno de uma ideia negativa, ou seja, em torno da sanção decorrente de uma norma proibitiva que levará a uma punição, caso venha a ser descumprida. Pensamos em um sentido que se construa a partir de uma ideia positiva, um sentido constitutivo, amplo e consciente que se dê por meio da observância das normas-princípios do direito ambiental: princípio da prevenção, precaução, desenvolvimento sustentável, proibição de retrocesso ecológico, responsabilidade e educação ambiental, entre outros.

Os referidos princípios foram inseridos no ambiente social pela coletividade global, como podemos verificar pelo teor das grandes convenções sobre o meio ambiente – Estocolmo, 1972; Rio, 2002, e muitas outras – criadas por intermédio ou iniciativa da própria coletividade, tendo em vista propiciar aos seus filhos – futura geração – a possibilidade de uma vida ecologicamente saudável.

Essa tarefa, que podemos chamar de psicopedagógica, configuraria, a nosso ver, um subsídio imprescindível para a formação de uma consciência ética na relação com o meio ambiente.

15

Aspectos Psicológicos da Proteção Jurídica ao Idoso

15.1. A proteção do idoso na Constituição de 1988 e no Estatuto do Idoso, de 2003

A melhoria da qualidade de vida da população em geral atinge todas as faixas etárias e gera longevidade como um de seus benefícios principais. A sociedade precisa estar preparada para a velhice e o envelhecer (Oliveira, 2014).

As relações sociais e o bem-estar subjetivo do idoso e o envelhecimento em contextos diferenciados são objeto de estudo da psicologia jurídica, porque é tema cada vez mais presente no cotidiano das grandes cidades, assim como do ambiente rural. Cada indivíduo envelhece de maneira diferenciada, na singularidade de suas condições genéticas, ambientais, familiares, sociais, educacionais, históricas e culturais.

Temas como a sexualidade, a espiritualidade e a religião do idoso, aspectos psicossociais da terceira idade, tais como amizades e relações sociais, problemática da mudança de vida, o lazer e o tempo livre dos idosos, os prestadores de cuidados, a violência, os maus-tratos, a exclusão e a solidão devem ser tratados com seriedade.

A proteção jurídica ao idoso foi estabelecida na CF/88 (art. 229), concomitantemente à proteção de outros segmentos específicos e/ou vulneráveis da sociedade, como a criança e o adolescente, o índio (art. 215, § 1º), o afro-brasileiro (art. 215, § 2º), além de normas que estabeleceram uma leitura e proteção atualizadas de outras instituições jurídicas, especialmente a família.

A Pesquisa Nacional por Amostra de Domicílios (PNAD) de 2017 aponta que 14,6% da população brasileira tem 60 anos ou mais de idade, o que corresponde a 30,3 milhões de pessoas.

No entanto, a proteção ao idoso por meio do seu estatuto específico se deu somente em 2003, muito depois do surgimento do Estatuto da Criança e do Adolescente de 1990, dois anos depois de promulgada a Constituição Federal.

É certo que a Constituição vigente conferiu grande avanço no que diz respeito à cidadania do idoso. O Estatuto do Idoso criou um sistema de ampla proteção às pessoas com mais de 60 anos, inclusive com importantes medidas preventivas.

Além da proteção do idoso estar presente de forma indireta no art. 1º, III, quando a dignidade da pessoa humana aparece como fundamento constitucional, consta no art. 3º como objetivo fundamental da República, no sentido de promover o bem de todos, sem preconceito ou discriminação em face da idade.

A Declaração de Direitos Humanos estabeleceu a necessidade de proteção ao idoso, a qual foi recepcionada pela CF/88. O art. 229 da CF estabelece deveres específicos dos filhos para com os pais, no sentido de que os filhos maiores têm o dever de ajudar e amparar os pais na velhice, carência ou enfermidade. Também o art. 230 determina que a família, a sociedade e o Estado têm o dever de amparar as pessoas idosas. Assegura sua participação na vida comunitária, defende sua dignidade e bem-estar.

O direito à vida não significa apenas o direito à longevidade, mas sim o envelhecimento com dignidade, proteção e inserção social. No que tange ao direito à liberdade, esta deve se efetivar por meio de garantias econômicas efetivas promovidas pelo Estado, especialmente por meio de prestações previdenciárias e assistenciais.

Já o direito à igualdade importa assegurar ao idoso as mesmas condições das demais faixas etárias sociais, atendendo às suas especificidades, é claro, como o acesso ao emprego e ao próprio sustento.

Importante aspecto protetivo presente na CF/88 são os arts. 127 e 129, que reservam ao Ministério Público a defesa dos direitos coletivos da sociedade, incluindo os dos idosos. No âmbito individual de proteção jurídica, os idosos devem contar com o apoio da Defensoria Pública, prevista no art. 134.

A Constituição assegura a proteção via assistência social àqueles não integrados no sistema de previdência social, de acordo com os arts. 203, V, e 204. Prevê, ainda, a garantia do salário mínimo ao idoso que não puder prover sua própria manutenção ou tê-la assegurada por sua família. Tal benefício é intitulado *benefício de prestação continuada*, antigamente chamado de *pensão vitalícia*.

O idoso, assim como a criança e o adolescente, tem direito a morar no seio de sua família, sempre que possível. Caso não o seja, por razões de ordem econômica, de saúde etc., terá direito a ser abrigado. Esses direitos aparecem como medidas protetivas no Estatuto do Idoso que serão fiscalizadas pelo Poder Público. Cumpre ressaltar que o idoso abrigado em asilo, mesmo que o abrigamento não implique qualquer custo para ele, tem direito a receber o benefício de prestação continuada.

Ao idoso com mais de 65 anos é assegurado o acesso ao transporte intramunicipal gratuito, assim como redução nas passagens intermunicipais e interestaduais.

O Poder Público estabelecerá varas específicas para o atendimento dos idosos, que terão o Ministério Público como *custos legis*, assim como responsável pela Ação Pública, tendo em vista a proteção de seus direitos.

Em linhas gerais, essas são as principais proteções ao idoso, presentes na Constituição Federal e no Estatuto do Idoso. Referimo-nos a elas porque, além de envolverem uma proteção essencialmente jurídica, conferem ao idoso também proteção no que diz respeito à sua saúde psíquica.

O simples fato de a Constituição se ocupar em protegê-lo e efetivar essa proteção por meio do Estatuto do Idoso confere a este autoestima e a certeza do seu valor individual e social como cidadão dentre os demais cidadãos brasileiros de outras faixas etárias.

Importante, também, o envolvimento de escolas e de instituições de ensino superior, das perspectivas informal e formal, no intuito de conhecer as necessidades do idoso, assim como as possibilidades de contribuição em meio às atividades sociais e laborais do cotidiano de onde eles vivem.

O Conselho Nacional de Educação, na Resolução n. 9/2004, estabelece uma série de diretrizes a serem seguidas pelas instituições de ensino superior. Entre elas se encontram as atividades complementares de extensão, que envolvem diretamente o tratamento ao idoso. Também temos muitos Trabalhos de Conclusão de Curso, nas mais diversas áreas do saber, que se preocupam com as necessidades e contribuições que os idosos podem fornecer à coletividade e que a coletividade pode fornecer a estes.

Assim como houve uma mudança de paradigma relativamente à pessoa com deficiência, também o idoso foi contemplado com mudança de paradigma semelhante. Ele que, antes, tinha de se adequar ao âmbito social, hoje possui lugar privilegiado e condição digna diante da sociedade. Isso pode ser visto claramente nas filas em geral, nos locais de estacionamento, no atendimento prioritário, dentre outros.

15.2. Aspectos psicológicos diretamente envolvidos na proteção jurídica ao idoso

No que diz respeito ao enlace entre o Direito e a Psicologia relativamente à proteção ao idoso, temos que o estabelecimento de normas de índole constitucional e infraconstitucional que conferem ao idoso uma proteção específica, assim como o incremento de sua autoestima e segurança, torna-o sujeito de direito e retira-o da condição de vulnerável e da dependência do assistencialismo. As normas são especialmente direcionadas à proteção de sua dignidade como pessoa. Portanto, fazer com que o idoso tome conhecimento de seus direitos torna-se, por si só, um grande passo no caminho para que ele se sinta apto a lutar e gozar dos direitos de que dispõe.

A produção de cartilhas, que tornam a letra da lei palatável, assim como conversas e palestras com assistentes sociais, psicólogos, advogados, enfim, com os profissionais envolvidos na defesa dos seus direitos, configura um importante mecanismo de transmissão de informações e de apoio ao idoso. Nessas conversas e palestras, a inclusão das famílias ou de membros da família do idoso que sejam afetivamente mais próximos dele é muito importante, não somente pela possibilidade de o familiar traduzir para o idoso as informações que não lhes sejam claras, como para que o familiar, ele mesmo, tome conhecimento dos direitos do idoso e das possibilidades de auxiliá-lo.

A participação da família no cotidiano do idoso, na medida de suas possibilidades, é imprescindível para que ele se sinta parte útil da família. A ele podem ser delegadas tarefas, como cuidar das crianças quando os pais não estiverem disponíveis, passar-lhes ensinamentos, ou seja, a transferência dos saberes de uma geração a outra, e muitas outras atividades. Ser responsável por afazeres domésticos adequados a sua idade e disposição física faz com que o idoso se sinta produtivo, promovendo sua saúde física e psíquica.

A facilitação no sentido de possibilitar o desempenho de atividades de lazer, como dança, ginásticas, prática de esportes, viagens etc., dispondo de seus próprios meios financeiros e seguindo suas próprias escolhas dentre as muitas possibilidades que se lhes apresentem, também é uma conquista jurídica que transborda para o âmbito da saúde psíquica do idoso. Ter recursos financeiros para implementar sonhos – viagens, cursos etc. – que antes não eram possíveis por conta do trabalho, de dinheiro ou de algum outro impedimento, faz com que o idoso experimente a chamada "terceira idade" não como um período de vida em que não se pode mais construir, mas sim como um tempo em que se pode realizar projetos únicos, apoiados especialmente na lei, que os facilita.

O idoso, na cultura ocidental, foi por muito tempo tratado como uma espécie de "estorvo", inútil, alguém de quem se deve cuidar e que não pode contribuir com nada nas tarefas cotidianas da família. Essa mentalidade está sendo modificada, em parte, por conta das novas leis protetivas dos interesses dos idosos ou, como muitos defendem, é a mentalidade que está se modificando – diante do envelhecimento e da sobrevida cada vez mais longa das pessoas – e é essa mudança que "fabrica" as leis, para legitimá-las e conferir suporte à implementação dos direitos.

De qualquer forma, quando a lei e a sociedade, assim como a família e as instituições envolvidas com o papel do idoso na atualidade, cumprem seus papéis e suas funções, é provável que o bem-estar físico e psíquico do idoso estará assegurado, diante das ameaças e fatalidades que o próprio envelhecimento traz consigo, como doenças, impossibilidades físicas e psíquicas etc.

Especialmente com o avançar da idade e a diminuição das aptidões para a prática das incumbências do dia a dia, torna-se necessária a atuação do Estado e da família, com o apoio de instituições e de especialistas, conforme determina a lei, tendo em vista manter a dignidade da pessoa humana como prioridade, ou seja, seu bem-estar físico e psíquico na melhor medida de suas possibilidades.

16

O Estatuto da Pessoa com Deficiência: O Impacto das Novas Diretrizes acerca da Efetiva Inclusão e Tratamento Igualitário para as Pessoas com Deficiência

No Brasil, em 2019, de acordo com dados do IBGE, existiam 45,6 milhões de pessoas com algum tipo de deficiência. O percentual corresponde a quase 25% da população, e a maioria vive em áreas urbanas. Os números apontam a necessidade de mudanças no que diz respeito ao tratamento das pessoas com deficiência. A Convenção de Nova York deu um importante passo no âmbito internacional, e a Lei da Inclusão da Pessoa com Deficiência tornou mais próximo de nós, pelo menos da perspectiva formal, a possibilidade de efetivação das modificações necessárias.

O Estatuto protege a pessoa com deficiência em vários âmbitos da vida social: educação, trabalho, saúde, transporte, acessibilidade e lazer. A lei proíbe a cobrança de valores adicionais em matrículas e mensalidades de instituições de ensino privadas; sujeita quem impedir ou dificultar o ingresso de pessoa com deficiência em planos privados de saúde a pena de dois a cinco anos de detenção, além de multa, e aplica a mesma punição a quem negar emprego, recusar assistência médico-hospitalar ou não observar outros direitos em razão de ser pessoa com deficiência.

A lei também amplia a oferta de empregos a pessoas com deficiência, já que o Estatuto determina que as empresas de exploração de serviço de táxi reservem 10% de suas vagas para condutores nessas condições. Antes, o percentual de vagas em estacionamentos públicos era de apenas 2%, mas a nova lei garante aos portadores de deficiência no mínimo uma vaga em estacionamentos menores. Também 10% dos dormitórios de hotéis e pousadas devem ser acessíveis a pessoas com deficiência.

Importante inovação diz respeito à possibilidade de o trabalhador com deficiência recorrer ao FGTS quando receber prescrição de prótese ou órtese para promover sua acessibilidade.

O preconceito é punido com detenção de um a três anos para aqueles que praticarem, induzirem ou incitarem discriminação de pessoa em razão de sua deficiência, e reclusão de um a quatro anos para quem se apropriar de bens, proventos, pensão, benefícios, remuneração ou qualquer outro rendimento de pessoa com deficiência ou desviá-los. A lei também caracteriza como crime de preconceito negar emprego, educação e atendimento de saúde.

16.1. A Convenção de Nova York: um grande passo no caminho da inclusão

O Estatuto da Pessoa com Deficiência entrou em vigor no final de 2015. Foi resultado de uma longa luta pela inclusão e possibilidade de tratamento igualitário à pessoa humana, conforme estabelecido no *caput* do art. 5º da CF/88. Esta, por sua vez, recepcionou a Convenção Internacional sobre os Direitos das Pessoas com Deficiência, homologada pela Organização das Nações Unidas em dezembro de 2006.

A Convenção das Nações Unidas de 2006 visa conferir às pessoas com deficiência o direito a uma vida digna, contando com o apoio da sociedade no sentido de eliminar barreiras que impeçam ou dificultem a alguns cidadãos usufruir de espaços e atividades, seja nas cidades, seja no meio rural, acessíveis àqueles que não possuem os mesmos impedimentos físicos ou mentais.

A referida Convenção estabelece regras indicadoras dos meios para a promoção da autonomia e da independência dos indivíduos, diante do compromisso dos Estados-Partes de implementar medidas hábeis a assegurar a integração de pessoas com deficiência às comunidades a que pertencem.

O Brasil se tornou signatário da Convenção Internacional sobre os Direitos das Pessoas com Deficiência e de seu Protocolo Facultativo em março de 2007.

A promulgação dos termos da Convenção e do Protocolo deu-se por meio do Decreto n. 6.949/2009. A Convenção de Nova York configura tratado de Direitos Humanos que, obedecendo aos ditames do art. 5º, § 3º, da CF/88, alcançou o *status* de Direito Fundamental.

A partir de então, iniciou-se o movimento, na esfera legislativa, com a proposta de vários projetos de lei para regulamentar e efetivar os Direitos Fundamentais estabelecidos na Convenção, que culminaram, no âmbito federal, na Lei n. 13.146/2015, conhecida como Estatuto da Pessoa com Deficiência ou Lei Brasileira de Inclusão da Pessoa com Deficiência.

O Estatuto regulamentou diversas matérias ligadas ao dia a dia de pessoas com deficiência e inseriu em seu bojo muitas das diretrizes oriundas da Convenção Internacional. Para tanto, foi necessário tratamento legal interdisciplinar, que envolveu a alteração de leis vigentes, assim como o acréscimo de direitos até então não contemplados pela legislação brasileira.

16.2. Da Lei da Reforma Psiquiátrica à Lei de Inclusão da Pessoa com Deficiência

Pode-se afirmar que a Lei n. 10.216/2001, conhecida como "Lei da Reforma Psiquiátrica", foi precursora da Lei n. 13.146/2015, denominada Estatuto da Pessoa com Deficiência, muito embora esta seja mais abrangente que aquela. A também chamada "Lei da Luta Antimanicomial" tem como destinatárias apenas pessoas com deficiência específica (deficiência mental, em sentido amplo); já o Estatuto abarca todos os tipos de deficiência (física e mental, também em sentido amplo).

Os direitos garantidos pela Lei n. 10.216/2001, de certa forma, fizeram com que o Estatuto de 2015 se tornasse necessário, no sentido de implementar o novo paradigma social e jurídico direcionado a "pessoas acometidas de transtorno mental" (art. 1º da Lei n. 10.216/2001), também chamado "portador" de transtorno mental (art. 2º, parágrafo único): o paradigma da inclusão ou do tratamento isonômico entre pessoas com ou sem deficiência.

A pessoa humana não deve ser identificada ou estigmatizada pela sua deficiência, não deve ter sua capacidade e seus direitos reduzidos por conta de um condicionamento físico e/ou mental que lhe coloca em posição de desvantagem no contexto da equidade individual e da acessibilidade social.

A inclusão da pessoa com transtorno mental é potencializada pelo discurso da "luta antimanicomial", plasmada na Lei n. 10.216/2001 por meio de seu art. 4º, ao determinar que a internação, em qualquer de suas modalidades, só será indicada quando os recursos extra-hospitalares se mostrarem insuficientes. Para tanto, foram criados hospitais-dia, residências terapêuticas, assim como outros mecanismos de inclusão pela via das Políticas Públicas e da iniciativa de Organizações não Governamentais (ONGs).

Depois da Convenção de Nova York e do advento do Estatuto, a nomenclatura utilizada é pessoa "com" e não mais "portadora" de deficiência. A mudança se deu pelo fato de que o termo "portador" induz ao entendimento de que a pessoa pode "portar" (carregar consigo) ou não a deficiência, como se houvesse possibilidade de escolha ou uma transitoriedade necessária da deficiência, o que não se aplica às pessoas "com" deficiência. A deficiência está nelas. Isso não significa, em absoluto, que a pessoa deva ser identificada pela sua deficiência, conforme afirmamos acima. Lembre-se que todo ser humano deve ser sujeito de direitos e deveres e que o tratamento digno e isonômico deve se estender a todos.

A "Lei da Luta Antimanicomial" era insuficiente, mas podemos dizer que propiciou um passo preliminar, que se concretizou com o Estatuto da Pessoa com Deficiência. Isso porque a lei assegurou às pessoas com deficiência mental os direitos de raça, cor, credo, orientação sexual e família, dentre outros (art. 1º da Lei). No entanto, as medidas a serem tomadas para a efetivação dos direitos protegidos eram ainda "protetivas" e "assistencialistas".

A Lei n. 13.146/2015, ao contrário, enfatiza a "liberdade" e "autonomia", na medida de suas possibilidades, à pessoa com transtorno ou deficiência mental/psíquica e às pessoas com deficiências físicas. Regulamenta a Convenção de Nova York, da qual o Brasil é signatário, e visa, além da promoção da autonomia individual, a liberdade e a "acessibilidade".

Tendo em vista a efetivação dos direitos da pessoa com deficiência, nos moldes do paradigma da inclusão, da igualdade, da autonomia e da acessibilidade, a Lei n. 13.146/2015 importou na alteração de vários dispositivos do CC de 2002, o que repercutiu, por sua vez, no novo CPC de 2015, que entrou em vigor no início de 2016.

16.3. O novo paradigma inclusivo: as principais alterações na legislação infraconstitucional provocadas pelo advento do Estatuto da Pessoa com Deficiência

As principais alterações sofridas pelo CC com a entrada em vigor da Lei n. 13.146/2015 dizem respeito aos institutos jurídicos da "capacidade" e da "curatela". Isso porque a nova lei criou o instituto jurídico da "tomada de decisão apoiada" como importante inovação, para dar cabo à efetivação do novo paradigma inclusivo.

No entanto, algumas das alterações são criticadas, pelo fato de a lei não haver introduzido um regime de transição no que diz respeito às pessoas com deficiência que são atualmente consideradas incapazes e já curateladas. Além disso, a entrada em vigor do atual CPC afeta sobremaneira artigos recentemente reformados do CC, apontando para uma verdadeira falta de sintonia entre importantes leis, o que pode gerar grandes dificuldades para aqueles que trabalham no cotidiano jurídico e, especialmente, para aqueles que necessitam da proteção legal.

No que diz respeito à área civil, houve importantes modificações relativamente às regras de aferição da incapacidade e seus efeitos, assim como acerca do instituto da curatela, conforme afirmado acima. De forma inovadora, o Estatuto dissocia as noções de "deficiência" e de "incapacidade", para atender ao princípio da igualdade constitucional inserida no *caput* do art. 5º, e estabelece que a pessoa com deficiência é sujeito com plena capacidade legal.

A nova concepção de pessoa com deficiência como sujeito plenamente capacitado gera importantes modificações no instituto da curatela, que foram influenciadas, por sua vez, pela criação da denominada "tomada de decisão apoiada". A inserção do novo paradigma de inclusão gerou, enfim, a necessidade de adequação do CC de 2002 e do CPC de 2015 aos novos moldes de inclusão pela via da autonomia.

16.3.1. A tomada de decisão apoiada

A "tomada de decisão apoiada" configura instituto personalizado, tendo em vista a consecução das necessidades existenciais da pessoa, em oposição ao modelo limitador da capacidade de agir (Rosenvald, 2016). Esta se estende às pessoas com deficiências de ordem física, intelectual e psíquica.

Dessa forma, pessoas com deficiências mental, física, intelectual ou sensorial que não possam se expressar e agir no cotidiano como aquelas que não estão na mesma situação, podem valer-se desse novo instituto jurídico, acrescentado ao nosso ordenamento jurídico ao lado da curatela. Isso porque a pessoa com diferentes níveis de incapacidade pode recorrer a institutos jurídicos diversos:

a. a pessoa com redução na capacidade de compreensão, decisão e ação pode valer-se da "tomada de decisão apoiada";

b. aquele com severa redução da mesma capacidade pode utilizar-se da "curatela".

O CC estabelece, em seu art. 1.783-A, incluído pela Lei n. 13.146/2015, que a tomada de decisão apoiada configura processo segundo o qual *a pessoa com deficiência elege pelo menos duas pessoas idôneas, com as quais mantenha vínculos e que gozem de sua confiança, para prestar-lhe apoio na tomada de decisão sobre atos da vida civil*. A própria pessoa com deficiência escolhe as pessoas que irão *prestar-lhe apoio na tomada de decisão sobre atos da vida civil, fornecendo-lhes os elementos e informações necessárias para que possa exercer sua capacidade*.

O CC vigente é bem claro, ao explicar a forma e o conteúdo do termo apresentado pelos apoiadores. Assim sendo, o art. 1.783-A (incluído pela Lei n. 13.146/2015) estabelece, em seus §§ 1º e 2º, que:

§ 1º Para formular pedido de tomada de decisão apoiada, a pessoa com deficiência e os apoiadores devem apresentar termo em que constem os limites do apoio a ser oferecido e os compromissos dos apoiadores, inclusive o prazo de vigência do acordo e o respeito à vontade, aos direitos e aos interesses da pessoa que devem apoiar.

§ 2º O pedido de tomada de decisão apoiada será requerido pela pessoa a ser apoiada, com indicação expressa das pessoas aptas a prestarem o apoio previsto no *caput* deste artigo.

Cumpre ressaltar que *a tomada de decisão apoiada não implica representação da pessoa com deficiência, mas sim acompanhamento e apoio;* é instituto jurídico novíssimo, e o apoio se estende às decisões acerca de contratos ou negócios, declarações, assunção de compromissos, decisões e somente questões que encerrem importância econômica ou patrimonial.

O art. 1.783-A do CC, em seu § 3º, esclarece a necessidade de apoio de equipe multidisciplinar e oitiva do Ministério Público, de forma que, "antes de se pronunciar sobre o pedido de tomada de decisão apoiada, o juiz, assistido por equipe multidisciplinar, após oitiva do Ministério Público, deverá ouvir pessoalmente o requerente e as pessoas que lhe prestarão apoio.

Também limita expressamente a atuação do apoiador, colocando o Estado como vigilante para evitar abusos deste em relação ao apoiado.

O § 5º do mesmo artigo determina que terceiro com quem a pessoa apoiada mantenha relação negocial pode solicitar que os apoiadores contra-assinem o contrato ou acordo, especificando, por escrito, sua função em relação ao apoiado.

O § 6º determina que, em caso de negócio jurídico que possa trazer risco ou prejuízo relevante, havendo divergência de opiniões entre a pessoa apoiada e um dos apoiadores, deverá o juiz, ouvido o Ministério Público, decidir sobre a questão. Além disso, se agir com negligência, exercer pressão indevida ou não adimplir as obrigações assumidas, o apoiador poderá ser destituído (§§ 7º e 8º do art. 1.783-A do CC).

16.3.2. Os institutos pertencentes ao novo sistema de capacidades: compreendendo a repercussão das modificações no CC e no CPC

Para compreender a repercussão das modificações no CC e no atual CPC, imperativo se torna abordar o alcance de importantes institutos ora pertencentes ao novo sistema de capacidades, especialmente a "curatela" e a "tomada de decisão apoiada", assim como apontar a necessidade de exclusão, modificação ou deslocamento de outros, como a "carência de discernimento" ou o "discernimento reduzido" e a "causa transitória" dada a mudança de paradigma inserido no ordenamento jurídico brasileiro, que antes excluía a possibilidade de a pessoa com deficiência ser sujeito de direito pleno no que tange à sua vida pessoal e ao convívio social.

O novo sistema de incapacidades alterou a redação dos arts. 3º e 4º do CC de 2002. Isso porque o art. 3º do referido Código estabelecia que a incapacidade absoluta era atribuída:

a. aos menores de 16 anos;

b. aos que careciam de discernimento para a prática dos atos da vida civil, em razão de enfermidade ou deficiência mental; e

c. aos que não pudessem exprimir sua vontade, mesmo que por causa transitória.

Após o advento da Lei de Inclusão da Pessoa com Deficiência, persiste apenas o impedimento relativo ao critério etário, ou seja, aos menores de dezesseis anos. Assim sendo, *a deficiência não constitui mais fundamento legal que implique incapacidade absoluta.*

O art. 4º do CC, com as alterações inseridas pelo Estatuto, excluiu a previsão de "incapacidade por discernimento reduzido", proveniente de deficiência mental ou desenvolvimento mental incompleto. No entanto, a hipótese de impossibilidade de exprimir a vontade, por causa transitória ou não, é incluída no rol das incapacidades relativas.

No que diz respeito à nova disposição acerca das incapacidades, importante o conteúdo do art. 84 e parágrafos e também artigos a ele seguintes, todos do Estatuto da Pessoa com Deficiência. De acordo com essas disposições, *a pessoa com deficiência tem assegurado o direito ao exercício de sua capacidade legal em igualdade de condições com as demais pessoas.* Ressalta, então, que:

a. quando necessário, a pessoa com deficiência será submetida à curatela, conforme a lei;

b. é *facultada* à pessoa com deficiência a adoção de processo de tomada de decisão apoiada;

c. a definição de curatela de pessoa com deficiência constitui medida protetiva extraordinária, proporcional às necessidades e às circunstâncias de cada caso, e durará o menor tempo possível;

d. os curadores são obrigados a prestar, anualmente, contas de sua administração ao juiz, apresentando o balanço do respectivo ano.

O art. 85 e parágrafos dão sequência ao controle e restrições do Estado no sentido de tornar eficaz a inclusão da pessoa com deficiência, ao determinar que a curatela afetará somente os atos relacionados aos direitos de natureza patrimonial e negocial; esclarecem, ainda, que:

a. a definição de curatela não alcança o direito ao próprio corpo, à sexualidade, ao matrimônio, à privacidade, à educação, à saúde, ao trabalho e ao voto;

b. a curatela constitui medida extraordinária, devendo constar da sentença as razões e motivações de sua definição, preservados os interesses do curatelado;

c. no caso de pessoa em situação de institucionalização, ao nomear curador, o juiz deve dar preferência a pessoa que tenha vínculo de natureza familiar, afetiva ou comunitária com o curatelado.

Importante o art. 86 no que diz respeito à emissão de documentos oficiais: "não será exigida a condição de curatelado para a pessoa com deficiência".

O art. 87 determina que, em casos de relevância e urgência e a fim de proteger os interesses da pessoa com deficiência em situação de curatela, será lícito ao juiz, desde que ouvido o Ministério Público, de ofício ou a requerimento do interessado, nomear, desde logo, curador provisório, o qual estará sujeito, no que couber, às disposições do CPC.

No que diz respeito à impossibilidade de se exprimir a vontade, circunstância motivadora de incapacidade relativa, o art. 1.767 do CC passa a contemplar também as causas transitórias como hábeis a ensejar a incidência da curatela.

Outra importante modificação inserida no art. 1.768 do CC diz respeito à exclusão da palavra "interdição", que foi substituída pela expressão "o processo que define os termos da curatela" para indicar o instrumento processual cabível, de acordo com a nova dicção do sistema de incapacidades.

16.3.3. A dissonância entre as normas inseridas no Código Civil e as normas do atual CPC: os reflexos da falta de concatenamento legislativo

As modificações no CC geraram divergências, especialmente quando confrontadas com as novas regras inseridas no atual CPC. Dentre os pontos conflitantes que provocam dubiedades entre a legislação de direito material e a de direito processual, destacam-se:

a. O fato de o art. 1.072, II, do atual CPC (Lei n. 13.105/2015) revogar expressamente o art. 1.768 do CC vigente. O referido artigo elencava o rol de legitimados para o pedido de curatela e já recepcionava as mudanças inseridas no Estatuto da Pessoa com Deficiência.

b. Também, de acordo com Flávio Tartuce (2015), o inciso IV do art. 1.768 do CC teria vigência até a entrada em vigor do atual CPC, que, em seu art. 747, não prevê a hipótese de curatela requerida pela própria pessoa. Além disso, o art. 747 do atual CPC utiliza o termo "interdição" para, em seguida, apontar o rol de legitimados para a promoção da ação, enquanto o art. 1.768 do CC utiliza expressão mais adequada à sistemática atual, decorrente das diretrizes presentes no Estatuto da Pessoa com Deficiência, ao estabelecer que: "o processo que define os termos da curatela deve ser promovido por (...)".

c. O atual CPC exclui a legitimidade da própria pessoa que deseja se submeter à curatela para propor o pedido em juízo, possibilidade que foi incluída no CC após o advento do Estatuto da Pessoa com Deficiência. Mantém, no entanto, as regras do CC atinentes à instrumentalização desse mesmo processo, ou seja, "da tomada de decisão apoiada" (arts. 1.783-A e seguintes do CC).

d. A avaliação da pessoa que quer se submeter à curatela é ponto divergente entre as regras do atual CPC e as alterações sofridas pelo CC após o

Estatuto. Isso porque o CC, em seu art. 1.771, dispõe que a pessoa com deficiência "deverá" ser entrevistada pessoalmente por uma equipe multidisciplinar, enquanto o atual CPC determina que a pessoa "poderá" ser entrevistada por uma equipe multidisciplinar. Ao escolher o verbo "poderá" em vez de "deverá", o legislador amplia sobremaneira a margem de discricionariedade do juiz, ao mesmo tempo que diminui as chances de uma avaliação adequada e de uma resposta jurídica apropriada a cada caso concreto. Isso porque, de acordo com o atual CPC, a avaliação por equipe multidisciplinar ocorrerá de acordo com "a conveniência e oportunidade constatadas pelo juiz". Assim sendo, somente nos casos de futura apreciação por instância jurídica superior a decisão acerca da necessidade de avaliação por equipe multidisciplinar poderá ser modificada. No entanto, a entrevista é de suma importância, porque é nela que se vai avaliar, por meio de questionamentos acerca do cotidiano do interditando em seu ambiente doméstico, como ele se relaciona com seus familiares e amigos, seu lazer, formação, trabalho, além de como ele administra seus negócios e seu patrimônio. O objetivo da entrevista é orientar o convencimento do juiz quanto à capacidade para a prática de atos da vida civil. Também de acordo com o § 4º do art. 751 do atual CPC, é autorizada a oitiva de parentes e pessoas próximas, além da entrevista.

e. Importante dispositivo do atual CPC diz respeito ao "dever" do juiz de se deslocar até o local da entrevista em caso de incapacidade de deslocamento por parte do interditando (§ 1º do art. 751 do atual CPC). Nota-se, nesse mesmo dispositivo legal, a busca do legislador no sentido de aproveitar o máximo possível a entrevista, com a possibilidade de acompanhamento de especialista na ocasião, assim como o emprego de recursos tecnológicos capazes de permitir ou auxiliar o interditando a expressar suas vontades e preferências e responder às perguntas formuladas (§§ 2º e 3º do art. 751 do atual CPC).

f. Chama-se a atenção para o fato de que o CC alterou seu art. 1.772 para dar vazão ao objetivo de promover isonomia e tratamento digno às pessoas com deficiência. Essa postura, no entanto, não é seguida pelo atual CPC. O art. 1.772, parágrafo único, do CC estabelece que, "para a escolha do curador, o juiz levará em conta a vontade e as preferências do interditando, a ausência de conflito de interesses e de influência indevida, a proporcionalidade e a adequação às circunstâncias da pessoa".

g. Quanto aos limites do poder do curador, a redação do artigo do CC alterada pelo Estatuto disciplina que (art. 1.772) o juiz determinará, segundo as potencialidades da pessoa, os limites da curatela, circunscritos às restrições constantes do art. 1.782, e indicará curador. De acordo com o atual CPC (art. 753), decorrido o prazo previsto no art. 752 (que é de 15 dias contados da entrevista), o juiz determinará a produção de prova pericial para a avaliação da capacidade do interditando para praticar atos da vida civil. A perícia pode ser realizada por equipe composta por expertos com formação multidisciplinar (§ 1º do art. 753). O laudo pericial indicará especificamente, se for o caso, os atos para os quais haverá necessidade de curatela (§ 2º do art. 753).

Importante frisar que as alterações do CC de 2002 em decorrência do Estatuto da Pessoa com Deficiência, de 2015, tiveram como consequência a intenção de revogar diversos dispositivos recentemente alterados pelo atual CPC relativamente à curatela, tendo em vista unificar o trato jurídico do tema em apenas uma codificação. No entanto, a revogação não ocorreu, o que torna imprevisível a forma como o direito material e o processual se compatibilizarão.

Nesse sentido, a doutrina (Didier, 2015) afirma que o legislador pecou ao não se ater à possibilidade de revogação de artigos recém-alterados no CC de 2002 por uma lei de 2015, mesmo ano da promulgação do atual CPC. As leis deveriam estar em "sintonia de propósitos", assim como "ser interpretadas de modo a dar coerência ao sistema".

Pensamos que a coerência do sistema será construída paulatinamente; com necessidade de decidir os casos concretos, jurisprudência, doutrina e legislação deverão encontrar um ponto de conexão possível, tendo como referencial maior a inclusão da pessoa com deficiência seguindo os ditames da Convenção de Nova York e do Estatuto da Pessoa com Deficiência.

A necessidade de uma equipe multidisciplinar, na qual se incluem os psicólogos, que deverão avaliar junto aos seus colegas a melhor forma de inclusão da pessoa com deficiência, já é fato na lei, na doutrina e na jurisprudência. Amplia-se, dessa forma, cada vez mais o papel efetivo do psicólogo no âmbito do Direito.

16.4. O novo paradigma inclusivo na jurisprudência do Supremo Tribunal Federal: a Ação Direta de Inconstitucionalidade (ADI) 5.357

A ADI 5.357 foi ajuizada pela Confederação Nacional dos Estabelecimentos de Ensino (Confenen) ainda no ano de 2015 – antes da entrada em vigor da lei –, tendo em vista a concessão de liminar para tornar inconstitucionais dispositivos do Estatuto da Pessoa com Deficiência que tratam de obrigações dirigidas às escolas particulares.

A Confenen queria a suspensão da eficácia do § 1º do art. 28 e do *caput* do art. 30 da Lei n. 13.146/2015, que estabelecem obrigações, no sentido de as escolas privadas promoverem a inserção de pessoas com deficiência no ensino regular e prover as medidas de adaptação necessárias sem que o ônus financeiro seja repassado aos familiares (mensalidades, anuidades e matrículas).

A Confenen argumentou no sentido de que a lei em apreço exigia medidas de alto custo econômico para as escolas privadas, apontando que estas violavam vários dispositivos constitucionais, dentre eles o art. 208, III, que prevê como "dever do Estado o atendimento educacional aos deficientes", agora chamados "pessoas com deficiência".

Em 9 de junho de 2016, o Plenário do Supremo Tribunal Federal julgou a ADI, declarando constitucionais as normas do Estatuto da Pessoa com Deficiência.

O relator da ação, Ministro Edson Fachin, posicionou-se no sentido de que diversos dispositivos da CF/88, assim como a Convenção Internacional sobre os Direitos das Pessoas com Deficiência, incorporada ao ordenamento jurídico brasileiro com *status* equivalente ao de emenda constitucional, de acordo com o rito previsto no § 3º do art. 5º da CF/88, dispõem sobre a proteção da pessoa com deficiência. Para Fachin, "ao menos neste momento processual", os dispositivos da lei impugnada atendem aos ditames constitucional e internacional, no sentido de proteção e ampliação progressiva dos direitos fundamentais das pessoas com deficiência.

O Ministro argumenta, ainda, que, "se é certo que se prevê como dever do Estado facilitar às pessoas com deficiência sua plena e igual participação no sistema de ensino e na vida em comunidade, bem como, de outro lado, a necessária disponibilização do ensino primário gratuito e compulsório, é igualmente certo inexistir qualquer limitação da educação das pessoas com deficiência a estabelecimentos públicos ou privados que prestem o serviço público educacional".

Acrescenta que, mesmo sendo o serviço público livre à iniciativa privada, não significa que os agentes econômicos que prestam o serviço possam fazê-lo de forma ilimitada ou sem a assunção de responsabilidades.

Para o Ministro, a inclusão da pessoa com deficiência, de acordo com a Constituição, aplica-se a todos os agentes econômicos. Haveria um verdadeiro "perigo inverso" na concessão de cautelar. Correr-se-ia, no caso de concessão, o risco de se criar privilégio perverso às instituições de ensino superior, privilégio esse não concedido aos demais agentes econômicos. Seria um "privilégio odioso porque oficializa a discriminação".

Portanto, o STF determina a constitucionalidade dos arts. 28, § 1º, e 30 da Lei n. 13.146/2015 (Estatuto da Pessoa com Deficiência). Dessa forma, entende o Tribunal Máximo, de maneira definitiva, que as instituições privadas devem contribuir para a inclusão de pessoas com deficiência, mesmo que para a concretização desse feito tenham de arcar com o ônus econômico.

17

O Direito Humano à Migração e ao Refúgio: Humanidade e Alteridade

O que hoje se denomina "Direitos Humanos" não existia no âmbito do Direito Natural. Não havia que se falar em Direitos Humanos, porque eles eram uma obviedade, não um questionamento: era natural que os seres humanos tivessem direito, pelo simples fato de sua humanidade, ao pertencimento à raça humana.

Com a positivação dos direitos, surgiram os Direitos Humanos propriamente ditos. Foi necessário explicitá-los, nomeá-los, classificá-los, sob o argumento de que, assim, a humanidade seria mais bem protegida. Esses direitos foram concebidos, então, não como direitos "postos" em uma sociedade igualitária, mas sim como direitos de defesa contra o domínio do poder "imposto".

Os Direitos Humanos, enquanto Direito Natural, não eram ordenados, classificados, individualizados, apontados; eles permaneciam na dimensão da imanência, da ubiquidade, da concepção do homem como parte do todo criado por Deus. Já os Direitos Humanos como Direito Positivo representam o movimento de individualização, ordenamento e distribuição, próprios do positivismo.

Assim sendo, temos que a chamada "ascensão" dos Direitos Humanos à condição de direitos especificamente postos significa, em linhas gerais, o cumprimento da promessa iluminista de emancipação pela razão. A passagem da Idade Média para a Idade Moderna e a constatação de que o homem podia ser arquiteto de si mesmo foram enfaticamente defendidas por Pico della Mirandola, em pleno século XV.

Os Direitos Humanos positivados passaram a caber em duas categorias relacionadas, mas distintas: uma subjetiva e outra institucional ou objetiva. Pelo aspecto subjetivo, eles são constituintes do sujeito jurídico livre, mas, ao mesmo tempo, subordinados à lei objetivamente imposta.

Os Direitos Humanos enquanto Direito Natural e enquanto Direito Positivo assumem, por vezes, uma identidade universalista, no sentido de transcenderem limites geográficos e barreiras históricas, sociais, econômicas, culturais e religiosas. No entanto, esse caráter de universalidade esbarra paradoxalmente em todas as categorias antes apontadas como universalizantes se pensarmos na realidade além do Ocidente, se pensarmos no imenso número de seres humanos que habitam outras geografias, outras histórias, outras conjunturas sociais, econômicas, culturais e religiosas, outra "visão de mundo", *Weltanschauung*, assim como outra visão de si mesmo, de ser humano.

Deus pode ter morrido, de acordo com Nietzsche (Douzinas, 2009, p. 27), simbolizando a morte do Direito Natural, a passagem da Idade Média à Idade Moderna. No lugar do Direito Natural e da Idade Média, nascem o Direito Positivo e a Modernidade, que passa a proteger os direitos dos seres humanos, especialmente pela mão do Direito Internacional e dos Direitos Fundamentais dos Estados do mundo ocidental.

Para apontar um marco temporal próximo a nós, podemos afirmar que a introdução da Declaração Universal dos Direitos Humanos, em 1948, transformou o dito "contrassenso naturalista" em direitos positivos repletos de sentido racional. Pela primeira vez na história, as chamadas ficções não escritas, inalteráveis, dadas por Deus, passam a ter legitimidade conferida pelo homem. Os direitos foram, então, formalmente reconhecidos e passaram a desfrutar da dignidade conferida pela lei, mesmo que a referida dignidade tenha assumido mais uma postura formal que material.

O Direito Humano à migração ou à "mobilidade", como quer Marc Augé (2009), aparece como consequência otimista da chamada globalização. É necessário, pois, repensar o conceito de "fronteira", no sentido concreto que ele representa, especialmente quando tratamos da questão da migração do refugiado. Esse conceito serve também para apontar e esclarecer a contradição entre o mundo ideal, sem fronteiras, e o mundo real, que barra o refugiado. Em outros termos, temos a fronteira como passagem e a fronteira como barragem. Assim sendo, pode-se afirmar que as fronteiras, na verdade, não desaparecem: elas apenas são redesenhadas de acordo com a temporalidade do mundo.

Michel Foucault (1979, 1981) criticou a apresentação jurídica e contratual do poder. Argumentou que a teoria do direito mascarava as práticas disciplinadoras e a dominação e mostrou como o Direito é, de modo geral, o instrumento dessa dominação. Pretendeu apontar até que ponto e de que formas o Direito transmite e constrói não relações de soberania, mas sim relações de dominação sob a denominação da soberania. Seu projeto geral foi, em essência, inverter o modo de análise seguido por todo o discurso do Direito para mostrar como as relações de força foram naturalizadas em nome do Direito. A visão de Foucault serve bem para ilustrar o lugar do migrante e do refugiado, "preso" fora do Estado para onde pretende se mover e exercer os Direitos Humanos como qualquer cidadão do país ao qual se dirige, tendo como instrumento legitimador de sua mobilidade apenas a sua natureza de "ser" (verbo) humano e, portanto, de ser portador dos direitos humanos comuns a todos os seres de sua espécie.

Também o ser humano não é visto como um todo, em sua humanidade, na Idade da Técnica (Galimberti, *apud* Pinheiro, 2015). Cada técnica humana possui uma esfera de ação circunscrita, e nenhuma delas cobre o homem em sua totalidade. Cada técnica afirma inocentemente que só funciona em uma parte do corpo e deixa a integridade humana intacta; os efeitos sobre o resto são tratados como questões secundárias. Isso conduz à convergência no homem de uma pluralidade, não de técnicas, mas de sistemas ou complexos de técnicas. O resultado é um *totalitarismo operacional*. Nenhuma parte do homem está mais livre e independente dessas técnicas.

O mesmo se dá com os direitos. A lei fragmenta o corpo em funções e partes e substitui sua unidade por direitos. Especificar direitos aniquila e desmembra o corpo: o direito à privacidade isola a área genital e cria uma zona de privacidade ao seu redor; a boca é extirpada e reaparece metonimizada como liberdade de expressão, que protege sua função comunicativa, mas não sua função de alimentação; o livre trânsito faz o mesmo com as pernas e os pés, os quais podem mover-se livremente em espaços públicos, ao passo que a pessoa como um todo fica limitada a direitos de nacionais e não nacionais, como o migrante em geral e o refugiado em especial (Douzinas, 2009, p. 248).

No processo de criação de sujeitos jurídicos e de seres humanos, os direitos dividem e juntam novamente o corpo e se tornam parceiros e aliados dos mais evidentes processos de manipulação biológica, genética, cibernética etc. de corpos e personalidades. Nesse sentido, o ser humano jamais pode ser um indivíduo, um ser não dividido e indivisível. Os indivíduos tornam-se sínteses jurídicas e tecnológicas flexíveis e maleáveis. O sujeito idêntico a si mesmo da modernidade surge como uma montagem precária de partes desmembradas e existências fragmentadas.

A única maneira de combater a violência do desmembramento, segundo Freud (1999, p. 419-506), em sua obra *O mal-estar na civilização, Das Unbehagen in der Kultur*, é nutrir vínculos afetivos de amor e de identificação. As pessoas deveriam ser encorajadas a compartilhar valores e interesses significativos entre si e, dessa forma, aproximar-se por meio de sua identificação com o objeto compartilhado, especialmente com a justiça, já que ela faz as pessoas se identificarem com a totalidade.

Perante a lei, uma pessoa jamais é um ser completo, mas uma combinação de vários direitos parciais e geralmente conflitantes, o portador de prerrogativas legais que pontuam aspectos da vida. Se pudéssemos imaginar o retrato de um sujeito jurídico, ele teria uma leve semelhança com seu modelo humano, mas teria a aparência de uma pintura em estilo cubista: um ouvido enorme, uma boca minúscula, um olho sobressaltado e agressivo, um nariz elefantino, colocado onde a boca deveria estar. Seria, assim, a projeção de uma imagem tridimensional em uma tela plana e achatada.

A justiça significa uma constante revisão da justiça posta, a expectativa de uma justiça mais adequada. Esse raciocínio pode ser aplicado aos Direitos Humanos. O paradoxo dos Direitos Humanos emerge sempre renovado: Direitos Humanos são, ao mesmo tempo, a criação desse primeiro dever ético fundamental e a distorção do imperativo moral, um reconhecimento da singularidade do outro, que, entretanto, revela a necessidade de acomodar os muitos (Levinas, *apud* Douzinas, 2009, p. 358).

O outro, na singularidade da sua dignidade e vulnerabilidade, permanece exterior ao conceito e à essência. O conhecimento como compreensão completa é uma maneira de abordar o ser humano que sofre de tal forma que sua alteridade em relação ao ser conhecedor desaparece. Ao recusar a exterioridade do outro, o sujeito bloqueia a abertura do seu próprio desejo em relação ao outro e o caráter prospectivo da sua identidade. Assim, ele retorna à miséria de uma existência temerosa e perde a promessa dos direitos humanos de construir o mundo e moldar o eu.

O refugiado é tão radicalmente diferente de nós que nenhuma semelhança pode ser encontrada ou equivalência construída. É o símbolo da diferença e, como tal, representa nada além de sua própria individualidade absolutamente única, que, desprovida de todo reconhecimento ou proteção, é tão fatal quanto a morte e totalmente singular. O refugiado é um símbolo ameaçador da totalização da diferença e da negação da afinidade e aponta para aqueles domínios que a civilização não pode modificar e tem tendência a destruir.

Confrontar o refugiado levanta a possibilidade de que nós, igualmente, somos refugiados, o que implica o dever não apenas de aceitar o outro, mas também de aceitar que sou um outro e a necessidade de estender a noção do estrangeiro itinerante até a estrangeiridade que habita profundamente em todos nós. O refugiado está dentro de nós. Ao lutar com o refugiado, lutamos com nosso inconsciente, esse lugar impróprio em meio de nós mesmos. O refugiado é o lado obscuro da nossa identidade.

Freud (1999, p. 229-268), em seu texto *Das Unheimliche*, afirma que a tradução do termo é imprecisa em língua portuguesa (1999, p. 232), ao entender por *Unheimliche* (um sentimento de) "estranhamento". De acordo com a etimologia da palavra em língua alemã, temos que o termo pode ser concebido como aquilo ou aquele que não diz respeito à nossa pátria, ao lugar em que nos sentimos em casa, ou àquele de quem nos sentimos próximos por afinidades próprias de quem vive na mesma casa. Dessa forma, o termo, assim como o sentimento de estranhamento, servem com perfeição, até etimológica, para ilustrar o sentimento e a norma que dificulta a entrada do refugiado (que não pertence à casa) no território (da casa). Freud ensina, então, que o sentimento de estranhamento, *Das Unheimliche*, diante do outro significa que o "objeto estranhado" está dentro de todos. Todos são refugiados de outro lugar, como são refugiados do inconsciente para a psicanálise. Em um sentido paradoxal, a lei do asilo, tão seletivamente oferecido aos refugiados, dá testemunho disso. O direito humano ao asilo não foi universalizado. Não há um consenso internacional acerca desse direito: o fundamento universal para a concessão de asilo ao migrante, mais especificamente ao refugiado, é moral. E a base moral para oferecer refúgio a alguém que pede asilo repousa no fato de que, ao aportar em um território e ao olhar para a pessoa que pede ajuda, ela se torna o símbolo da própria alteridade. Essa proximidade de presença inaugura a obrigação ética que existe para com o rosto que sente dor e sofre, que é também o rosto de cada ser humano.

Quando a norma tenta interromper a abertura social e fixar identidades, os direitos humanos apontam para a injustiça da referida norma. Quando a lei se esquece do sofrimento da pessoa que comparece perante ela, em nome de consistências econômico-racionais, assim como com base na igualdade formal, os direitos humanos apontam sua inconsistência moral, sua injustiça. O que é mais importante no que diz respeito ao "sentido de justiça" é o desafio e a superação dos limites entre o "eu" e a norma. Sua importância simbólica é inscrever uma temporalidade futura na lei. Sua importância ética relaciona-se à demanda de que cada pessoa seja tratada como uma encarnação única da humanidade e sua necessidade seja entendida como responsabilidade de todos, em primeiro lugar, devendo a referida responsabilidade ser conformada pela norma.

Os Direitos Humanos jamais triunfam e jamais morrem. Eles podem padecer e até mesmo ser temporariamente destruídos, mas sua vitória e sua justiça estarão sempre em um futuro aberto e em um presente efêmero, mas premente. É nesse sentido que os Direitos Humanos representam nosso princípio utópico: um princípio negativo que coloca a energia da liberdade a serviço da nossa responsabilidade ética em relação ao outro.

A psicanálise nos ensinou que a lei está profundamente imbricada na constituição das pessoas, e os direitos são uma maneira pela qual as pessoas negociam proibições e restrições fundamentais, que representam o preço para a inscrição na linguagem e na sociedade. Os direitos estão alicerçados no discurso humano e em nada mais sólido que a humanidade. Os direitos humanos constroem seres humanos. O ser se torna humano porque o outro o reconhece como tal.

Como bem nomeia Hannah Arendt (1994, p. 111-117), os refugiados entre si se tratam por imigrantes ou recém-chegados, *newcomers*, ou seja, como incluídos, como aqueles que chegam para um novo presente e um novo futuro, e não como aqueles que são reconhecidos, onde aportam, pela sua triste história de origem. Isso significa, em termos institucionais, que a falta de reconhecimento de Direitos Humanos ao outro aponta o fato de que natureza humana é reconhecida a alguns e não a todos os seres humanos: não há que se falar que os seres humanos têm direitos, mas que os direitos constroem o ser humano (Douzinas, 2009, p. 384).

Concluindo, temos que a passagem do Direito Natural ao Direito Positivo implicou a racionalização, a individualização e a especificação dos direitos, fazendo com que o ser humano não fosse mais visto como um todo, mas sim dividido em partes que, se juntadas novamente, não reconstroem o todo coerente, próprio do ser humano do Direito Natural.

O Direito Humano à mobilidade democrática e à consequente constituição da sociedade mundial depende dos Direitos Humanos efetivamente praticados no âmbito global. Dentre os referidos Direitos Humanos sobressai, por excelência, o direito à migração e ao refúgio como o reconhecimento da humanidade de cada um e de todos pela norma jurídica. O projeto dos Direitos Humanos como direitos mundiais encontra-se, então, diretamente relacionado ao projeto da democratização global e de reconhecimento do outro como membro da raça humana, o reconhecimento da alteridade.

O Direito Humano à migração é gênero, do qual o direito ao refúgio é espécie. Sendo qualificativa da referida espécie, a carga moral e afetiva a ela é ínsita. Dessa forma, o Direito Humano do outro somente poderá ser reconhecido pelo sujeito individualmente, assim como pela lei em geral, quando o sentimento de estranhamento diante do outro for reconhecido como um estranhamento de si mesmo diante de sua imagem distorcida em um espelho de humanidade. Não se deve deixar o outro aprisionado na luta pela sobrevivência ou no estado de necessidade, como é o caso do refugiado, que, nessa condição, perde sua própria natureza de ser (verbo) humano.

18

Direitos Humanos e Psicologia

Em capítulo acima, quando traçamos o conceito ou algumas definições de Psicologia Jurídica, apontamos para a possibilidade da tripla abordagem Psicologia "do" Direito, Psicologia "no" Direito e Psicologia "para" os Direitos. Aqui abordaremos mais especificamente a Psicologia e os Direitos Humanos como disciplinas que coexistem.

Nesse sentido, já apontamos a crítica de Douzinas (2009), no sentido de que embora os direitos representem uma das mais nobres instituições liberais, a política liberal e a filosofia do direito parecem incapazes de compreender a sua ação. Parte do problema deriva de um senso histórico e de uma consciência política dos liberais deploravelmente inadequados. O mundo em que habitam é um lugar atomocêntrico, constituído por contratos sociais e posturas originais motivados pela cegueira subjetiva dos véus da ignorância, atribuídos a situações de discurso ideais e que retornam a uma certeza pré-moderna de respostas corretas únicas a conflitos morais e jurídicos. Igualmente, o modelo de pessoa que povoa este mundo é o de um indivíduo autocentrado, racional e reflexivo, um sujeito autônomo kantiano, desvinculado de raça, classe ou gênero, sem experiências inconscientes ou traumáticas e que se encontra no perfeito domínio de si mesmo, pronto a usar os direitos humanos para adequar o mundo aos seus próprios fins. A intenção do autor por meio do livro, é retornar o entendimento dos direitos humanos ao lugar a que pertence, qual seja, ao coração da teoria crítica e social. Por outro lado, os Direitos naturais e humanos foram concebidos como uma defesa contra o domínio do poder, a arrogância e a opressão da riqueza. Os direitos humanos passam a ser o "credo" das classes médias.

Já para Alland e Rials (2012) foram essencialmente os horrores da Segunda Guerra Mundial que deram origem ao aparecimento, em direito internacional, de normas que têm por objetivo a proteção dos indivíduos contra o Estado sob cuja jurisdição se encontram. Tal projeto, que fere a lógica de um direito internacional elaborado pelos Estados a serviço de seus interesses, só pode prosperar depois que tomou consciência do elo existente entre a preservação da paz e o destino dos indivíduos nas entidades que compõem a sociedade internacional. Apesar dos precedentes antigos, tais como o Tratado de Vestfália, que garantiram a liberdade religiosa dos súditos e de elementos precursores nos tratados de paz que concluíram o primeiro conflito mundial, proteção internacional de minorias de certos estados, que diferem da maioria da população em termos de raça, língua e religião, parte do Tratado de Vestfália que foi seguido por outros tratados concluídos com Estados da Europa central ou oriental; criação de uma Organização Internacional do Trabalho. Foi na Carta das Nações Unidas de 26 de junho de 1945 que apareceram os termos "direitos do homem", já que os objetivos da organização, garantidos no seu artigo primeiro eram "(...) incentivo e respeito aos direitos do homem e às liberdades fundamentais para todos, sem distinção de raça, sexo, língua ou religião".

A referência aos direitos do homem, evidentemente, tem muitas conotações e suscita algumas dificuldades. O desenvolvimento atual da proteção internacional dos direitos do homem é tal, que se torna difícil desenhar um quadro de conjunto e indicar, mesmo sumariamente, quais são os direitos consagrados e como se dá a sua garantia.

Assim, há os Direitos Civis e Políticos, como de Primeira Geração, os Direitos Econômicos, Sociais e Culturais como de Segunda Geração. Os Direitos de Terceira Geração são chamados direitos da solidariedade, envolvem o direito à paz, ao meio ambiente, ao desenvolvimento etc.

Os Direitos do Homem são universais, no sentido de serem cabíveis a qualquer um?

A proteção dos Direitos Humanos surgiu na Inglaterra, em 1215, com a célebre Carta Magna de João sem Terra. Ela dispunha que o rei deveria subordinar-se ao parlamento e estabelecia alguns direitos individuais que deveriam ter proteção legal. Passados mais de 450 anos, mais precisamente em 1689, surgiu o segundo documento que versava sobre Direitos Humanos: o "Bill of Rights". A ele seguiram-se as liberdades fundamentais proclamadas pela Revolução Francesa de 1789 e a Constituição dos Estados Unidos, também no final do século XVIII. Os direitos aí consagrados foram copiados pelas constituições do mundo ocidental.

Desde meados do século XIX, os Direitos Humanos passaram a ter proteção do Direito internacional; foi, porém, a Carta das Nações Unidas que iniciou o processo de proteção universal desses direitos, ao dispor em seu art. 55 que a ONU "promoverá o respeito aos direitos humanos e às liberdades fundamentais de todos, sem fazer distinção por motivos de raça, sexo, idioma ou religião, e a efetividade de tais direitos e liberdades".

Em seguida, surgiram a Declaração Universal dos Direitos Humanos de 1948, o Pacto Internacional de Direitos Civis e Políticos e o Pacto Internacional de Direitos Econômicos, Sociais e Culturais, ambos de 1966.

No continente americano, a primeira tentativa de criar uma declaração de Direitos Humanos partiu da Organização dos Estados Americanos, a Declaração Americana de Direitos e Deveres do Homem, aprovada na IX Conferência de Bogotá, em abril de 1948, a qual não foi adotada como convenção. A ela seguiu-se a Convenção Americana sobre Direitos Humanos – conhecido como Pacto de São José da Costa Rica –, assinado em novembro de 1969, tendo entrado em vigor somente em 1978.

Essa Convenção representou uma grande conquista, no sentido da implementação dos Direitos Humanos no continente americano. Para a proteção de seu corpo normativo, foi criada uma Corte Interamericana de Direitos Humanos, que tem competência para tratar dos assuntos relacionados com o cumprimento dos compromissos contraídos pelos Estados-partes na Convenção. Também foi criada uma comissão que tem como função essencial promover a observância dos Direitos Humanos e servir como órgão consultivo da organização da matéria.

As pessoas, grupos ou entidades que não sejam o Estado não têm capacidade de impetrar casos junto à Corte, mas podem recorrer à Comissão

Interamericana de Direitos Humanos. A comissão pode, então, levar os assuntos adiante desta, sempre que o Estado questionado haja reconhecido sua competência. A comissão deve comparecer em todos os casos apreciados pela Corte.

Os direitos civis e políticos protegidos pela Convenção são: Direito ao reconhecimento da personalidade jurídica, direito à vida, direito à integridade pessoal; proibição da escravidão e da servidão; direito à liberdade pessoal; garantias judiciais e da não retroatividade; direito à indenização; proteção da honra e da dignidade; liberdade da honra e da dignidade; liberdade de consciência e de religião; liberdade de pensamento e de expressão; direito de retificação ou resposta; direito de reunião; liberdade de associação; proteção da família; direito ao nome; direitos da criança; direito à nacionalidade; direito à propriedade privada; direito de circulação e de residência; direitos e oportunidades na vida pública; igualdade perante a lei e proteção judicial. Os direitos econômicos, sociais e culturais figuram na Carta da OEA e no Protocolo aprovado sobre a matéria na Assembleia de El Salvador de 1988.

Depois da Segunda Guerra Mundial, vários países perceberam a necessidade de proteger os direitos essenciais a todo ser humano numa esfera que ultrapassasse seus limites geográficos, em tentativa de assegurar que as atrocidades ocorridas durante a Primeira e a Segunda Guerras Mundiais não mais se repetissem, daí a criação das convenções anteriormente mencionadas.

O conteúdo dessas convenções gerou consideráveis alterações no plano jurídico. Antes, o Direito Internacional público voltava-se apenas para a regulamentação das relações entre os Estado e organizações internacionais. Ao regulamentar matéria relativa a direitos fundamentais, entrou uma área jurídica que era restrita ao Direito Público interno de cada país.

Ainda no plano jurídico, houve uma espécie de revolução com a superação do formalismo jurídico e a retomada da esfera valorativa dos direitos, onde os Direitos do Homem não se exaurem naqueles expressamente descritos pelas Cartas Magnas, mas são criados de acordo com a evolução e as necessidades sociais. O conceito tradicional de soberania foi alterado com a regulamentação de matéria antes restrita ao âmbito interno de cada país.

No mundo ocidental, as duas mais significativas Convenções de Direitos Humanos da atualidade são a Convenção Europeia de Salvaguarda dos Direitos do Homem e das Liberdades Fundamentais – que entrou em vigor em 1951 – e a Convenção Americana sobre os Direitos do Homem – de 1978.

Não nos cabe, no espaço deste livro, fazer um estudo aprofundado acerca dos Direitos Humanos no âmbito internacional. Pensamos, então, que a forma mais adequada de abordarmos essa questão no contexto de nossa obra é fazer uma rápida comparação entre essas duas Convenções, quanto ao "domínio jurídico protegido." Por meio de tal comparação, poderemos não somente verificar que direitos são assegurados por ambas as Convenções, mas também compreender por que alguns direitos são expressos por uma e não são assegurados pela outra. Verificaremos assim os critérios de adequação de uma ou de outra Convenção e sua realidade continental.

Entre os conteúdos regulados pelo texto norte-americano e não regulamentados pela Convenção Europeia, temos:

1. A proteção à dignidade humana. O reconhecimento à dignidade humana está regulamentado no art. 11 da Convenção Americana. O princípio da proteção à dignidade da pessoa humana é tido como princípio essencial, constituindo base estruturadora que confere legitimidade a todo o Estado democrático de Direito. Por isso ele foi expressamente inserido na nossa CF/88, como um dos fundamentos da República Federativa do Brasil – art. 1º.

Assim, poderíamos perguntar por que um princípio tão importante não foi consagrado pela Convenção Europeia. Nesse ponto, concordamos com Clémerson Cléve, quando afirma que a aparente vantagem da Convenção Americana à Europeia pode ser dissipada se entendermos que o fato dessa proteção estar estabelecido em uma Convenção não significa que outra não a tenha consagrado, de forma implícita ou mesmo explicitada no corpo, ou mesmo no sentido da declaração. Não podemos esquecer que um Documento de Proteção aos Direitos Humanos deve ser o de não somente reconhecer, mas também promover a proteção da dignidade da pessoa humana.

2. Direito ao nome, expresso no art. 18 da Convenção Americana, que reza que "toda pessoa tem direito a um prenome próprio e ao nome de seus pais ou de um entre eles".

3. O direito à nacionalidade. Esse direito se divide em três outros direitos, quais sejam o de não ser privado de nacionalidade ou de mudar de nacionalidade, o de adquirir nacionalidade do Estado de cujo território nasce. A não regulamentação desse direito pela Convenção Europeia deve-se, certamente, ao fato de a Europa adotar o sistema do *jus sanguinis* como fator determinante da nacionalidade.

4. O direito à igualdade em face da lei. A Convenção Europeia não assegura o reconhecimento da igualdade perante a lei como princípio geral, como faz a Convenção Americana. Ela apenas garante o gozo dos direitos nela consignados sem distinção alguma – art. 14.

5. O direito ao reconhecimento da personalidade jurídica (primeiro direito assegurado no capítulo segundo da Convenção. O problema do reconhecimento da personalidade jurídica é, na verdade, uma questão preliminar, já que a condição de titular de direitos exige condição anterior, qual seja, a de sujeito de direito. Diremos que a Convenção Americana, com a inserção desse artigo em seu bojo, teve a intenção de frisar sua repulsa às escravistas ou sub-humanas, visando, assim, a uma total erradicação em todo o continente americano de qualquer forma de escravidão.

6. Direitos econômicos, sociais e culturais. Enquanto a Convenção Europeia limita-se a estabelecer direitos civis e políticos, a Convenção Americana estabelece um elenco de direitos econômicos, sociais e culturais – art. 26.

São direitos comuns, regulamentados pelas duas convenções:

1. a proteção à vida e à integridade pessoal que compreende o direito à vida, à integridade da pessoa e à interdição de escravidão, servidão e trabalho forçado (art. 2 da Convenção Europeia e art. 4 da Convenção Americana).

2. A proteção da liberdade e segurança individuais (art. 5 da Convenção Europeia e art. 7 da Convenção Americana, que abrange as garantias à

pessoa privada da liberdade, como o direito de ser informado das razões de prisão, o direito de ser apresentado ao juiz, o direito de recorrer, o direito de obter reparação no caso de detenção arbitrária, o direito de reparação em caso de condenação ou erro judiciário, direitos relativos ao regime penitenciário.

3. O direito a uma boa administração da justiça, como direito a um recurso efetivo, a um processo equitativo, entre outros.

4. Proteção da intimidade (art. 17 da CA e art. 12 da CE).

5. Proteção da atividade intelectual (art. 9 da Convenção Europeia e arts. 12 e 13 da CA).

6. Liberdade de manifestação e de expressão (art. 12 da CA e art. 9 da CE, com a liberdade de manifestação religiosa, liberdade de manifestação de pensamento).

7. Direitos políticos (art. 3 do protocolo adicional da Convenção Europeia e art. 21 da Convenção Americana).

8. Proteção à propriedade privada (art. 1 do protocolo adicional da Convenção Europeia e art. 21 da Convenção Americana).

9. Proteção da liberdade de locomoção e residência (arts. 1, 2, 3 e 4 do quarto Protocolo Adicional à Convenção Europeia e art. 22 da Convenção Americana).

Podemos afirmar que, mesmo os direitos que não foram abordados à primeira vista ou de forma explícita, pela Convenção Europeia, estão de alguma forma implícitos – como a proteção da Dignidade Humana –, ou foram abordados quando ela tratava de outra matéria, ou domínio jurídico – como no caso a repulsa a qualquer forma de escravidão, que foi tratada pela Convenção Americana na parte atinente ao reconhecimento da personalidade jurídica, enquanto a Convenção Europeia trata dessa mesma matéria quando regulamenta o direito à vida e à integridade pessoal.

Existem também matérias que não foram tratadas com a mesma intensidade por ambas as Convenções – como o direito à igualdade em face da lei e o reconhecimento da personalidade jurídica. Isso se justifica pelo fato de que, conforme salientamos no início desta seção, cada Convenção ressaltou mais alguns direitos que outros, tendo em vista os direitos humanos a serem protegidos dentro da perspectiva de sua realidade continental.

Existem alguns direitos que não foram regulamentados de forma alguma – como o direito à nacionalidade e os direitos econômicos sociais e culturais. Podemos querer justificar essa ausência de regulamentação afirmando que eles já estão regulamentados em outras convenções, ou que não sejam suficientemente relevantes dentro do contexto da convenção. Pensamos, porém, que esses argumentos não são convincentes. Dada a dificuldade de concretização dos direitos humanos, mesmo em países desenvolvidos, como grande parte dos países europeus, não é necessário que garantam os mesmos direitos em vários documentos que visem à proteção dos Direitos Humanos.

Conclusão

De acordo com o anteriormente exposto, podemos afirmar que a CF/88 estabeleceu importantes mecanismos para a concretização material dos Direitos Fundamentais – art. 5º, §§ 1º e 2º. Essas disposições, no entanto, não passarão de letra morta se não contarem com a vontade efetivadora daqueles incumbidos do exercício das funções estatais.

É certo que a Constituição, ao ampliar a capacidade de propositura da Ação Direta de Inconstitucionalidade, assim como ao criar o remédio jurídico do mandado de injunção, conferiu ao cidadão maior poder de fiscalização dessas funções. A proteção aos Direitos Fundamentais somente poderá ser efetivada quando os titulares dos três poderes seguirem a determinação constitucional no sentido de que as normas de direito fundamental constituem preceitos jurídicos diretamente aplicáveis, os quais vinculam os Poderes Legislativo, Executivo e Judiciário.

19

Papéis do Psicólogo em Interface com o Direito

O presente capítulo visa abordar os diferentes papéis que podem ser exercidos pelos psicólogos no contexto jurídico. Tem como objetivo principal apontar as possibilidades de atuação daquele que pretende se inserir no universo do Direito, após sua formação em Psicologia, como perito, como assistente técnico ou exercer atividades outras exclusivas do psicólogo na área do Direito.

19.1. Perito e assistente técnico

Conforme apontado, os papéis mais conhecidos em que o psicólogo se encaixa no âmbito jurídico são os de perito e de assistente técnico. Cumpre aqui lembrar que ambos são papéis complementares no processo judicial. Estes profissionais – o perito e o assistente técnico – são imprescindíveis quando o juiz necessita de informações técnicas específicas no âmbito da Psicologia e desconhece o assunto pela falta de formação suficiente acerca dela.

O assistente técnico é contratado pela parte. Sua contratação é opcional e não obrigatória. Isso porque as partes têm a opção de contratar um assistente técnico caso entendam que seja necessária a sua presença ao lado do perito, ou não, quando entendam que a atuação do perito é suficiente no sentido do adequado andamento do processo judicial.

O Conselho Federal de Psicologia (CFP), em sua Resolução n. 8/2010, estabelece uma gama de considerações a serem avaliadas na interface entre o trabalho do psicólogo no âmbito do Direito. Nesse sentido:

a. Considera a necessidade de estabelecimento de parâmetros e diretrizes que delimitem o trabalho do psicólogo no sentido do exercício profissional cooperativo, tendo em vista a excelência na qualidade do trabalho a ser realizado em processos judiciais conflituosos que gerem uma lide específica.

b. Considera que o número crescente de atuações referentes ao trabalho realizado pelo psicólogo no contexto do judiciário, mais especificamente em seu trabalho como perito e assistente técnico diante de demandas advindas de questões familiares, merece orientação específica.

c. Considera que, quando a prova do fato depender de conhecimento técnico ou científico específico da área da Psicologia, o juiz será assistido por perito, no caso por pessoa com formação em Psicologia, por ele nomeado.

d. Considera que o psicólogo perito deve ser profissional técnico designado para assessorar a justiça no limite de suas atribuições e, portanto, deverá exercer tal função com isenção em relação às partes envolvidas, assim como deve atuar com pleno comprometimento ético no sentido de emitir posicionamentos de sua competência teórico-técnica, a qual subsidiará a decisão judicial.

e. Considera que os assistentes técnicos são de confiança da parte para assessorá-la e garantir o direito ao contraditório, não estando sujeitos a impedimento ou a suspeição legais. Importante ressaltar, no presente contexto, que o Direito atribui sentido e conteúdo jurídicos específicos a expressões e termos como *direito ao contraditório e não sujeição ao impedimento e à suspeição* presentes na lei, que são, por sua vez, entendidos de forma mais ampla como direito de defesa, no caso do direito ao contraditório, e impossibilidade de afastamento do perito ou assistente técnico, nos casos de não sujeição ao impedimento e à suspeição.

f. Considera que o psicólogo atuará com responsabilidade social, analisando crítica e historicamente as realidades política, econômica, social e cultural, conforme disposto no princípio fundamental III do Código de Ética Profissional do Psicólogo.

g. Considera que o psicólogo levará em consideração as relações de poder nos contextos em que atua e os impactos dessas relações sobre suas atividades profissionais, posicionando-se de forma crítica e em consonância com os demais princípios do seu Código de Ética Profissional, de acordo com o exposto no princípio fundamental VII do referido código.

h. Considera que é dever fundamental do psicólogo ter, para com o trabalho dos demais psicólogos e de outros profissionais, respeito, consideração e solidariedade, colaborando, quando solicitado por aqueles, salvo impedido por motivo relevante.

i. Considera que o psicólogo, no relacionamento com profissionais não psicólogos – no presente contexto, podemos destacar os demais colegas no âmbito do Direito –, compartilhará somente informações relevantes para qualificar o serviço prestado, resguardando o caráter confidencial das comunicações e assinalando a responsabilidade, de quem as receber, de preservar o sigilo inerente.

j. Considera que a utilização de quaisquer meios de registro e observação da prática psicológica obedecerá às normas do Código de Ética do Psicólogo e à legislação profissional vigente, devendo o periciando, desde o início, ser informado.

k. Considera que os psicólogos peritos e assistentes técnicos deverão fundamentar sua intervenção em referencial teórico, técnico e metodológico respaldado na ciência psicológica, na ética e na legislação profissional, garantindo, como princípio fundamental, o bem-estar de todos os sujeitos envolvidos.

l. Considera que é vedado ao psicólogo estabelecer com a pessoa atendida, familiar ou terceiro que tenha vínculo com o atendido, relação que possa interferir negativamente nos objetivos do serviço prestado.

m. Considera que é vedado ao psicólogo ser perito, avaliador ou parecerista em situações nas quais seus vínculos pessoais ou profissionais, atuais ou anteriores, possam afetar a qualidade do trabalho a ser realizado ou a fidelidade aos resultados da avaliação.

n. Considera que o psicólogo poderá intervir na prestação de serviços psicológicos que estejam sendo efetuados por outro profissional, a pedido deste.

Nesse sentido, entende o CFP que:

a. O psicólogo e o psicólogo assistente técnico devem evitar qualquer tipo de interferência durante a avaliação que possa prejudicar o princípio da autonomia teórico-técnica e ético-profissional, e que possa constranger o periciando durante o atendimento.

b. O psicólogo assistente técnico não deve estar presente durante a realização dos procedimentos metodológicos que norteiam o atendimento do psicólogo perito e vice-versa, para que não haja interferência na dinâmica e qualidade do serviço realizado. Chama-se atenção para a necessidade de que a relação entre os profissionais se paute no respeito e na colaboração, cada qual exercendo suas competências, podendo o assistente técnico formular quesitos ao psicólogo perito.

c. De acordo com a especificidade de cada situação, o trabalho pericial poderá contemplar observações, entrevistas, visitas domiciliares e institucionais, aplicação de testes psicológicos, utilização de recursos lúdicos e outros instrumentos, métodos e técnicas reconhecidas pelo CFP.

d. A realização da perícia exige espaço físico apropriado que zele pela privacidade do atendido, bem como pela qualidade dos recursos técnicos utilizados.

e. O psicólogo perito poderá atuar em equipe multiprofissional desde que preserve sua especificidade e seu limite de intervenção, não se subordinando técnica e profissionalmente a outras áreas.

No que diz respeito à produção e à análise de documentos, tem-se que:

a. Os documentos produzidos por psicólogos que atuam na Justiça devem manter o rigor técnico e ético exigido na Resolução CFP n. 7/2003, que institui o Manual de Elaboração de documentos Escritos produzidos pelo psicólogo, decorrentes da avaliação psicológica.

b. Em seu relatório, o psicólogo perito apresentará indicativos pertinentes à sua investigação que possam diretamente subsidiar o juiz na solicitação realizada, reconhecendo os limites legais de sua atuação profissional, sem adentrar nas decisões, que são atribuições exclusivas dos magistrados.

c. O assistente técnico, profissional capacitado para questionar tecnicamente a análise e as conclusões realizadas pelo psicólogo perito, restringirá sua análise ao estudo psicológico resultante da perícia, elaborando quesitos que venham a esclarecer pontos não contemplados ou contraditórios, identificados a partir de criteriosa análise anterior. Importante frisar que, para desenvolver sua função, o assistente técnico poderá ouvir pessoas envolvidas, solicitar documentos em poder das partes, entre outros meios, de acordo com o disposto no art. 429 do CPC.

Acerca da necessidade de compromisso do assistente técnico, a referida Resolução CFP n. 8/2010 recomenda que, antes do início dos trabalhos, o psicólogo assistente técnico formalize sua prestação de serviço mediante Termo de Compromisso firmado em cartório no qual está tramitando o processo, em que constem sua ciência e a atividade a ser exercida, com anuência da parte contratante. É imprescindível que estejam presentes no referido Termo de Compromisso os nomes das partes do processo, o número do processo, a data de início dos trabalhos e o objetivo do trabalho a ser realizado.

No que diz respeito ao psicólogo que atua como psicoterapeuta da(s) parte(s) e com o intuito de preservar o direito à intimidade e a equidade de condições, é vedado ao psicólogo que esteja atuando como psicoterapeuta das partes envolvidas em litígio:

a. Atuar como perito ou assistente técnico de pessoas atendidas por ele e/ou de terceiros envolvidos na mesma situação litigiosa.

b. Produzir documentos advindos do processo psicoterápico com a finalidade de fornecer informações a instância judicial acerca das pessoas atendidas, sem o consentimento formal delas, com a exceção de declarações, conforme a Resolução CFP n. 7/2003. Ressalta-se que, quando a pessoa atendida for criança, adolescente ou interdito, o consentimento formal referido deve ser dado por pelo menos um dos responsáveis legais.

Por fim, ressalta a Resolução CFP n. 8/2010 que a não observância das disposições anteriormente referidas constitui falta ético-disciplinar, passível de capitulação nos dispositivos referentes ao exercício profissional do Código de Ética Profissional do Psicólogo, sem prejuízo de outras faltas que poderão ser arguidas.

A temática relativa à perícia e à assistência técnica foi bem normatizada pelo CFP, conforme se pode aferir pelo que foi exposto; no entanto, como o assunto que envolve a subjetividade das partes no processo judicial é complexo e delicado, surgem dúvidas advindas de cada caso concreto em apreço. Daí a importância do apoio da doutrina no âmbito do Direito e da Psicologia sobre o assunto, assim como da jurisprudência – decisões anteriores dos tribunais – referente ao mesmo tema.

Em linhas gerais, o psicoterapeuta pode ser acionado por uma das partes para funcionar como assistente técnico. Também o juiz, os advogados ou o Ministério Público podem acioná-lo para prestar esclarecimentos acerca de um caso concreto específico que esteja nas mãos da justiça.

Frise-se aqui a importância de que o psicoterapeuta entenda o seu papel diante de uma demanda que tenha origem no Poder Judiciário. O que se quer afirmar é que a postura do psicólogo exercente do papel de perito ou de assistente técnico deve ser outra que aquela apropriada ao *setting* terapêutico. A postura ética que deve conduzir em cada caso se direciona a duas funções bastante diferenciadas, uma demandada pelo particular e a outra demandada pelo Estado.

Em foco entra, principalmente, o esclarecimento acerca de se o psicólogo tem ou teve algum vínculo com a parte. A definição de vínculo com o paciente é bem ampla, conforme se pode verificar pela disposição da Resolução n. 8/2010. Assim, o psicólogo deve manter uma postura ética no sentido de evitar infrações às resoluções do CFP, assim como ao Código de Ética e às demais normas jurídicas vinculadas a cada caso concreto em apreço.

O âmbito do Direito, no que diz respeito especificamente ao papel do psicólogo no seu contexto, deve ser apresentado ao psicólogo jurídico em sua amplitude necessária, para que ele possa entender e se localizar dentro do âmbito jurídico específico ao qual esteja vinculado. Isso porque o Direito, para a sua concretização, conta com a ação de três Poderes específicos, independentes e harmônicos entre si, como reza a CF/88, em seu art. 2º: "São Poderes da União, independentes e harmônicos entre si, o Legislativo, o Executivo e o Judiciário".

A atuação do psicólogo no âmbito do Poder Judiciário é a mais amplamente conhecida. Constitui foco de estudo principal do presente capítulo, com destaque para a abordagem do papel do perito e do assistente técnico no âmbito da justiça.

O lugar do psicólogo jurídico no âmbito do Poder Executivo também é relativamente conhecido. Ele pode atuar no campo da saúde, da assistência social, assim como em outras áreas afins.

A atuação do psicólogo jurídico no âmbito do Poder Legislativo é mais recente e ainda incipiente, mas essa atuação vem crescendo cada vez mais, especialmente com a participação do Conselho Federal e Regional de Psicologia na elaboração de leis e políticas públicas, por exemplo.

No entanto, independentemente da especificidade do psicólogo, conforme apontamos (Resolução CFP n. 8/2010), cabe a cada um deles fundamentar sua intervenção em referencial teórico, ou seja, pelo viés da psicanálise, da psicologia dinâmica, da psicologia sistêmica, da *Gestalt*, do behaviorismo, da psicologia cognitivo-comportamental ou do psicodrama, entre outras.

No que diz respeito ao referencial técnico e metodológico, estes devem sempre fundamentar a intervenção do psicólogo perito ou assistente técnico. Assim, o psicólogo ou o assistente técnico deve apontar o rigor científico do método por ele utilizado, assim como os instrumentos que o levaram a chegar a determinada conclusão diante do caso concreto específico.

Os instrumentos da Psicologia que são validados pela ciência dizem respeito à observação, às entrevistas individuais – com crianças ou adultos – e grupais – com a família, com pessoas envolvidas no caso cuja oitiva conjunta seja importante no contexto da perícia. Podem ocorrer visitas domiciliares ou institucionais – no caso de crianças em situação de abrigo, por exemplo. Testes psicológicos validados pelo CFP também são instrumentos por vezes essenciais para uma perícia adequada ao caso concreto em foco. O uso de artigos científicos e de outros processos análogos, ou seja, que abordem o tema de seu trabalho, também configuram procedimentos válidos e elucidativos para o psicólogo, no contexto em que se encontra.

É relevante frisar novamente a importância do rigor no posicionamento técnico e ético do psicólogo, que pode, por inobservância do referido rigor ou por imperícia em sua atuação, ser questionado da perspectiva técnica ou ética, pelo CFP ou pela justiça, no âmbito da qual o caso concreto trabalhado esteja vinculado.

Cumpre lembrar que, *no caso de abuso sexual contra crianças ou decisão acerca da guarda dos filhos, dentre outras demandas envolvendo crianças e adolescentes, o direito a ser protegido é aquele da criança ou do adolescente, que deve ter o seu bem-estar assegurado, e não o bem-estar dos pais ou das pessoas que pleiteiam os direitos diretamente perante a justiça.*

A atuação do psicólogo perito deve ser acessória, atinente ao alcance de suas atribuições, estabelecidas na Resolução CFP n. 8/2010. É importante que o perito reconheça a dimensão e os limites efetivos de seu trabalho. Isso no sentido de que a ele cabe realizar uma avaliação psicológica e não tomar uma decisão acerca de cada caso concreto em sua atuação como auxiliar da justiça. Quem toma a decisão final é sempre o juiz. No entanto, cabe ao perito fazer sugestões de medidas protetivas que podem ser tomadas pelo juiz, como no caso de risco diante de violência conjugal.

As medidas protetivas configuram mecanismos legais de proteção a pessoas que se encontrem em situação de vulnerabilidade por razões diversas. No ordenamento jurídico brasileiro, elas podem ser concedidas com fundamento, especialmente, na Lei Maria da Penha – Lei n. 11.340/2006, que cria mecanismos para coibir e prevenir a violência doméstica e familiar contra a mulher –, no ECA – Lei n. 8.069/90, que regulamenta o art. 227 da CF/88 e que *define as crianças e adolescentes como sujeitos de direitos, em condição peculiar de desenvolvimento, o que demanda que sejam protegidos de forma integral e prioritária, por parte da família, da sociedade e do Estado* – e no Estatuto do Idoso – Lei n. 10.741/2003, que se destina a regular os direitos assegurados às pessoas com idade igual ou superior a 60 anos.

O psicólogo, no âmbito do Poder Judiciário, pode atuar em delegacias que, de uma perspectiva formal, estejam vinculadas diretamente ao Poder Executivo, mas que, efetivamente, estejam mais estreitamente vinculadas ao Poder Judiciário. As referidas delegacias podem ser do tipo comum ou especializada, como as delegacias que tratam de abusos contra crianças e adolescentes ou aquelas que cuidam de violência contra a mulher.

No que diz respeito à atuação do psicólogo no âmbito do Poder Judiciário, é importante estabelecer esclarecimentos no tocante a algumas especificidades que ele deve saber discernir quando do trato com a justiça no Brasil. No Tribunal de Justiça, por exemplo, a autoridade maior e a qual o psicólogo deve prestar auxílio é o juiz. Quando se trata do Ministério Público – chamado fiscal da lei –, a autoridade é nomeada promotor de justiça. A Defensoria Pública é também chamada de advocacia de ofício. Ela é solicitada nos casos em que a parte não tem condições financeiras de arcar com os custos de um advogado comum. Sua autoridade é o defensor público. Na delegacia de polícia, a autoridade máxima é o delegado.

No Tribunal de Justiça, no Ministério Público e na Defensoria Pública, o psicólogo poderá estar envolvido em lides na seara do Direito Penal e do Direito Civil. Já no que diz respeito às delegacias de polícia, o psicólogo é procurado para intervir em casos no âmbito do Direito Penal.

Relativamente ao seu momento de atuação, o papel do psicólogo pode ser invocado durante todo o processo judicial, mas sempre obedecendo aos prazos estabelecidos em lei no sentido da necessidade e oportunidade de sua atuação. Já o Ministério Público, assim como o defensor público e o advogado, podem contar com o auxílio do psicólogo antes mesmo de iniciado o processo judicial, assim como durante sua tramitação. O delegado, como sua atuação se dá somente no momento do inquérito policial, poderá contar com o auxílio do psicólogo somente nesse momento.

Em relação ao Tribunal de Justiça, a atuação do psicólogo será a de perito. Nos casos de sua participação junto ao Ministério Público e à Defensoria Pública, assim como junto ao(s) advogado(s) da(s) parte(s), terá o papel de assistente técnico. No papel de assistente técnico, deve auxiliar no sentido de trazer subsídios para a tomada de decisão do juiz, assim como atuar na elaboração de quesitos tendo em vista a elucidação da lide.

Nas delegacias, a função exercida pelo psicólogo é, normalmente, a de entrevistador das partes envolvidas no conflito.

Cumpre lembrar que, apesar das especificidades apontadas no que diz respeito às funções da justiça no processo judicial ou mesmo antes de sua configuração, o trabalho entre os profissionais psicólogos e os demais auxiliares da justiça deve ser colaborativo, de forma a garantir os direitos das pessoas envolvidas no litígio, especialmente crianças e adolescentes, que são seres em desenvolvimento.

No que concerne aos *psicólogos no âmbito do Poder Executivo*, há os psicólogos lotados no Sistema Único de Saúde (SUS), no Sistema Único de Assistência Social (SUAS), nos postos de saúde, nos hospitais, nos Centros de Apoio Psicossocial (CAPS), nos Centros de Referência e Assistência Social (CRAS). Também no Conselho Tutelar. O psicólogo atuante no Conselho Tutelar não ocupa o cargo de conselheiro tutelar, já que o referido cargo deve ser ocupado por pessoa eleita pela respectiva comunidade. O psicólogo atua no sentido de auxiliar nos atendimentos realizados no Conselho Tutelar.

Os psicólogos podem receber encaminhamento da justiça para atendimento e prestação de informações, nos casos em que seja necessária a aplicação de medidas de proteção à criança e ao adolescente, sempre que seus direitos reconhecidos no ECA forem ameaçados ou violados por ação ou omissão da sociedade ou do Estado, por falta omissão ou abuso dos pais ou responsáveis ou em razão de sua própria conduta (art. 98 do ECA).

Lembrando que não é papel do psicólogo, no âmbito do Poder Executivo, realizar perícia. O seu papel é criar e fortalecer vínculos entre as partes.

Nas relações entre o Poder Executivo e o Poder Judiciário, o Conselho Nacional de Psicologia na Assistência Social cumpre importante papel. De acordo com censo do SUAS, ocorrido em 2019, existem aproximadamente 24.800 psicólogos e psicólogas atuando na Política Nacional de Assistência Social no Brasil. Daí se poder afirmar que a presença do psicólogo em funções essenciais de gestão do SUAS é significativa. Ele tem presença obrigatória também nas equipes da Proteção Social Básica e naquelas de Proteção Social Especial, de acordo com a Resolução n.

17/2021 do Conselho Nacional de Assistência Social (CNAS), entre outras normas atinentes ao tema.

A participação e a colaboração do psicólogo são imprescindíveis, especialmente no momento em que a política pública de assistência social está em processo de consolidação e requer apoio no sentido da construção de orientações e estratégias de ação e intervenção em seu campo de abrangência.

A Comissão Nacional de Psicologia na Assistência Social (Conpas) é uma das comissões do CFP, regulamentada pela Resolução CFP n. 7/2020. A referida comissão tem como atribuições executar deliberações do CFP relativamente à assistência social; propor efetivação de propostas do Congresso Nacional de Psicologia (CNP) para assistência social ao CFP; minutar ao CFP projetos de regulamentação, orientação e fiscalização do exercício profissional da psicologia no âmbito da assistência social; fomentar a participação da psicologia em comissões, fóruns, conselhos de assistência social, de acordo com decisão do CFP; sugerir estratégias de consolidação da Política Nacional de Assistência Social (PNAS) ao CFP e subsidiar o CFP em questões correlatas à assistência social.

A atuação do psicólogo no âmbito do Poder Legislativo se dá por meio do assessoramento na feitura de leis e de políticas públicas. Dá-se, portanto, por ocasião do nascimento, da inserção de novas leis no ordenamento jurídico como um todo. Esse é um passo essencial e definitivo no sentido de que as leis tenham em vista o bem-estar da sociedade como um todo e dos indivíduos vistos separadamente não somente da perspectiva objetiva da vida contemporânea, mas também levem em consideração os limites subjetivos da sociedade.

Em resumo, o papel do psicólogo em interface com o Direito vem crescendo e assumindo interferências específicas e significativas, especialmente em relação à sua ação ante o Poder Judiciário. Também sua participação no que tange à feitura de leis, com a efetiva participação do CFP, vem evoluindo e alcançando resultados positivos. A participação do psicólogo no âmbito do Poder Executivo deixa rastros e requer cada vez mais uma quantidade maior desses profissionais no sentido de alcançar a satisfação da demanda deles. Mas o maior desafio para o Direito no que se refere à integralidade e à evolução de seu dever social é uma interação crescente entre os três Poderes, sempre observando a harmonia e a independência entre eles – como determina a CF/88, em seu art. 2º –, assim como uma maior interação entre os três Poderes e os chamados auxiliares da justiça, de onde despontam os psicólogos como auxiliares determinantes.

20

Sobre o Papel do Psicólogo no Contexto da Alienação Parental

O presente capítulo trata da temática relativa à importância do papel do psicólogo no contexto da alienação parental. Um exemplo que pode ser aqui exposto, tendo em vista a falta determinante do auxílio do psicólogo na feitura de uma lei, pode ser apontado na Lei da Alienação Parental – Lei n. 12.318/2010. A referida lei foi posteriormente alterada, com a inserção de novo conteúdo que aborda diretamente a importância do papel do psicólogo quando se está diante de um caso de alienação parental.

Por ato de alienação parental, entende a lei – art. 2º da Lei n. 12.318/2010 – ser a interferência na formação psicológica da criança ou do adolescente promovida ou induzida por um dos genitores, pelos avós ou por outros parentes que tenham a criança ou adolescente sob a sua autoridade, guarda ou vigilância para que repudie genitor ou cause prejuízo ao estabelecimento ou à manutenção de vínculos com este.

Cumpre ressaltar o que a própria lei enuncia, mas que muitas vezes, diante de um caso concreto, não é levado em consideração: o direito e a proteção dizem respeito à criança e ao adolescente em primeiríssimo lugar, e não aos pais, que pleiteiam o direito de guarda ou de visita aos filhos. Assim, destaca a lei referida, em seu art. 3º, que a prática de ato de alienação parental fere direito fundamental da criança ou do adolescente de convivência familiar saudável, prejudica a realização de afeto nas relações com o genitor e com o grupo familiar, *constitui abuso moral contra a criança ou o adolescente* e descumprimento dos deveres inerentes à autoridade parental ou decorrentes de tutela ou guarda.

Entendemos que, quando a lei fala em *abuso moral*, expressão acima grifada, ela se equivoca ou no mínimo não aborda o fenômeno em sua inteireza, tendo em vista que a criança ou o adolescente sofre também e de forma comprometedora no que concerne ao seu desenvolvimento psíquico, ela sofre o que podemos chamar de *abuso psicológico. Em contraposição aos maus-tratos físicos, os maus-tratos psicológicos dizem respeito a uma ação dirigida a controlar, a isolar familiar e/ou socialmente, a desvalorizar, a denegrir ou a humilhar ou ainda a fazer se sentir mal consigo mesmo, a acusar ou a culpar a criança ou ao adolescente.*

O abuso moral, chamado pela lei de assédio moral, configura a exposição de alguém a situações humilhantes e constrangedoras, repetitivas e prolongadas. O assédio moral, no Brasil, é tratado mais frequentemente no que tange ao ambiente de trabalho, na perspectiva jurídica do Direito do Trabalho. No entanto, mesmo nesse sentido, não existe, ainda, lei específica sobre o tema – o PL n. 4.742/2001, que tipifica o assédio moral no trabalho como crime, foi aprovado pela Câmara Federal em 2019. Também o CCJ se manifestou a respeito do assédio moral no trabalho, no sentido de que seja alterado o próprio CP de 1940, para que nele seja tipificado o crime de assédio moral.

O art. 3º da Lei de Alienação Parental determina que a sua prática fere direito fundamental da criança ou do adolescente, pois eles têm direito à convivência familiar saudável. Prejudica a realização de afeto nas relações com o genitor e com o grupo familiar, constitui abuso moral contra a criança ou o adolescente e descumprimento dos deveres inerentes à autoridade parental ou decorrentes de tutela ou guarda.

No art. 4º da mesma Lei, tem-se que, declarado indício de ato de alienação parental, a requerimento ou de ofício, em qualquer momento processual, em ação autônoma ou incidental, o processo terá tramitação prioritária e o juiz determinará com urgência, ouvido o Ministério Público, as medidas provisórias necessárias para preservação da integridade psicológica da criança ou do adolescente, inclusive para assegurar sua convivência com o genitor ou viabilizar a efetiva reaproximação entre ambos, se for o caso.

O parágrafo único do artigo acima referido foi alterado pela redação da Lei n. 14.340/2022, na parte destacada do texto que se segue: assegurar-se-á à criança ou ao adolescente e ao genitor garantia mínima de visitação assistida *no fórum em que tramita a ação ou em entidades conveniadas com a Justiça,* ressalvados os casos em que há iminente risco de prejuízo à integridade física ou psicológica da criança ou do adolescente, atestado por profissional eventualmente designado pelo juiz para acompanhamento das visitas. Nesse dispositivo da lei, prevê-se expressa preocupação com a integridade psicológica da criança ou do adolescente, o que comporta um importante avanço no que tange à necessidade de se levar em consideração o bem-estar psíquico dos seres em desenvolvimento.

No art. 5º, determina-se que, havendo indício da prática de ato de alienação parental, em ação autônoma ou incidental, o juiz, se necessário, determinará perícia psicológica ou biopsicossocial. Esta será realizada por profissional ou equipe multidisciplinar habilitados, exigida, em qualquer caso, aptidão comprovada por histórico profissional ou acadêmico para diagnosticar atos de alienação parental. Nesse sentido, a ação de alienação parental insiste de forma adequada na necessidade de participação do psicólogo e de profissionais qualificados de áreas afins na avaliação do bem-estar de crianças e adolescentes no âmbito da alienação parental.

O parágrafo único do referido artigo ressalta que, na ausência ou insuficiência de serventuários responsáveis pela realização de estudo psicológico, biopsicossocial ou qualquer outra espécie de avaliação técnica exigida por essa Lei ou por determinação judicial, a autoridade judiciária poderá proceder à nomeação de perito com qualificação e experiência pertinentes ao tema, nos termos dos arts. 156 e 465 do CPC de 2015. O conteúdo do parágrafo único também foi incluído pela Lei n. 14.340/2022. A referida alteração aponta, a nosso ver, a vontade do legislador no sentido da efetiva proteção integral da criança alienada.

Também o legislador da Lei n. 14.340/2022 modifica o art. 6º da Lei da Alienação Parental. O art. 6º determina que, sendo caracterizados atos típicos de alienação parental ou qualquer conduta que dificulte a convivência de criança ou adolescente com seu genitor, em ação autônoma ou incidental, o juiz poderá, cumulativamente ou não, sem prejuízo da decorrente responsabilidade civil ou criminal e da ampla utilização de instrumentos processualistas aptos a inibir ou atenuar seus efeitos, segundo a gravidade do caso: declarar a ocorrência de alienação parental e advertir o alienador; ampliar o regime de convivência familiar em favor do genitor alienado; estipular multa ao alienador; determinar acompanhamento psicológico e/ou biopsicossocial; determinar a alteração da guarda para guarda compartilhada ou sua inversão; determinar a fixação cautelar do domicílio da criança ou do adolescente. *A possibilidade de o juiz declarar a suspensão da autoridade parental, presente na antiga redação da lei, foi revogada pela lei acima citada.*

Também no tocante ao § 1º da antiga Lei, houve alterações por meio da Lei n. 14.340/2022. A redação mantém o conteúdo do antigo parágrafo único, nomeando-o como § 1º e acrescenta o § 2º ao novo texto legal.

O § 1º, a nosso ver, vai de encontro à forma como as recorrentes investidas de alguns genitores ocorrem, no sentido de inviabilizar a convivência familiar adequada ao pleno desenvolvimento físico e mental da criança. Dessa forma, dispõe a legislação atual que, caracterizada mudança abusiva de endereço, inviabilização ou obstrução à convivência familiar, o juiz também poderá inverter a obrigação de levar para ou retirar a criança ou adolescente da residência do genitor, por ocasião das alternâncias dos períodos de convivência familiar.

No § 2º, o legislador (entendido aqui em seu sentido amplo, incorporando não somente juristas ou membros do Poder Legislativo, mas também os seus auxiliares, como psicólogos, assistentes sociais, entre outros) determina que o acompanhamento psicológico ou biopsicossocial deve ser submetido a avaliações periódicas, com a emissão, pelo menos, de um laudo inicial que contenha a avaliação do caso e o indicativo da metodologia a ser empregada, e de um laudo final ao término do acompanhamento.

No art. 7º, é reforçado o bom comportamento do genitor, que cumpre seu papel em conformidade com a promoção do pleno desenvolvimento da criança e do adolescente. Dessa forma, o legislador determina que a atribuição ou a alteração da guarda deverá se dar de preferência ao genitor que viabiliza a efetiva convivência da criança ou do adolescente com o outro genitor nas hipóteses em que seja inviável a guarda compartilhada.

O novo art. 8º, incluído pela Lei n. 14.340/2022, dispõe que, sempre que necessários o depoimento ou a oitiva de crianças e de adolescentes em caso de alienação parental, eles serão realizados obrigatoriamente nos termos da Lei n. 13.431/2017.

O § 1º do art. 4º da Lei n. 13.431/2017 dispõe que *a criança e o adolescente serão ouvidos sobre a situação de violência por meio de escuta especializada e de depoimento especial*. No art. 5º, VIII, da mesma Lei, determina-se que a criança e o adolescente devem ser resguardados e protegidos de sofrimento, com direito a apoio, planejamento de sua participação, prioridade na tramitação do processo, celeridade processual, idoneidade do atendimento e limitação das intervenções. Também determina no inciso IX do mesmo artigo que a criança e o adolescente devem ser ouvidos em horário que lhes for mais adequado e conveniente, sempre que possível. No inciso XI do art. 5º, o legislador assume discurso no sentido de que cabe à criança e ao adolescente o direito de serem assistidos por profissional capacitado e conhecerem os profissionais que participam dos procedimentos de escuta especializada e depoimento especial.

De acordo com o inciso XIV do art. 5º, a criança e o adolescente devem ter as informações prestadas tratadas confidencialmente, sendo vedados a utilização ou o repasse a terceiro das declarações feitas pela criança e pelo adolescente vítima, salvo para os fins de assistência à saúde e de persecução penal. *O legislador também estabelece a necessidade de tratamento diferenciado, relativamente a crianças e adolescentes com deficiência e estrangeiras, no sentido de que elas podem prestar declarações em formato adaptado, no caso da criança ou do adolescente com deficiência ou em idioma diverso do português, no caso de crianças e adolescentes provenientes de outros países que não falem a língua portuguesa*. No que diz respeito ao planejamento da participação da criança no processo, determina o parágrafo único do art. 5º que o depoimento especial será realizado diante de profissionais especializados e em juízo.

O Título III da Lei n. 13.431/2017 é inteiramente dedicado a normatização e esclarecimentos acerca dos temas da escuta especializada e do depoimento especial. O art. 7º do referido Título define o que vem a ser escuta especializada, assim como estabelece sua limitação. Afirma ser *a escuta especializada o procedimento de entrevista sobre situação de violência com criança ou adolescente perante o órgão da rede de proteção, limitado o relato estritamente ao necessário para o cumprimento de sua finalidade*.

Já o depoimento especial, definido no art. 8º, diz respeito a procedimento de oitiva da criança ou do adolescente vítima ou testemunha de violência perante autoridade policial ou judiciária. Acrescente-se que, de acordo com o art. 9º, a criança ou o adolescente será resguardado de qualquer contato, ainda que visual, com o suposto autor ou acusado, ou com outra pessoa que represente ameaça, coação ou constrangimento. O art. 10 determina que a escuta especializada e o depoimento especial serão realizados em local apropriado e acolhedor, com infraestrutura e espaço físico que garantam a privacidade da criança ou do adolescente vítima ou testemunha de violência. O art. 11 dispõe que o depoimento especial reger-se-á por protocolos e, sempre que possível, será realizado uma única vez, em sede de produção antecipada de prova judicial, garantida a ampla defesa do investigado.

Cumpre lembrar que o depoimento especial tem aplicação específica no que tange ao conteúdo do art. 11 supracitado, no caso de crianças ou de adolescentes que tenham sofrido violência sexual (art. 11, § 1º, II), ou quando a criança ou o adolescente tiver menos de 7 anos de idade (art. 11, § 1º, I). Nos dois casos, o depoimento especial seguirá o rito cautelar de antecipação de prova. O § 2º do art. 7º dispõe que o depoimento especial deve se limitar, em seu conteúdo, ao relato estritamente necessário ao cumprimento de sua finalidade.

Diante do exposto, tem-se que ocorreram significativos avanços, não somente no que diz respeito à inserção e aos esclarecimentos legais acerca do que vem a ser a alienação parental, com refinamento de seu conteúdo a partir da participação de equipe legislativa multidisciplinar, conforme apontado no capítulo anterior. O papel específico do psicólogo em relação à alienação parental desponta como decisivo no contexto do Direito, tendo em vista a construção de procedimento mais adequado no momento da construção da lei, ou seja, no âmbito do Poder Legislativo, especialmente com a participação do CFP, assim como no procedimento judicial, com a participação efetiva do psicólogo na escuta de crianças e adolescentes.

Referências

ABRAM, Jan. A linguagem de Winnicott. Rio de Janeiro: Revinter, 2000.

AGAMBEN, Giorgio. Profanações. São Paulo: Boitempo, 2007.

ANTUNES, Mitsuko Aparecida Makino. A psicologia no Brasil. São Paulo: Unimarco, 2005.

ARENDT, Hannah. We refugees. In: ROBINSON, Marc. Altogether elsewhere: writers on exile. Boston: Faber and Faber, 1994.

ATKINSON, Rita L. et al. Introdução à psicologia. 13. ed. São Paulo: Artmed, 2002.

AUGÉ, Marc. Por uma antropologia da mobilidade. Maceió: Edufal/Unesp, 2009.

BACELLAR, Roberto Portugal. Administração judiciária: com justiça. Curitiba: InterSaberes, 2016.

BARROS, José D'Assunção. A construção social da cor. Petrópolis: Vozes, 2009.

BAUMAN, Zygmunt. Modernidade líquida. Rio de Janeiro: Zahar, 2010.

BECK, Judith S. Terapia cognitivo-comportamental: teoria e prática. São Paulo: Artmed, 2016.

BENDASSOLLI, Pedro Fernando; SOBOLL, Andrea Pereira. Clínicas do trabalho. São Paulo: Atlas, 2010.

BENJAMIN, Walter. A obra de arte na era de sua reprodutividade técnica. Porto Alegre: Zouk, 2012.

BOCK, Ana Mercês Bahia; TEIXEIRA, Maria de Lourdes Trassi; FURTADO, Odair. Psicologias: uma introdução ao estudo de psicologia. 14. ed. São Paulo: Saraiva, 2009; 15. ed. 2018.

BOURDIEU, Pierre. O poder simbólico. 16. ed. Rio de Janeiro: Bertrand Brasil, 2006.

BRANCO, Bernardo Castelo. Dano moral no direito de família. São Paulo: Método, 2006.

CADEÑO, Alejandra León. Reflexões sobre autogestão e Psicologia Social Comunitária na América Latina. PSI – *Revista de Psicologia Social e Institucional*, v. 1, n. 2, nov. 1999.

CAIRES, Maria Adelaide de Freitas. *Psicologia jurídica:* implicações conceituais e aplicações práticas. São Paulo: Vetor, 2003.

CAPPELLETTI, Mauro; GARTH, Bryant. *Acesso à justiça*. Porto Alegre: Sérgio Antonio Fabris Editor, 1988.

CARPIGIANI, Berenice (org.). *Lugares da psicologia*. São Paulo: Vetor, 2008.

CARRARA, Sérgio. *Crime e loucura:* o aparecimento do manicômio judiciário na passagem do século. Rio de Janeiro: UERJ, 1998.

CARVALHO, Maria Cristina Neiva; MIRANDA, Vera Regina. *Psicologia jurídica*. Curitiba: Juruá, 2007.

CARVALHO, Olavo de. *Olavo de Carvalho por Olavo de Carvalho*. São Paulo: Vide, 2018.

CASTEX, M. *Daño psíquico*. Buenos Aires: Tekné, 1997.

CAVALCANTE, Sylvia. *Temas básicos em psicologia ambiental*. São Paulo: Vozes, 2011.

CHAUI, Marilena. *Convite à filosofia*. São Paulo: Ática, 2010.

CHOMSKY, Noam. *Estruturas sintáticas*. São Paulo: Vozes, 2014.

COHEN, Claudio *et al*. *Saúde mental, crime e justiça*. 2. ed. São Paulo: Edusp, 2006.

COLT, Yves. *A função psicológica do trabalho*. São Paulo: Vozes, 2006.

CRUZ, Roberto Moraes *et al*. *O trabalho do psicólogo no campo jurídico*. São Paulo: Casa do Psicólogo, 2005.

DAVIDOFF, Linda L. *Introdução à psicologia*. 3. ed. São Paulo: Pearson Education, 2001.

DE BRITO, Leila Maria Torraca. *Temas de psicologia jurídica*. Rio de Janeiro: Relume-Dumará, 2002.

DEL PIZZOL, Alcebir. Perícia psicológica e social na esfera judicial. In: *Psicologia jurídica*. São Paulo: Vetor, 2009.

DIAS, Maria Berenice. *A Lei Maria da Penha na Justiça*. São Paulo: Revista dos Tribunais, 2008.

DIAS, Maria Berenice. *Manual de direito das famílias*. 5. ed. São Paulo: Revista dos Tribunais, 2009.

DIAS, Maria Berenice. *União homoafetiva:* o preconceito e a justiça. 5. ed. São Paulo: Revista dos Tribunais, 2011.

DIDIER, Fredie. *Estatuto da Pessoa com Deficiência, Código de Processo Civil de 2015 e Código Civil*: uma primeira reflexão. Editorial 187, 2015.

DOUZINAS, Costas. *O fim dos direitos humanos*. São Leopoldo: Unisinos, 2009.

DUARTE, Rodrigo Antônio de Paiva. *Adorno/Horkheimer e a dialética do esclarecimento*. Rio de Janeiro: Zahar, 2002.

DZACRI, Gladys. *Dicionário de Gestalt-terapia*. São Paulo: Summus, 2012.

EDER, Klaus. *The social construction of nature*. London: Sage Publications, 1996.

EYSENCK, Michael W.; KEANE, Mark. *Manual de psicologia cognitiva*. São Paulo: Artmed, 2017.

FABRICIUS, Dirk. *Culpabilidade e seus fundamentos empíricos*. Curitiba: Juruá, 2006.

FARIAS, Luciano Chaves de. *Estatuto da Pessoa com Deficiência comentado artigo por artigo*. Salvador: Juspodivm, 2016.

FIORELLI, José Osmir; MANGINI, Rosana Cathya Ragazzoni. *Psicologia jurídica*. São Paulo: Atlas, 2009.

FIUZA, César. *Novo direito civil*. 5. ed. Belo Horizonte: Del Rey, 2002.

FOUCAULT, Michel. *História da loucura*. 7. ed. São Paulo: Perspectiva, 2004.

FOUCAULT, Michel. *Vigiar e punir*: história da violência nas prisões. 31. ed. Petrópolis: Vozes, 1987.

FOUCAULT, Michel. *Discipline and punish*: the birth of the prison. London: Penguin, 1979.

FOUCAULT, Michel. *History of sexuality*: an introduction. London: Penguin, 1981. v. 1.

FREITAS, Douglas Phillips; PELLIZZARO, Graciela. *Alienação parental*: comentários à Lei 12.318/2010. Rio de Janeiro: Forense, 2011.

FREITAS, Maria de Fátima Quintal. *Intervenção comunitária e as possibilidades de transformação social*: psicologia comunitária. Porto Alegre: Sulina, 2010.

FREUD, Sigmund. *A psicanálise e a determinação dos fatos nos processos jurídicos*. 2. ed. Rio de Janeiro: Imago, 1987, v. IX (edição standard brasileira das obras psicológicas completas de Sigmund Freud).

FREUD, Sigmund. *Das Unbehagen in der Kultur*. Gesammelte Werke, Band XIV. Frankfurt am Main: Fischer Taschenbuch Verlag, 1999.

FREUD, Sigmund. *Das Unheimliche*. Gesammelte Werke, Band XII. Frankfurt am Main: Fischer Taschenbuch Verlag, 1999.

FRIGOTTO, Gaudêncio. A interdisciplinaridade como necessidade e como problema nas ciências sociais. In: JANTSCH, Ari Paulo; BIANCHETTI, Lucídio (org.). *Interdisciplinaridade para além da filosofia do sujeito*. Petrópolis: Vozes, 1995.

FURNISS, Tilman. *Abuso sexual da criança*. Porto Alegre: Artmed, 2002.

GIL-MONTE, Pedro R. *El síndrome de quemarse por el trabajo (Burnout)*: grupos profesionales de riesgo. Madrid: Pirámide, 2005.

GONÇALVES, Hebe Signorini. *Psicologia jurídica no Brasil*. Rio de Janeiro: Nau, 2008.

GRECO FILHO, Vicente. *Direito processual civil brasileiro*. São Paulo: Saraiva, 2003. v. 3.

HABERMAS, Jürgen. *Agir comunicativo e razão descentralizada*. São Paulo: Tempo Brasileiro, 2002.

HIRIGOYEN, Marie-France. *Assédio moral*: a violência perversa no cotidiano. 13. ed. Rio de Janeiro: Bertrand Brasil, 2009.

HIRONAKA, Giselda Maria Fernandes Novaes. *Os contornos jurídicos da responsabilidade afetiva na relação entre pais e filhos*: além da obrigação legal de caráter material. Disponível em: http://www.ibdfam.org.br/?artigos&artigo=289. Acesso em: 22 mar. 2011.

HIRONAKA, Giselda Maria Fernandes Novaes. *Pressuposto, elementos e limites do dever de indenizar por abandono afetivo*. Disponível em: http://www.ibdfam.org.br/?artigos&artigo=288. Acesso em: 22 mar. 2011.

HUSSERL, Edmund. *A ideia da fenomenologia*. São Paulo: 70 Textos Filosóficos, 2012.

JAPIASSÚ, Hilton; MARCONDES, Danilo. *Dicionário básico de filosofia*. Rio de Janeiro: Jorge Zahar, 2001.

JUNG, Carl Gustav. *Arquétipos e o inconsciente coletivo*. São Paulo: Vozes, 2011.

KEHL, Maria Rita. *Função fraterna*. São Paulo: Relume-Dumará, 2000.

KELSEN, Hans. *Teoria pura do direito*. 4. ed. Coimbra: Arménio Amado, 1978.

LAKATOS, Eva Maria; MARCONI, Marina de Andrade. *Sociologia geral*. 8. ed. São Paulo: Atlas, 1999.

LANER, Aline dos Santos. *Psicologia do trabalho na história*. Ijuí: Unijuí, 2006.

LARA, Mariana Alves. *A teoria das incapacidades e o Estatuto da Pessoa com Deficiência*. Salvador: D'Plácido, 2016.

LAW, Stephen. *Filosofia*. Rio de Janeiro: Jorge Zahar, 2008.

LEITE, Flávia Piva Almeida et al. (coord.). *Comentários ao Estatuto da Pessoa com Deficiência*. São Paulo: Saraiva, 2016.

LEVINZON, Gina Khafif. *Adoção*. 3. ed. São Paulo: Casa do Psicólogo, 2009.

LÉVI-STRAUSS, Claude. *As estruturas elementares do parentesco*. São Paulo: Vozes, 1976.

LIMA FILHO, Francisco das Chagas. *Assédio moral nas relações de trabalho e a tutela da dignidade humana do trabalhador*. São Paulo: LTr, 2009.

LIRA, Wlademir Paes de. Direito da criança e do adolescente à convivência familiar e uma perspectiva de efetividade no direito brasileiro. In: PEREIRA, Rodrigo da Cunha (coord.). *Família e responsabilidade*: teoria e prática do direito de família. Porto Alegre: Magister/IBDFAM, 2010.

LUHMANN, Niklas. *Introdução à teoria dos sistemas*. Petrópolis: Vozes, 2012.

MAILHIOTO, Gerald Bernard K. Lewin. *Dinâmica e gênese dos grupos*. São Paulo: Duas Cidades, 1998.

MALHADAS JÚNIOR, Marcos Julio Olivé; FIORELLI, Maria Rosa; FIORELLI, José Osmir. *Mediação e solução de conflitos*. São Paulo: Atlas, 2008.

MARCUSE, Herbert. *Eros e a civilização*. 8. ed. Rio de Janeiro: LTC, 1999.

MARI, Enrique E. et al. *Derecho y psicoanálisis*: teoría de las ficciones y función dogmática. Buenos Aires: Hachette, 1987.

MARTINEZ, Wladimir Novaes. *União homoafetiva no direito previdenciário*. São Paulo: LTr, 2008.

MASCARO, Alison Leandro. *Filosofia do direito*. São Paulo: Atlas, 2010.

MENAHEN, Ruth. *Joyce Mcdougall*. São Paulo: Via Lettera, 1999.

MENEGAT, Marildo; NERI, Regina (org.). *Criminologia e subjetividade*. Rio de Janeiro: Lumen Juris, 2005.

MIRABETE, Julio Fabbrini; FABBRINI, Renato N. *Manual de direito penal*. 34. ed. São Paulo: Revista dos Tribunais, 2019. v. I.

MONTERO, Maritza. La psicología comunitaria: orígenes, principios y fundamentos teóricos. *Revista Latinoamericana de Psicología*, v. 16, n. 3, p. 387-400, 1984.

MOREIRA, Adilson José. *União homoafetiva*: a construção da igualdade na jurisprudência brasileira. Curitiba: Juruá, 2009.

MORIN, Edgar. *O problema epistemológico da complexidade*. Mira Sintra: Publicações Europa-América, 2002.

MORIN, Edgar. *Educação e complexidade*: os setes saberes e outros ensaios. São Paulo: Cortez, 2002.

MORRIS, Charles G.; MAISTO, Albert A. *Introdução à psicologia*. 6. ed. São Paulo: Pearson, 2004.

NICOLA, Ubaldo. *Antologia ilustrada de filosofia*. São Paulo: Globo, 2005.

NOGUEIRA, Nildo Ribeiro. *Pedagogia dos projetos*: uma jornada interdisciplinar rumo ao desenvolvimento das múltiplas inteligências. São Paulo, 2001.

OLIVEIRA, José H. Barros. *Psicologia do idoso*. São Paulo: Livpsic, 2014.

PELUSO, Antônio Cezar; NAZARETH, Eliana Roberti. *Psicanálise, direito, sociedade*: encontros possíveis. São Paulo: Quartier Latin, 2006.

PEREIRA, Rodrigo da Cunha (coord.) *Família e responsabilidade*: teoria e prática do direito de família. Porto Alegre: Magister/IBDFAM, 2010.

PHILIPPI, Jeanine Nicolazzi (org.). *Legalidade e subjetividade*. 2. ed. Florianópolis: Fundação Boiteux, 2004.

PINHEIRO, Carla. A relação entre ética e técnica em Umberto Galimberti: de onde viemos, quem somos, para onde vamos. *Revista Sapere Aude*, Revista de Filosofia da PUC-MG, v. 5, n. 10, 2015.

PINHEIRO, Solange Maria do Amaral. Crianças e adolescentes vitimizados: rotina dos atendimentos. In: *Avaliação psicológica e lei*. 2. ed. São Paulo: Casa do Psicólogo, 2008.

PINHEIRO DE CASTRO, Celso A. *Sociologia do direito*. 8. ed. São Paulo: Atlas, 2009.

QUINET, Antonio. *Um olhar a mais*: ver e ser visto na psicanálise. Rio de Janeiro: Jorge Zahar, 2002.

RIBEIRO, Paulo Hermano Soares et al. *A nova lei da adoção comentada*. São Paulo: JH Mizuno, 2010.

ROSA, Marcos Valls Feu. *Perícia judicial*: teoria e prática. Porto Alegre: Fabris Editora, 1999.

ROSENVALD, Nelson. *Curso de direito civil*. Salvador: Juspodivm, 2016.

ROUDINESCO, Elisabeth; PLON, Michel. *Dicionário de psicanálise*. Rio de Janeiro: Jorge Zahar, 1998.

ROVINSKI, Sonia Liane Reichert. A avaliação do dano psíquico em mulheres vítimas de violência. In: *Avaliação psicológica e lei*. São Paulo: Casa do Psicólogo, 2008.

ROVINSKI, Sonia Liane Reichert. Psicologia jurídica: perspectivas teóricas e processos de intervenção. In: *Psicologia jurídica*. São Paulo: Vetor, 2009.

RUDGE, Ana Maria. *Trauma*. Rio de Janeiro: Jorge Zahar, 2009.

SANDERSON, Christiane. *Abuso sexual em crianças*. São Paulo: M. Books, 2008.

SANTAELLA, Lucia. *Matrizes da linguagem e pensamento*. Sonora, Visual, Verbal. Aplicações na hipermídia. São Paulo: Iluminuras/Fapesp, 2001.

SAUSSURE, Ferdinand. *Escritos de linguística geral*. São Paulo: Cultrix, 2004.

SCHETTINI, Luiz Filho; SCHETTINI, Suzana Sofia Moeler. *Adoção*: os vários lados dessa história. Recife: Bagaço, 2006.

SERAFIM, Antônio de Pádua. Uma psicologia aplicada à Justiça. In: *Psicologia jurídica*. São Paulo: Escala, 2007.

SHEEHY, Noel. *50 grandes psicólogos*: suas ideias, suas influências. São Paulo: Contexto, 2006.

SHINE, Sidney (org.). *Avaliação psicológica e lei*. 2. ed. São Paulo: Casa do Psicólogo, 2008.

SIBILIA, Paula. *O homem pós-orgânico*. Rio de Janeiro: Relume-Dumará, 2002.

SILVA, Denise Maria Perissini da. *Psicologia jurídica no processo civil brasileiro*. São Paulo: Casa do Psicólogo, 2006.

SILVA JÚNIOR, Enézio de Deus. *A possibilidade jurídica de adoção por casais homossexuais*. 5. ed. Curitiba: Juruá, 2011.

SMITH, Peter B.; BOND, Michael H; KAGITÇIBASI, Cigdem. *Understanding social psychology across cultures*: living and working in a changing world. London: Sage, 2006.

SOARES, Marcos H.; BUENO, Sonia M. V. *Saúde mental*: novas perspectivas. São Caetano do Sul: Yendis, 2011.

SOUZA, Iara Antunes de. *Estatuto da Pessoa com Deficiência*. Salvador: D'Plácido, 2016.

SOVERAL, Eduardo Abranches de. *Modernidade e contemporaneidade*. Porto Alegre: Elcla, 1995.

SPERGLER, Fabiana Marilan. *União homoafetiva*: o fim do preconceito. Florianópolis: Edunisc, 2003.

SPITZ, René A. *O primeiro ano de vida*. São Paulo: Martins Fontes, 2004.

TARTUCE, Flávio. *Alterações do Código Civil pela Lei 13.146/2015*: repercussões para o direito de família e confrontações com o Novo CPC. Parte I. Disponível em: http://www.migalhas.com.br/FamiliaeSucess oes/104,MI224217,21048-Alteracoes+do+Codigo+Civil+pela+lei+ 131462015+Estatuto+da+Pessoa+com. Acesso em: 29 jul. 2015.

THEMUDO, Tiago; TARDE, Gabriel. *Sociologia e subjetividade*. Bonsucesso: Relume-Dumará, 2002.

TRINDADE, Jorge. *Manual de psicologia jurídica*. Porto Alegre: Livraria do Advogado, 2007.

TRINDADE, Jorge et al. *Psicologia judiciária*. Porto Alegre: Livraria do Advogado, 2010.

VARELA, Marcelo Dias; FONTES, Eliana; ROCHA, Fernando Galvão da. *Biossegurança e biodiversidade*. Belo Horizonte: Del Rey, 1999.

VARGAS, Fábio de Oliveira. *União homoafetiva*: direito sucessório e novos direitos. Curitiba: Juruá, 2011.

VILA NOVA, Sebastião. *Introdução à sociologia*. São Paulo: Atlas, 2009.

ZIMERMAN, David E. *Psicanálise em perguntas e respostas*: verdades, mitos e tabus. São Paulo: Artmed, 2005.

WATSON, John B. *Behaviorism*. Chicago: University of Chicago Press, 1924.

WEISCHEDEL, Wilhelm. *A escada dos fundos da filosofia*. São Paulo: Angra, 1999.

WINNICOTT, Donald Woods. *O brincar e a realidade*. Rio de Janeiro: Imago, 2000.

WINNICOTT, Donald Woods. *Privação e delinquência*. São Paulo: Martins Fontes, 2002.

WINNICOTT, Donald Woods. *O ambiente e os processos de maturação*. Porto Alegre: Artmed, 1983.

WITTGENSTEIN, Ludwig. *Investigações filosóficas*. São Paulo: Vozes, 2014.

WITTGENSTEIN, Ludwig. *Gramática filosófica*. São Paulo: Edições Loyola, 2003.